Biblioteca de Filosofía del derecho

Carlos Alarcón Cabrera
(Director)

Carlos Antonio Agurto Gonzáles
Sonia Lidia Quequejana Mamani
Benigno Choque Cuenca
(Coordinadores Generales)

Liborio Hierro
Catedrático emérito de Filosofía del Derecho
Universidad Autónoma de Madrid

La eficacia de las normas jurídicas

Edición al cuidado de
Carlos Antonio Agurto Gonzáles
Sonia Lidia Quequejana Mamani
Benigno Choque Cuenca

Ediciones Olejnik

Título: La eficacia de las normas jurídicas.

Primera edición Ediciones Ariel
Primera edición mexicana . Ediciones Fontamara

Primera edición en Ediciones Olejnik. 2023

Ediciones Olejnik
Huérfanos 611, Santiago-Chile
E-mail: contacto@edicionesolejnik.com
Web site: http://www.edicionesolejnik.com

ISBN: 978-956-407-370-5

Diseño de carátula: Ena Zuñiga

Diagramación: Hayden Méndez. hayden.mendezq@gmail.com

Impreso en Argentina 2023 Printed in Argentina

A Lola

ÍNDICE

CAPÍTULO 2

LA EFICACIA DE LAS NORMAS JURÍDICAS COMO CUMPLIMIENTO

CAPÍTULO 3

LA EFICACIA DE LAS NORMAS JURÍDICAS COMO APLICACIÓN Y COMO ÉXITO

CAPÍTULO 4

LA EFICACIA DE LAS NORMAS, LA EFICACIA DE LOS SISTEMAS Y LA TEORÍA DEL DERECHO

EPÍLOGO

SOBRE EL ALCANCE Y JUSTIFICACIÓN DEL MODESTO PRINCIPIO DE LA IGNORANCIA

PRÓLOGO A LA TERCERA EDICIÓN

La primera edición de este libro se publicó en mayo de 2003 en la editorial Ariel de Barcelona. El libro es el resultado de una investigación que presenté como segundo ejercicio para obtener una cátedra en la Universidad Autónoma de Madrid. Es, sin embargo, un libro que siempre quise escribir sobre un tema que siempre quise estudiar. Probablemente en ese deseo influyeron las constantes llamadas de Elías Díaz a ocuparse no sólo de la validez y de la justicia del derecho sino también de su eficacia. Cierto que estas llamadas eran más ambiciosas pues lo que Elías Díaz siempre quiso es que en las facultades de derecho españolas se cultivase la sociología del derecho lo cual, desgraciadamente, nunca consiguió. También influyeron, creo, mis estudios sobre el realismo jurídico escandinavo. Nunca coincidí con Ross o con Olivecrona en la idea de que la "ciencia" del derecho tuviese que convertirse en algún tipo de ciencia empírica cuyo objeto fuese el derecho-como-hecho, pero sí quedé preocupado para siempre por saber qué papel desempeñaba la eficacia de las normas en la descripción del derecho positivo. Este deseo, que se mantenía latente pero casi olvidado, se reavivó cuando conocí las investigaciones del profesor Fernández Dols sobre las normas perversas, investigaciones en las que se ponía de relieve que la ineficacia de las normas jurídicas podía resultar un fenómeno social más complejo e interesante de lo que los juristas podíamos suponer.

Aquella primera edición del libro se agotó en 2007. Como algunos colegas, entre ellos varios latinoamericanos, me habían hecho saber que no conseguían el libro, me dirigí a la editorial indagando la situación y sus intenciones editoriales; la editorial Ariel me confirmó en diciembre de 2008 que la edición estaba agotada desde el año anterior y que no tenía, por el momento, intención de reeditarla por lo que me autorizaba para disponer libremente de los derechos de la obra para una segunda edición que efectivamente se publicó en México por Distribuciones Fontamara, en 2010.

Decía Ortega y Gasset en el prólogo a la segunda edición de su "España invertebrada" que si hubiera previsto que el libro iba a necesitar una segunda edición *"ni lo habría publicado, ni tal vez escrito"*. No sé si lo diría con total sinceridad o se trataba sólo de una figura retórica pero, desde luego, no es mi caso. En cuanto la editorial Ariel me contestó me puse en contacto con Rodolfo Vázquez para ver si aceptaría publicar la segunda edición en la colección "Biblioteca de ética, filosofía del derecho y política" de la editorial Distribuciones Fontamara que dirigen Ernesto Garzón y él mismo. Rodolfo Vázquez me comunicó enseguida la aceptación y ello me llenó de alegría y satisfacción. A diferencia de lo que afirmaba Ortega, si yo hubiera previsto que el libro podría tener una segunda edición hubiera tratado de escribirlo más deprisa y de publicarlo antes. El agradecimiento que entonces expresé a Rodolfo Vázquez se ve ahora renovado por haberme facilitado que Distribuciones Fontamara no pusiera ninguna objeción a la publicación de esta tercera edición en Ediciones Olejnik.

He de reconocer que me ha sorprendido tanto como alegrado que, trece años después, Francisco Olejnik se haya interesado en llevar a cabo una tercera edición para reanudar la distribución del libro en los países de habla hispana, con la debida excepción de México en atención a Distribuciones Fontamara. Debo agradecerle ahora también a él que el libro se incorpore a su excelente colección de libros jurídicos.

Aunque soy bastante escéptico sobre mi capacidad para abrir una brecha en la persistente tendencia al conceptualismo y al formalismo de los estudios jurídicos, la esperanza es –como dice nuestro refranero– lo último que se pierde y no he perdido la esperanza de que algún jurista de habla hispana pueda, al leer estas páginas, sentir una mayor curiosidad por la dimensión de eficacia de las normas jurídicas. No se trata, en mi opinión, de proponer ninguna orientación metodológica nueva y alternativa a las existentes sino tan sólo de requerir a los juristas teóricos a no cerrar los ojos a la realidad. En definitiva todo mi propósito se resume en convencer a alguien de que, con palabras de Neil MacCormick y Ota Weinberger que cito al final del libro, "*la ciencia jurídica sin consideración de la realidad social –que corresponde al aspecto existencial de la norma– resulta inconcebible ... el jurista tiene que plantearse también cuestiones que se refieren a la existencia social del Derecho, su forma de operar en la sociedad y las relaciones entre el Derecho y la sociedad ... todas éstas son cuestiones propias de juristas*". Algo, por otra parte, que los juristas académicos anglosajones, y los norteamericanos en particular, tienen bastante asumido hace ya tiempo. Pienso también que quizás los rápidos cambios sociales y políticos que se están produciendo en los países latinoamericanos, especialmente los provocados por esta actual etapa de consolidación democrática, el desafío del multiculturalismo y la lucha por la igualdad, pueden ofrecer un contexto apropiado para que esta sensibilidad hacia las relaciones entre derecho y sociedad germine y produzca fruto entre los estudiosos del derecho. Pienso que la acogida que el libro encontró hace trece años en Rodolfo Vázquez y ahora en Francisco Olejnik es motivo suficiente para mantener viva aquella esperanza.

Madrid, 15 de abril de 2023

INTRODUCCIÓN

«...en el universo de la teoría del Derecho, las cuestiones sobre la validez parecen ser enormemente más significativas que las cuestiones sobre la eficacia; por cada frase escrita en torno a las consideraciones que condicionan la eficacia de las normas jurídicas hay por lo menos un centenar dedicadas, de uno u otro modo, a las formas y los medios para determinar si una norma en cuestión ha o no ha de ser considerada una norma válida del sistema jurídico».

HARRY W. JONES, 1969, pp. 9-10

Hay dos tesis que parecen de general aceptación en el estado actual de la Teoría del Derecho. La primera se refiere a la existencia de un sistema jurídico y podría enunciarse así: *1) la eficacia de un sistema jurídico es condición necesaria de su existencia.* La segunda se refiere a la existencia de una norma jurídica y podría enunciarse así: *2) la eficacia de una norma jurídica no es condición necesaria de su existencia.* Una norma jurídica —se afirma— existe si pertenece a (o «es una norma válida de») un sistema jurídico existente. Ambas tesis parecen independientes entre sí. Sin embargo, puesto que un sistema jurídico no es otra cosa que un determinado conjunto organizado de normas (o, a lo sumo, de normas e instituciones de creación, modificación y aplicación de normas) la eficacia de un sistema jurídico no parece ser otra cosa que la eficacia de una gran parte, o de la mayor parte, de las normas que lo componen, lo cual obliga a enunciar una tercera tesis: *3) «La eficacia de las normas es condición necesaria de la existencia de los sistemas jurídicos»* (Navarro, 1990, p. 11). Esta tercera tesis implica que si bien la eficacia de una norma jurídica particularmente considerada no es, en efecto, condición necesaria de su existencia como norma jurídica de un sistema jurídico dado, y mucho menos condición necesaria de la existencia del sistema, la eficacia de un cierto número importante de normas jurídicas de ese sistema sí es condición necesaria para que sea una sistema jurídico dado, es decir existente. Qué grado de eficacia se requiere, de qué número y de qué tipo de normas, cuándo puede afirmarse que una norma no es eficaz y cuestiones similares son todos ellos problemas que no han sido abordados sistemáticamente por la Teoría del Derecho.

Es evidente que cualquier norma, jurídica o de otra clase, y sea cual fuere la concepción de norma que se utilice, implica por su propio sentido la vocación de ser cumplida por su destinatario, es decir la pretensión de ser —al menos en este primer sentido— eficaz. Por ello hay una innecesaria redundancia en afirmar que cuando una norma es obligatoria (o, como en cierto sentido del término suele decirse, «válida») entonces debe ser cumplida. Si se afirma que es obligatoria se afirma que debe ser cumplida y si se afirma que no debe ser cumplida se afirma que no es obligatoria. Naturalmente, una norma solo es obligatoria para el sujeto o sujetos a quien se dirige, de forma que un observador cualquiera puede afirmar la obligatoriedad de una norma sin ser él el que tiene que cumplirla. Pero lo que ningún observador puede afirmar con sentido es que una norma es obligatoria en determinada ocasión para el sujeto a quien se dirige pero el sujeto a quien se dirige no tiene, en esa ocasión, que cumplirla. Probablemente en algunas situaciones determinadas cualquiera podría admitir que el sujeto obligado «*prima facie*» a cumplir una norma jurídica debe incumplirla por alguna razón de orden superior que se superpone a aquella obligación (por ejemplo, porque se trata de una norma jurídica que contradice una norma moral) pero en tal caso lo que quiere decirse es que el sujeto está moralmente obligado a no hacer aquello a lo que está jurídicamente obligado; si, por el contrario, se afirma que el sujeto debe cumplirla, lo que se quiere decir es que está moralmente obligado a hacer aquello a lo que está jurídicamente obligado; lo que es redundante es decir que el destinatario está jurídicamente obligado a cumplir una norma jurídica, porque este es el sentido mismo de la norma (Ross, 1969, pp. 18-19).[1] propio sentido es que debe ser cumplida. Cualquiera que dicta, crea, o enuncia una norma para otros significa que debe ser cumplida. Y si alguien dicta, crea o enuncia una norma para otros sin pretender su cumplimiento simplemente juega con el lenguaje normativo.[2] La pretensión de cumplimiento de las normas forma parte de su propio significado.

---

1 Puesto que la conducta de una persona puede estar regulada por órdenes normativos distintos no hay contradicción alguna en afirmar, por ejemplo, que una norma jurídica prohíbe a alguien hacer X pero que una norma moral le obliga a hacerlo (por ejemplo, sobornar al funcionario de un campo de concentración para salvar a un internado). Es tanto como decir que jurídicamente esa persona no puede hacer X pero que moralmente debe hacer X. Lo que no tiene sentido alguno es afirmar que existe una norma *jurídica* válida que prohíbe a esa persona hacer X pero que esa persona no está obligada *jurídicamente* a no hacerlo, o que existe una norma *moral* que le obliga a hacer X pero que esa persona no está *moralmente* obligada a hacerlo.

2 No es frecuente encontrar ejemplos reales de semejante juego. Una norma sorprendente en este aspecto fue el Artículo 6 de la Constitución española de 1812 que obligaba a los

Pero las normas pueden cumplirse o incumplirse, y muchas de ellas pueden cumplirse o incumplirse más o menos.[3] La posibilidad de cumplimiento e incumplimiento también forma parte del significado de la norma. Podríamos concebir dos tipos extremos de norma; una respecto de la que no cabe el incumplimiento, que ha de ser necesariamente (en sentido alético o descriptivo) cumplida; la otra respecto de la que no cabe el cumplimiento, que es imposible (en sentido alético) cumplir. Ninguna de las dos sería una norma. Aquel rey absoluto que encontró el pequeño príncipe de Saint-Exupéry en el primer asteroide no toleraba la desobediencia. Por eso nunca dictaba órdenes que no pudieran cumplirse como la de que un general se convirtiera en ave marina. Por el contrario, le gustaba ordenar al sol que se ocultara cada día a su correspondiente hora.[4] Al no dictar ordenes imposibles entendía cabalmente los límites del lenguaje normativo; pero al dictar ordenes de cumplimiento inexorable ignoraba ingenuamente estos límites y confundía la edición de una norma con la enunciación de una ley natural. No se puede ordenar, como es obvio, aquello que es necesario ni aquello que es imposible. Todo el lenguaje prescriptivo presupone la libertad del sujeto a que se dirige para decidir el curso de la acción. Toda norma presupone que, en su ámbito y ocasión, el sujeto al que se dirige puede (aléticamente) hacer o no hacer lo que la norma establece como debido. La Teoría del Derecho ha afirmado,

---

españoles a ser justos y benéficos, pero es muy probable que los constituyentes de Cádiz creyeran ingenuamente que los españoles serían justos y benéficos (o, al menos, más justos y más benéficos) al introducir semejante obligación en la Constitución. Sin embargo, he tenido ocasión de experimentar este juego en un caso real. Cierta Sección de cierta Audiencia Provincial dictó una sentencia cuyo fallo, literalmente leído, prohibía el traslado de presos en los furgones que la Policía venía entonces utilizando. Sin perjuicio de otros aspectos discutibles de la sentencia, y sin perjuicio de que tuviese razón en la necesidad de mejorar tales furgones, lo cierto es que el cumplimiento textual de la sentencia impediría durante un largo tiempo trasladar a los presos. Yo era entonces subsecretario de Justicia y se me encomendó un contacto discreto con el presidente del Tribunal sentenciador para hacerle ver la gravedad de la situación (y la posibilidad del Gobierno de plantear un procedimiento especial legalmente previsto para no dar cumplimiento a la sentencia). Mi sorpresa fue máxima cuando el Presidente del Tribunal me manifestó que no debíamos preocuparnos porque ellos *«nunca habían pensado que la sentencia tuviese que cumplirse»*.

3 Por una parte porque cualquier norma puede incumplirse en una, en varias o en todas las ocasiones de cumplirla; por otro lado porque hay algunas normas que pueden cumplirse en mayor o menor grado. Según Robert Alexy, este último es precisamente el criterio que distingue las normas-principio de las normas-regla; Manuel Atienza y Juan Ruiz Manero limitan, con razón, a las directrices o normas programáticas esta posibilidad de cumplimiento gradual u optimizativo (Alexy, 1993, p. 86 y Atienza-Ruiz Manero, 1996, p. 9).

4 La historia se cuenta en el capítulo X de Le petit prince. El monarca absoluto que Saint-Exupéry caricaturiza condensa, sin embargo, una larga historia de discusiones filosófico-jurídicas. Al fin y al cabo, la absoluta fuerza vinculante de su voluntad real se apoya, según el propio reyezuelo, de forma asimismo absoluta en la razón: *«Hay que exigir a cada uno lo que cada uno puede hacer* —replicó el rey *La autoridad reposa, en primer término, sobre la razón.»*

por esta razón, que «debe implica puede», aunque con frecuencia lo ha hecho confundiendo el lenguaje prescriptivo con el lenguaje descriptivo sacando la conclusión de que toda obligación implica un permiso de hacer. Esto me parece un error que he discutido en otro lugar (Hierro, 2000). Toda obligación implica, para tener sentido deóntico, que el sujeto «puede» (en sentido alético) hacer lo que se le manda, pero implica también que puede (en el mismo sentido) no hacerlo; del mismo modo que toda prohibición implica (también en sentido alético) que el sujetó puede no hacer lo que se le prohíbe, pero implica también que puede (en el mismo sentido) hacerlo. Es un contrasentido, sin embargo, afirmar que quien está deónticamente obligado a hacer algo tiene deónticamente permiso para hacerlo; y lo mismo ocurre si se afirma que quien tiene deónticamente prohibido hacer algo es que tiene deónticamente permiso para no hacerlo. El permiso, como modalidad deóntica distinta a la obligación/prohibición, implica también que el sujeto puede hacer y puede no hacer (aléticamente) aquello que se le permite; pero en este caso el destinatario del permiso tiene además deónticamente la posibilidad de hacerlo o no hacerlo, razón por la que algunos han puesto en duda el carácter normativo de los permisos. A los efectos que ahora nos importan hay que subrayar que la posibilidad de cumplimiento o incumplimiento de las normas obligatorias (obligaciones o prohibiciones) forma también parte de su propio significado, así como la posibilidad de disfrutar un permiso (esto es, de hacer o dejar de hacer la acción permitida) forma parte del significado del permiso.

Por lo tanto, el significado de cualquier norma (obligatoria) incluye la pretensión de cumplimiento y la posibilidad de cumplimiento o incumplimiento. Generalmente al suceso de que la norma en cuestión sea cumplida por su(s) destinatario(s) se le denomina eficacia. La norma es eficaz cuando es cumplida, esto es cuando su pretensión de cumplimiento es satisfecha.

Es frecuente, y bajo ciertos puntos de vista incluso necesario, que las normas prevean una sanción para el caso de su incumplimiento.[5] La sanción puede ser cualquier respuesta o consecuencia negativa para el sujeto que incumplió.[6] Con frecuencia, y particularmente respecto a las normas jurídicas, la sanción puede pretender también restaurar la situación establecida como debida por la norma («restaurar el orden jurídico quebrantado», se suele decir en el lenguaje jurídico), es decir devolver a alguien una cosa que le han quitado estando prohibi-

---

5 Como es sabido, este es el núcleo de la teoría de la norma de Hans Kelsen para quien las normas jurídicas tienen que ser normas que establezcan actos coercitivos, es decir sanciones (Kelsen *[1945] 1979, p. 52; [1953] 1970, p. 77; [1960] 1981, p. 48).*

6 Se habla también de sanciones «positivas» o premios; de las dificultades para asimilarlas a las sanciones negativas me ocuparé más adelante *(vid. infra,* capítulo 2, *3.5).*

do quitársela, o realizar el pago de una cantidad que el sujeto estaba obligado a pagar y no pagó, y cosas parecidas. Tanto cuando se trata meramente de imponer un castigo como cuando se trata de restaurar la situación deónticamente establecida hablamos de «aplicar» la norma. Parece que la aplicación de las normas es el sustitutivo de su cumplimiento, una especie de cumplimiento subsidiario. Por lo tanto también cabe hablar, y de hecho así se hace habitualmente, de eficacia de una norma en el sentido de que si la norma se ha incumplido entonces se aplica (se aplica la sanción o conjunto de remedios previstos para el caso de incumplimiento). En este sentido, la norma es eficaz cuando, habiendo sido incumplida, es aplicada.

Cumplimiento y aplicación serían los dos aspectos que cualquier jurista tiene en mente cuando piensa en el efecto de las normas, es decir en su eficacia. Los juristas, sin embargo, parecen no tener nada en mente cuando la norma ni se cumple ni se aplica, cuando es ineficaz. Se supone que en tal caso lo que ocurre es bastante evidente y queda al margen de las posibilidades teóricas y prácticas del jurista. Lo que ocurre parece ser un fenómeno patológico que se sitúa más allá de los límites del Derecho y de la Teoría del Derecho[7]. Mi propósito en este trabajo es abordar las dos cuestiones: la eficacia de las normas jurídicas y la ineficacia de las normas jurídicas.

Sin embargo, estas dos ideas familiares de la eficacia de las normas (como cumplimiento y como aplicación) no agotan los usos que del término «eficacia» se hacen en la realidad, en la realidad del Derecho, ni tampoco los que pueden soñar los filósofos, los filósofos del Derecho. En el primer aspecto porque los juristas utilizan también la idea de eficacia para designar las condiciones y los límites que determinan normativamente que una norma despliegue su obligatoriedad (tenga que ser cumplida), esto es: las condiciones normativas de promulgación, publicidad, entrada en vigor y vigencia temporal, así como los límites normativos de la vigencia de la norma, tales como su derogación, desconocimiento o desuso; es decir las condiciones y límites que las normas de reconocimiento, cambio y adjudicación de cada ordenamiento establecen para que los destinatarios y los órganos de aplicación puedan reconocer cuándo una norma es o no es obligatoria, debe o no debe ser cumplida o aplicada.

En el segundo aspecto porque la Teoría General del Derecho ofrece también un nuevo y distinto sentido de la eficacia de la norma: la eficacia como mera conformidad. Se afirma que, en este aspecto, la

7 Peter Ingram, sin embargo, ha sugerido —aunque solo como hipótesis dudosa— que el análisis de la ineficacia del Derecho podría ser una buena aproximación para el análisis de la eficacia. *«It may also seem that the relationship of ineffectiveness to law, being more readily appreciable, could provide a better approach to understanding effectiveness itself»* (Ingram, 1983, p. 485). Harry Jones ya había explorado ese camino (Jones, 1969, *passim*).

eficacia de una norma consiste en que las conductas o los estados de cosas prescritos por la norma se produzcan efectivamente. Esto puede ocurrir —se dice— con absoluta independencia de que la norma sea conocida o no sea conocida por su destinatario y mucho más con absoluta independencia de que la norma sea la razón de la conducta del destinatario.[8] En su extrema caricatura este sería el caso del pequeño reyezuelo antes citado con su curiosa obsesión de ordenar aquello que tiene que ocurrir. Lejos de esta caricatura y más cerca de la realidad jurídica este es el caso cuando se prescriben mediante normas conductas que son usuales: cabalmente es el caso del Derecho consuetudinario. La eficacia se entiende ahora como correspondencia efectiva entre la acción o estado de cosas que la norma prescribe hacer o alcanzar y la acción o estado de cosas que el sujeto de la norma realmente hace o alcanza. La conformidad o correspondencia es independiente de que el sujeto normativo tome la norma como razón de su acción e incluso de que la conozca. Es, por así decirlo, una simple constatación externa a toda inteligencia e intencionalidad del sujeto.

Esto no es todo. Todavía es posible —y así ocurre— introducir una nueva idea de eficacia, aparentemente vinculada a la de cumplimiento, que es la de eficacia como aceptación. La aceptación designa un nuevo y distinto hecho (mucho más complejo que la mera conformidad) consistente en que la razón del sujeto para cumplir la norma es algún tipo de identificación con el juicio de valor o la decisión que la norma implica, es decir su internalización. En su sentido más fuerte la aceptación implicaría una identificación moral con el contenido prescriptivo de la norma de modo que el sujeto haría suya, por así decirlo, la propia norma. Pero sin duda hay otros sentidos: una norma puede ser cumplida por temor a la sanción o por cualquier otra razón meramente prudencial, lo que significa que puede ser cumplida sin ser moralmente aceptada. Al mismo tiempo, sin embargo, esta relación de la aceptación con el cumplimiento es meramente contingente: una norma puede ser aceptada (sea por razones morales o por meras razones instrumentales o prudenciales) y no ser cumplida, bien por debilidad de la voluntad o bien porque no es aplicable al sujeto que la acepta. Si la relación de la aceptación con el cumplimiento es meramente con-

---

8 *Vid.* Pablo E. Navarro, 1990, p. 16 y Juan C. Bayón, 1991, p. 460, nota 299 («*Para hablar de conformidad bastaría con la coincidencia entre lo hecho y lo exigido por la regla, sea cual sea la razón por la que esa conducta se realiza: la regla no tiene por qué estar ejerciendo ninguna clase de influencia motivadora sobre aquélla e incluso puede ser desconocida para quien actúa*»). Aunque este sentido de «eficacia» como mera correspondencia será objeto de discusión posterior ha de advertirse que Bayón no lo propone en el contexto de un análisis de la eficacia, lo que sí hace Navarro.

tingente mucho más lo es, como es obvio, con la mera conformidad o correspondencia.[9]

Y todavía hay más. En numerosas ocasiones el edictor de una prescripción cualquiera, o de una norma, solo pretende que se produzca la acción o estado de cosas que la norma prescribe porque es una acción o estado de cosas bueno o deseable. Cuando se prohíbe matar, probablemente lo único que se pretende es que no se mate, porque es bueno o deseable que cada uno respete la vida ajena. No parece probable que la prohibición de matar pretenda favorecer la productividad, o garantizar la estabilidad social, aunque produzca ambas cosas. Pero en otras ocasiones, y es muy frecuente en todo ordenamiento normativo complejo, las normas tienen un carácter instrumental. Se obliga, prohíbe o permite una acción porque mediante tal realización o no realización o posibilidad de realización de la acción en cuestión se pretende promover otra acción o un estado de cosas buenos o deseables. Se puede prohibir la venta y consumo de bebidas alcohólicas durante ciertas horas al día para aumentar la salud de los ciudadanos y para disminuir la delincuencia. Se puede obligar a utilizar el cinturón de seguridad en ciudad para disminuir las lesiones por accidente. Se puede permitir que los contratos de trabajo se firmen sin ninguna garantía de estabilidad para incrementar la creación de puestos de trabajo. Y pudiera ocurrir —dicho sea ahora como meras hipótesis— que en el escaso tiempo autorizado de venta y consumo de alcohol los ciudadanos desarrollaran la afición de coger enormes borracheras que terminasen en generalizados desmanes contra la propiedad y las personas, que el cinturón de seguridad produjese una inesperada y elevada cantidad de fracturas cervicales, o que la mayor cantidad de contratos de trabajo se firmasen en condiciones de precariedad y no se produjese ningún incremento neto de puestos de trabajo. Los miles de ejemplos de normas que, cumplidas o aplicadas, no generan los efectos deseados por su edictor nos acercan a una nueva idea de eficacia que es la que parece estar más presente en la discusión política cotidiana. La eficacia como éxito de la norma en cuanto instrumento para alcanzar un estado de cosas bueno o deseable.

Por último: muy estrechamente ligado al aspecto recién señalado cabe todavía cuestionar si una determinada norma o conjunto de normas es el instrumento más adecuado para alcanzar el estado de cosas deseado por su edictor. Pudiera ocurrir que la norma, cumplida o

9 En la distinción entre razones instrumentales, prudenciales y morales sigo básicamente a Bayón, 1991, parte I. Bayón propone una distinción entre aceptación y obediencia en la cual la aceptación equivale a internalización moral mientras que la obediencia equivale *a «comportarse como lo haría el que la acepta»* pero por razones prudenciales. En consecuencia Bayón rechaza como confusión conceptual el hablar de «aceptar la regla por razones prudenciales». *Vid.* Bayón, 1991, pp. 459466. Discutiré más adelante estas cuestiones.

aplicada, sirviese a su objetivo último pero lo hiciese al precio de un alto coste económico o social, bien sea por requerir costosos sistemas de adjudicación, bien por inhibir otras acciones también deseables o por inducir otras consecuencias indeseables. Probablemente en este nivel sería más correcto hablar de «eficiencia» de la norma que de eficacia de la norma, pero parece un aspecto estrechamente relacionado también con la función de las normas.

Creo que, hasta aquí, han aparecido siete sentidos distintos en los que cabe hablar, y se habla, de eficacia de las normas. Quisiera insistir en que son siete sentidos en los que, si no me equivoco, se habla habitualmente de la eficacia de las normas, ya sea en el lenguaje propiamente normativo de las leyes, ya sea en el lenguaje de las ciencias jurídicas particulares, de la Teoría General del Derecho, de la práctica jurídica, de la discusión política, e incluso en el lenguaje vulgar; esto es: que no se trata de siete sentidos artificialmente prefabricados en uno de esos excesos a los que a veces nos conduce una mala práctica del análisis filosófico. Provisionalmente podrían enunciarse así siguiendo el orden en que han aparecido y, por ello, sin presuponer por ahora ningún orden teórico:

1) Eficacia como cumplimiento
2) Eficacia como aplicación
3) Eficacia como vigencia
4) Eficacia como correspondencia
5) Eficacia como aceptación
6) Eficacia como éxito
7) Eficacia como eficiencia

Estos siete sentidos o aspectos de la eficacia son heterogéneos y creo que deben agruparse inmediatamente en tres. En primer lugar la eficacia 3), como vigencia, que se refiere a la regulación normativa, en un sistema dado, de las condiciones de obligatoriedad y pérdida de obligatoriedad de sus propias normas. Se trata de una cuestión típica de la dogmática jurídica y, en particular, de la dogmática civilista, ya que en el modelo de la Codificación este tipo de normas secundarias se introdujo en el encabezamiento de los Códigos Civiles, pese a que la Teoría del Derecho pueda constatar que tienen, en realidad, un carácter estructuralmente constitucional. No me ocuparé de la «eficacia de las normas» tal y como, en este sentido, es objeto de atención en los tratados, manuales y monografías de los civilistas (hoy también en los de Teoría del Derecho). Pero sí me ocuparé, en el capítulo 1, de los dos aspectos del tema que guardan relación directa con el cumplimiento o incumplimiento de las normas, es decir con la efectiva conducta de sus destinatarios; a saber, del desuso de la norma legal (tanto se trate del mero desuso como del uso en contrario) y de la ignorancia de la norma legal. Me ocuparé, en particular, de los antecedentes que precedieron a las tajantes soluciones normativas que, para estos problemas, articuló la Codificación.

En segundo lugar han de agruparse la eficacia como cumplimiento 1), la eficacia como aplicación 2), la eficacia como correspondencia 4) y la eficacia como aceptación 5). Estos parecen ser los aspectos de que se ocupa la Teoría General del Derecho (o la Filosofía del Derecho), aunque con frecuencia solo para discutir conceptualmente sus relaciones con la validez o la existencia de las normas y para indicar, a renglón seguido, que su estudio es propiamente el objeto de la Sociología del Derecho. A ellos dedicaré los capítulos 2 y 3. El primero de ellos para analizar la eficacia como cumplimiento y, particularmente, los diferentes motivos que inducen al cumplimiento de las normas jurídicas, así como las posibilidades y la utilidad de medir su cumplimiento. Argumentaré allí que la mera correspondencia, a la que propongo denominar «coincidencia», es una dimensión de la eficacia de las normas apenas significativa. La denominada «aceptación» es, en realidad, uno de los posibles motivos de cumplimiento y, probablemente, no el más relevante. Por ello el capítulo sobre el cumplimiento absorberá la correspondencia y la aceptación. En el segundo de ellos abordaré la eficacia como aplicación, su peculiar opacidad y las posibilidades y utilidad de medirla. En la segunda parte de este mismo capítulo incluiré, finalmente, algunas consideraciones sobre las dos restantes dimensiones, o sentidos, de la eficacia [el éxito 6 y la eficiencia 7] que, generalmente, parecen dimensiones más ajenas al interés de la Teoría del Derecho y más propias de la atención de una sociología instrumental al servicio de la política jurídica o de la política a secas.

La ineficacia de las normas jurídicas no es, aparentemente, más que su falta de eficacia. En la última parte del tercer capítulo presentaré, sin embargo, un aspecto específico de la ineficacia de las normas jurídicas en que se pone de relieve que la ineficacia, en algunos casos, es algo más que la mera falta de eficacia. Me apoyaré, para ello, en la única aportación que conozco de formular una teoría de la ineficacia de las normas jurídicas. Se trata de la teoría de las «normas perversas» elaborada, en sede experimental, por el psicólogo social José Miguel Fernández Dols. Utilizaré su teoría para elaborar, en sede analítica, los diferentes supuestos de perversión normativa. Me parece necesario llamar la atención sobre el hecho de que un análisis esclarecedor de la ineficacia de las normas jurídicas haya sido elaborado, más allá de la Teoría del Derecho, en la Psicología Social. Esta circunstancia podría abonar el recurrente argumento de que el tema de la eficacia de las normas pertenece al ámbito de la Sociología del Derecho[10] o de la Psicología Jurídica (o de la Psicología Social) pero que es ajeno a la Teoría del Derecho y, en general, a la(s) denominada(s) Ciencia(s) jurídica(s). No me parece interesante en absoluto discutir sobre los límites de las disciplinas. Opino, ello no obstante, que el análisis teórico y empírico de la eficacia e ineficacia de las normas es relevante para la Teoría del Derecho y, lo que es más importante todavía, es relevante para las disciplinas jurídicas convencionales generalmente denominadas «ciencias del Derecho» así como lo es para cualquier tipo de política jurídica.

Finalmente, en el capítulo 4 trataré de contrastar los resultados de los dos capítulos anteriores con las respuestas normativas que la Codificación había dejado establecidas. Para ello examinaré las respuestas más relevantes que la Teoría del Derecho del siglo XX ha ofrecido al problema de la relación entre eficacia, validez y existencia de las normas jurídicas y entre eficacia de las normas y existencia del ordenamiento jurídico. Sospecho que ambos problemas encuentran mejor solución teórica cuando se tiene una idea ordenada sobre la eficacia de las normas jurídicas.

Estoy particularmente agradecido a los profesores Carlos Garriga, Marta Lorente y Fernando Martínez, del Área de Historia del Derecho de la Facultad de Derecho de la Universidad Autónoma de Madrid, que me prestaron valiosas orientaciones bibliográficas para la realización del primer capítulo, y al profesor Evaristo Prieto, compañero en el Área de Filosofía del Derecho de la misma Facultad, que me orientó eficazmente respecto a la literatura sociológico jurídica. Recibí útiles observaciones de los profesores Carlos Alarcón, Elías Díaz,

---

10 A este respecto Elías Díaz señala que *«sin olvidar nunca esa preocupación de los juristas y de la Ciencia jurídica por las implicaciones sociales del Derecho, puede decirse que es a otra ciencia, la Sociología del Derecho, a quien corresponde tratar de manera más rigurosa y sistemática el problema de la función del Derecho, su eficacia social, o, más ampliamente, el problema de las interconexiones entre Derecho y sociedad»* (Díaz, 1980, p. 51; *vid.* también p. 56). Parece asentado entre nosotros el tópico de dividir el trabajo adscribiendo a la Ciencia jurídica el estudio en torno a la validez de las normas y a la Sociología del Derecho el estudio en torno a la eficacia de las normas. La concepción de Eugen Ehrlich distinguiendo entre un «Derecho de los juristas» que estudiarían los científicos del Derecho y un «Derecho vivo» que estudiarían los sociólogos del Derecho ha resultado influyente en los estudios sobre la eficacia de las normas en ciertos sectores del ordenamiento *(vid.* Cotterrell, 1991, pp. 43-45). Sin embargo, parece que en esta convencional y discutible división del trabajo han sido mayores los esfuerzos de algunos juristas por romper la frontera penetrando en el terreno de la eficacia que los esfuerzos de los sociólogos por penetrar en el terreno de la normatividad. El mismo Ehrlich sería ejemplo de ello. La razón estriba probablemente, como señala Cotterrell, en que el «Derecho vivo» solo puede ser entendido *«en relación con las categorías establecidas en el Derecho de los juristas; es un concepto* [el de "Derecho vivo"] *concebido solamente a efectos polémicos, por un jurista preocupado por los datos de la vida social»* (ibidem, p. 45).

Juan A. García Amado, Gregorio Peces-Barba y Alfonso Ruiz Miguel, que integraron la Comisión que juzgó el Concurso celebrado el 14 de noviembre de 2002 para cubrir una Cátedra en la Universidad Autónoma de Madrid, ante la cual presenté este estudio como segundo ejercicio. Posteriormente tuve ocasión de someterlo a una amplia discusión en el Departamento de Filosofía del Derecho de la Universidad de Alicante, invitado por los profesores Manuel Atienza y Juan Ruiz Manero que, además, han apoyado generosa y eficazmente su publicación en esta colección de la Editorial Ariel. A todos ellos mi agradecimiento.

CAPÍTULO 1

LA FUERZA NORMATIVA DE LAS LEYES FRENTE A LA COSTUMBRE CONTRARIA, EL DESUSO Y LA IGNORANCIA: ANTECEDENTES

1. Las decisiones codificadoras y la mala conciencia del señor Portalis

El Título Preliminar del Código Civil español (reformado en 1974) se denomina «De las normas jurídicas, su aplicación y eficacia». De sus cinco capítulos,[1] el tercero es el único que vuelve a incorporar en su subtítulo la referencia a la eficacia («Eficacia general de las normas jurídicas») y comprende solo dos artículos, el 6 y el 7. El artículo 6 regula la ignorancia de las normas y el error de derecho (párrafo 1), la renuncia de derechos (párrafo 2), la nulidad de los actos contrarios a normas imperativas y prohibitivas (párrafo 3) y el fraude de ley (párrafo 4). El artículo 7, por su parte, establece el principio de la buena fe en el ejercicio de los derechos y prohíbe el abuso del derecho y su ejercicio antisocial. Todo ello son condiciones diversas de aplicación de los diferentes tipos de normas (imperativas, prohibitivas y permisivas) que han de añadirse a las condiciones formales de publicación y entrada en vigor que establece el artículo 2, la ordenación jerárquica de las disposiciones y del sistema de fuentes que establece el artículo 1 y las reglas sobre retroactividad, interpretación y aplicación analógica (artículos 2, 3 y 4). Se trata, por tanto, de normas sobre normas que establecen «normativamente», de forma expresa, ciertos criterios de reconocimiento y adjudicación de las normas del sistema, es decir que se refieren a la eficacia como «vigencia formal» (validez, en otro de sus sentidos) de las normas. De entre todas ellas solo dos se refieren directamente al problema de la eficacia como cumplimiento de las normas. Se trata del segundo párrafo del artículo 2 (*«las leyes solo se derogan por*

1 Como es sabido, el capítulo primero trata de las fuentes del Derecho, el segundo de la aplicación de las normas jurídicas, el cuarto de las normas de derecho internacional privado y el quinto de la relación entre el derecho civil común y los derechos civiles forales vigentes en determinadas provincias o territorios.

otras posteriores»)[2] y del párrafo primero del artículo 6 *(«la ignorancia de las leyes no excusa de su cumplimiento»)*, único precepto este último de los contenidos en el capítulo sobre la eficacia que tiene relación directa con la eficacia como cumplimiento. Tiene una estrecha relación, lógicamente, con el primero de estos preceptos el párrafo segundo del artículo 1 que solo reconoce fuerza normativa jurídica a la costumbre *«en defecto de ley aplicable»*, y tiene asimismo una estrecha relación con el segundo de ellos la regla de publicidad del párrafo 2 del artículo 2 *(«las leyes entrarán en vigor a los veinte días de su publicación en el Boletín Oficial del Estado...»)*.

La relación de las normas legales («disposiciones» o normas jurídicas expresamente formuladas por la autoridad) con la efectiva práctica de sus destinatarios fue ya objeto de expresa y preocupada atención por la concepción codificadora en estos dos diferentes aspectos, que podemos ahora subdividir en tres en atención a las dos distintas manifestaciones de la costumbre de no cumplir las leyes: el primero, el de la relación de la ley con la costumbre contraria; el segundo, el de la relación de la ley con la costumbre de no cumplirla (el desuso); y el tercero, el de la relación de la ley con la ignorancia del destinatario. En los tres casos la respuesta codificadora fue negativa para la práctica efectiva, ya se tratase de la costumbre contraria, del desuso o del incumplimiento por desconocimiento. La costumbre contra legem no es fuente de Derecho, esto es carece de la virtualidad de crear una norma jurídicamente obligatoria. El desuso (la llamada costumbre «negativa») carece asimismo de fuerza para derogar a la ley. La ignorancia no exime del cumplimiento de la ley.

Resulta llamativo, sin embargo, que el conocido Discurso preliminar con que el «clásico y juicioso»[3] Jean-Étienne Portalis presentó, el primero de Pluvioso del Año IX, el Proyecto de Código Civil confiese abiertamente lo que hoy llamaríamos una «contradicción pragmática», esto es que la Comisión redactora había decidido no autorizar algo que era imposible no autorizar: la fuerza derogatoria del desuso. Dice así:

> Las leyes conservan sus efectos mientras no sean derogadas por otras leyes o hasta que la falta de uso —desuetudo— no perjudique su vigencia. Si nos hemos guardado de autorizar expre-

---

2 Para la cuestión que ahora se va a analizar es necesario recordar la redacción originaria del antiguo artículo 5 del Código Civil que, de forma más gráfica y extensa que la actual del artículo 2.2, decía: *«Las leyes solo se derogan por otras leyes posteriores y no prevalecerá contra su observancia el desuso, ni la costumbre o la práctica en contrario»*.

3 El calificativo de «clásico y juicioso» procede de Gény según la nota introductoria de Julio Dassen a la edición castellana del Discurso Preliminar por la que cito.

> samente este último modo de abrogación, nuestra conducta no se debe a que dudemos de su existencia sino que atiende a los latentes peligros que supone la instauración legal del instituto. Pero ¿puede acaso disimularse el influjo y utilidad que en la vida de las leyes tiene este indeliberado acuerdo, este poder invisible en virtud del cual, sin necesidad de auxilios o conmociones, los pueblos ajustician a sus malas leyes, la sociedad parece ampararse de los errores del legislador y este, a su vez, se protege de sí mismo? (Portalis [1802], 1959, p. 54).

Conocido es el carácter fuertemente conservador de tan ilustre jurista, hijo de la Revolución y padre de la Codificación, que sin embargo se permitía afirmar que *«es dura verdad que los siglos de luces y de filosofía no son, con harta frecuencia, otra cosa que teatro de los excesos»* (ibidem, p. 60). Pero sea cual fuere la naturaleza de sus convicciones lo que me interesa señalar es que en el mismísimo nacimiento del «Código de Napoleón», que habría de servir de modelo a nuestro Código Civil y a tantos otros de Europa de los que forma piedra angular la afirmación de la primacía de la ley frente a la costumbre y frente al desuso, se reconozca palmariamente que ese efecto derogatorio (ese «poder invisible») del desuso, aunque no se autoriza normativamente, no puede ponerse en duda.

En cualquier caso, estas cuestiones no eran en absoluto nuevas para los codificadores. Por el contrario: la conflictiva relación entre la costumbre y la ley arrastraba tras de sí una larguísima historia tanto en el Derecho civil como en el Derecho canónico y los orígenes del problema se remitían, en realidad, al Derecho Romano; y, además, la solución al problema nunca había sido pacífica.

Parece interesante recordar en primer lugar, siquiera sea brevemente y como mero ejemplo, el complejo proceso que recorrió la formación del Derecho en el Reino de España hasta llegar a las tres soluciones negativas que —como hemos visto— adoptó el codificador. Este recorrido puede arrojar mucha luz sobre la aparentemente contradictoria afirmación de Portalis pero exige, me parece, alguna aclaración previa. Es lo más frecuente que el jurista contemporáneo observe la costumbre jurídica (el Derecho consuetudinario) como norma o conjunto de normas no escritas, de carácter fundamentalmente local o gremial, y contrapuesta a la Ley, como norma escrita, de carácter fundamentalmente general. Con toda probabilidad resulta un grave error trasladar simplemente esta contraposición a otros momentos históricos. Aunque San Isidoro dejase establecido en las Etimologías que la diferencia entre las costumbres y la ley estriba en que la ley está escrita *(«lex est constitutio scripta»)* y lo razonase etimológicamente *(«nam lex a legendo vocata, quia scripta est»),* no era esta diferencia la que durante siglos distinguía al Derecho consuetudinario del Derecho legislado.[4] Y ello por muchas razones. En primer lugar porque el relieve de que unas normas estuviesen escritas y otras no lo estuviesen debía ser, sin duda, muy escaso en un mundo donde la escritura y la lectura eran poco asequibles al común de las gentes, incluidas las gentes que tenían que administrar justicia.[5] En segundo lugar, porque la idea —hoy tan familiar— de que la costumbre era Derecho no escrito se ajusta poco a la realidad; por el contrario, la mayor parte de las normas consideradas consuetudinarias estaban tan escritas como las propias leyes; es más: la mayor parte de la labor legisladora tanto en la Alta Edad Media como tras la recepción del Derecho romano consistió en recopilar, con mayor o menor manipulación, las normas consuetudinarias. En tercer lugar, porque la concepción occidental del Derecho no encontraba entre la ley y la costumbre diferencias sustanciales ni en su contenido, ni en su origen, ni en su legitimidad.[6] La historiografía más reciente parece coincidir en estos aspectos que, por otra parte, explican la estrecha asimilación que en la Baja Edad Media se produce en la Europa occidental entre Derecho consuetudinario y Fuero, de tal modo que el Derecho consuetudinario (la costumbre) equivale al Fuero y constituye uno de los órdenes jurídicos que se contrapone no tanto a la ley escrita como al Derecho regio. La verdadera contraposición no se producía, por tanto, entre la costumbre como norma no

---

4 Frente a la manida cita de San Isidoro, Carlos Petit y Jesús Vallejo recuerdan la tesis adversa —«scriptura non est de sustantia legis»— y concluyen que «la diferencia entre costumbre y ley se difumina enormemente no solo por la insustancialidad de la escritura (la costumbre puede ser, ad memoriam, trasladada al ámbito de la escritura), sino porque, al definirse la ley según la expresión «commune preceptum», la propia ley tiene su causa en la voluntad colectiva que es también el origen de la norma consuetudinaria» (Petit-Vallejo, 1999, [1994, pp. 41-42]. Debo a la amabilidad de Marta Lorente haber podido utilizar este trabajo en la versión castellana inédita). Una crítica sólida a la tesis isidoriana se encuentra ya en Francisco Suárez cuando señala que «muchas veces sucede que las leyes consuetudinarias son escritas, por ejemplo, las leyes de feudos, y en nuestra España las leyes de fuero; luego al derecho consuetudinario no le es esencial el no estar escrito» («ergo esse non scriptum, non est de ratione consuetudinarii iuris») (Suárez [1612], 1968, 775, 1 y ss.).

5 El argumento de la escasa relevancia de la escritura aparece resaltado por Arón Guriévich que recuerda, como síntoma, el extendido uso de las «cartae sine litteris» en que la carta se convertía en un mero símbolo sin requerir contenido literal alguno (Guriévich, 1990, pp. 200-201 y 211). También fue puesto de relieve en el estudio clásico de Charles H. Haskins (Haskins [1927], 1972, p. 167).

6 La concepción más extendida durante la Alta Edad Media en los reinos germánicos equiparaba Derecho con costumbre *(vid.* Guriévich, 1990, pp. 189 y 197). El acto de legislar, por otra parte, era concebido como ejercicio de la jurisdicción, es decir de la declaración del Derecho de tal forma que el Derecho no es algo que se elabora sino algo que se encuentra (ibidem, p. 193; en este sentido es clarificadora la brillante metáfora del «cáliz de plata» que manejan Petit-Vallejo 1999 asimilando la legislación como búsqueda del Derecho a la búsqueda del Grial).

escrita y la ley como norma escrita sino entre el Derecho consuetudinario (como Derecho propio y antiguo, las más de las veces escrito) y el Derecho regio (como Derecho de pretensiones generales, homogeneizador y, con frecuencia, nuevo). La contraposición bajomedieval entre costumbre y ley fue, sobre todo, la contraposición política entre el orden corporativo medieval y el incipiente Estado moderno.[7]

La pugna normativa ley-costumbre, solo resuelta definitivamente con la Codificación (aunque, como hemos visto, no con total convencimiento), presentó históricamente dos respuestas: la superioridad de la ley sobre la costumbre, en cuyo caso la costumbre contra ley y el desuso o costumbre negativa carecían de fuerza derogatoria, o la igualdad entre ambas, en cuyo caso se atribuía a la costumbre contra ley y al desuso o costumbre negativa fuerza derogatoria de la ley.

2. La superioridad de la ley sobre la costumbre: «Dominus non dixit "Ego sum consuetudo"»

Como decía, el problema —no tanto como la solución— había quedado planteado en el Derecho romano. En efecto, algunas voces pudieron encontrar en la compilación justinianea apoyos para sostener la superioridad de la ley que, en consecuencia, no podía ser derogada por la costumbre. La referencia canónica era aquí un pasaje del Codex en que se afirma *«consuetudinis, ususque longaevi non vilis auctoritas est; verum non usque adeo sui valitura momento, ut aut rationem vincat, aut legem»* (C. Iust, 8, 52 (53), Constantinus).[8]

---

7 Es en este aspecto clásica la reconstrucción de Fritz Kern, publicada inicialmente en 1914, sobre las relaciones entre el Rey y el Derecho en la Edad Media. Su tesis puede resumirse en cinco afirmaciones: a) que el Estado, tanto en la concepción germánica como en la eclesiástica, era un instrumento para conservar el Derecho; b) que el Derecho, en la concepción germánica, era el Derecho consuetudinario *(«el viejo y buen derecho»); c)* que, por el contrario, en la concepción eclesiástica el Derecho consuetudinario era trascendido por el Derecho divino-natural; d) que, por ello, *«desde el Imperio romano cristianizado hasta el siglo XVIII, la alianza del poder del Estado con el Derecho divino o racional contra el Derecho histórico ha sido una palanca poderosa de desenvolvimiento jurídico; y esta unión producía siempre el efecto de liberar al monarca del Derecho consuetudinario» y* (e) que la tensión entre conservación e innovación del Derecho se resolvía mediante el «consensus» (Kern, 1955, pp. 127, 128 [cita] y 131).

Sobre los correctivos contra el localismo jurídico expresado en los fueros, Francisco Tomás y Valiente distingue entre: a) la existencia de una primitiva legislación regia, b) la aparición espontánea de redacciones anónimas de derechos consuetudinarios de amplio ámbito de vigencia y c) la implantación de una política real conscientemente dirigida a uniformizar los derechos locales mediante la extensión de algunos textos a gran cantidad de ciudades y villas (Tomás y Valiente, 1979, p. 155).

8 García Gallo, 1959, II, p. 54. Corresponde al rescripto Quae sit longa consuetudo de Constantino (319 d.C.) que se convirtió en un lugar clásico. Particularmente interesante es el comentario de Savigny (Savigny [1840], 1878, Apéndice II, pp. 372-376) que admite que

La primera gran recopilación jurídica visigótica con vigencia en España, el Código de Eurico (476 d.C.), fue una obra de notoria influencia romana a la que nuevamente pudieron recurrir los defensores de la superioridad de la ley: «*Ut nulla causa a iudicibus audiatur, que in legibus non continetur. Nullus iudex causam audiere presumat que in legibus non continetur*».[9] En el siglo siguiente (el año 506) Alarico II promulga el Breviario de Alarico o Lex Romana Visigothorum, recopilación otra vez del Derecho romano y no de las leyes visigóticas, en el que cabe apoyar un argumento similar contra la costumbre si solo nos atenemos a la advertencia que encabeza su remisión al conde Timoteo: «*ut iuxta eius seriem universa causarum sopiatur intentio nec aliud cuicumque aut de legibus aut de iure liceat in disceptatione proponere... Providere ergo te convenit, ut in foro tuo nulla alia lex peque iuris formula pro ferri vel recipi praesumatur. Quod si factum fortasse constiterit, aut ad periculum capitis tui aut ad dispendium tuarum pertinere noveris facultatum.*»[10] Una disposición derogatoria tan general y tan severamente sancionada («periculum capitis tui») parece expresar un firme propósito codificador y, por ello, a favor de la norma escrita y promulgada por el rey, es decir de la ley.

Siglos después cabe todavía encontrar alguna pervivencia de la tesis anticonsuetudinaria. La más citada, quizá por su claridad y porque tiene cierta gracia, es la argumentada en el Libro de Tubinga (h. 1100 d.C., Pedro, Exceptiones legum romanorum 4, 10, *9): «Cum de iustitia et consuetudine contenditur inter idiotas legisque peritos, consuetudo iuris nescia, errore nata, recedat, iustitia vero in omnis iudiciis vigorem habeat... et iterum Dominus dixit: 'Ego sum via, et ventas et iustitia'; non dixit "Ego sum consuetudo"*».[11] Pero a pesar de la autoridad del argumento —«Yo soy la costumbre» nunca lo dijo el Señor— esta opinión resultó a la larga la opinión minoritaria, aunque no dejó de tener algún apoyo cualificado como el de Juan Hispano que, citando

su sentido es que «*la costumbre puede completar la ley, no modificarla ni abrogarla*» pero, sin embargo, sostiene que es necesaria otra interpretación porque esta «*está en contradicción con el testimonio constante de todos los tiempos*»; la solución de Savigny es que el rescripto se refiere exclusivamente a la relación de la legislación imperial con la costumbre local, pero que no es apli cable a las costumbres generales. Allí cita Savigny una divertida inversión del principio formulada por Obertus para frenar la invocación en el derecho lombardo de que el Derecho romano estaba por encima de las costumbres feudales: «*Legum au tem romanorum non est vilis auctoritas, sed non adeo vim* suam *extendunt, ut usum vincant aut mores.*»

9 García Gallo, 1959, 11, p. 170.

10 García Gallo, 1959, II, p. 167.

11 García Gallo, 1959, II, p. 56.

a Placentino, sostuvo con firmeza que *«la ley del príncipe no puede ser derogada por el consentimiento contrario del pueblo»*.[12]

3. La igualdad de la ley y la costumbre: «Pode toller las leyes antiguas»

La tesis alternativa, o proconsuetudinaria, tiene al menos tanto abolengo como la anterior. En efecto, una respuesta contraria a la superioridad de la ley encontraba también su apoyo en el Digesto: *«Quare rectissime etiam illud receptum est, ut leges non solum suffragio legislatoris; sed etiam tacito consensu omnium per desuetudinem abrogentur»* (Dig, 1, 3, 32, Iulianus).[13]

En el siglo VII, el año 654, el rey Recesvinto promulgó el Liber Iudiciorum, revisado previamente por el Concilio VIII de Toledo, conteniendo ordenadas en doce libros las leyes promulgadas por los reyes visigodos (en particular por él mismo y por su padre Chindasvinto). Hay entre ellas muchas de las que no se indica el rey que las promulgó y a las que se menciona como «antiqua» o «antiqua enmendata» y que en gran parte proceden del Código de Eurico o de su revisión por Leovigildo en el llamado Codex Revisus a finales del siglo VI (Tomás y Valiente, 1979, p. 104). Esta obra, que se mantuvo en vigor durante siglos, podría confirmar definitivamente la prevalencia del legalismo en los reinos visigóticos y, sin embargo, no parece ser así sino todo lo contrario; el juicio de Tomás y Valiente es en este aspecto esclarecedor: *«Incluso el Liber, allí donde se aplica, rige en cuanto Derecho consuetudinario de la población. Al no estar respaldado por un poder político, sino tan solo parcialmente tolerado o respetado, el Liber se transforma en cierto modo y pierde el carácter de Derecho legal (conjunto de leyes promulgadas y recopiladas por los reyes visigodos) que tuvo en su origen, para convertirse en el Derecho por el que suelen regirse "mozárabes" o hispani, en un Derecho consuetudinario...»* (Tomás y Valiente 1979, p. 134).

Así que cuando, seis siglos después de la edición del Liber, el rey Fernando III, el año 1222, confirmó y extendió la vigencia del derecho municipal de Toledo, que estaba principalmente constituido por el Liber, e incluso propició una traducción castellana de él que se publicó bajo el nombre de Fuero Juzgo y que se concedió como fuero a un gran

12 Juan Hispano, Glossa al Decreto (h. 1180): *«Dominus Placentinus fuit in contraria sententia, quia dixit, semper consuetudinem iuri succumbere et hoc sive esset generalis consuetudo sive specialis... Et hoc dixit agister maxima ratione, quia sicut solius principis est condere legem, ita eius solius est ipsam abrogare... et ideo lex principis per contrarium populi consensum abrogan non potest»* (García Gallo, 1959, II, p. 58).

13 García Gallo, 1959, II, p. 53.

número de ciudades, lo que en realidad estaba haciendo era legislar un Derecho consuetudinario, o sea: poner por escrito las costumbres. Y nuevamente aparece en él la vieja prescripción del Código de Eurico: «*Que los juezes non oyan nengún pleyto sinon aquel que es contenudo en las leyes*» (Fuero Juzgo, 2, 1, 11).[14] Lo que resulta extraordinariamente curioso, pero confirma el carácter consuetudinario que se atribuía a las normas del Liber, es que con la traducción romance de este viejo libro visigodo de leyes en buena parte romanas lo que Fernando III pretendía era precisamente que no se aplicasen las leyes romanas: «*Nin queremos que daquí adelantre sean usadas las leyes romanas ni las estrannas*» (ibíd., 2, 1, 8).[15]

Parece, pues, que en el siglo XIII, el siglo del «renacimiento jurídico»,[16] la idea más extendida era la de igualdad entre ley y costumbre como dos formas alternativas de producción del Derecho. Tomás de Aquino traduce, con su habitual claridad y la conveniente puntualización intelectualista, lo que en este punto debía ser idea dominante:

> Respondo diciendo que toda ley emana de la razón y de la voluntad del legislador: la ley divina y la ley natural de la voluntad racional de Dios; ahora bien, la ley humana de la voluntad del hombre regulada por la razón. Así como la razón y la voluntad del hombre se manifiestan en las cosas que se hacen con la palabra, así también se manifiestan con el hecho: pues parece que cada uno elige como bueno lo que hace con actos. Siendo, pues, manifiesto que con la palabra humana puede cambiarse la ley, y también exponerla, en cuanto manifiesta el motivo interior y el concepto de la razón humana, de ahí que también por actos, máxime si son repetidos, que forman la costumbre, puede cambiarse la ley y exponerse e incluso producir algo que obtenga valor de ley: o sea en cuanto se declara muy eficazmente por actos exteriores repetidos el movimiento interior de la voluntad y el concepto de la razón; pues cuando algo se hace muchas veces, parece que procede del juicio deliberado. Y según esto, la costumbre tiene fuerza de ley, y abole la ley, y es intérprete de las leyes (Summa Theologiae, I-II, q. 97, art. 3).

En las mismas fechas el rey Alfonso X de Castilla ve terminado el Código de las Siete Partidas (1263 o 1265 d.C.) en el que se afirman las mismas cosas que Tomás de Aquino decía:

14 García Gallo, 1959, II, p. 170.

15 García Gallo, 1959, II, p. 207.

16 Vid. Haskins [1927], 1972, pp. 166 y ss.

> Dos raíces son aquellas de que nasce el derecho comunal, por que se guían et se mantienen las gentes en justicia et en concordia et en paz: la primera es la ley escripta; la segunda es costumbre antigua que val tanto como ley, a que dicen en latín consuetudo... Fuerza muy grande ha la costumbre quando es puesta con razón, así como de suso dexiemos; ca las contiendas que los hombres han entre sí, de que non fablan las leyes escritas, puédense delibrar por la costumbre que fuese usada sobre las razones de que es la contienda, et así ha fuerza de ley. Otrosí decimos que la costumbre puede enterpretar la ley quando acaesciese dubda sobrella... Et aun ha otro poderio muy grande, que pode toiler las leyes antiguas que fuesen fechas ante que ella; pues que el rey de la tierra lo consintiese usar contra ellas tanto tiempo como sobredicho es o mayor, et de esto se debe entender quanto la costumbre fuese usada generalmientre en todo el regno: mas si la costumbre fuese especial, estonce non desataría la ley si non en aquel logar tan solamiente ó fuese usada. Et desátase la costumbre en dos manieras, maguer sea buena: la primera por otra costumbre que sea usada contra aquella que era primeramiente puesta; la segunda si fuesen fechas después leyes escriptas que sean contrarias della; ca entonce deben ser guardadas las leyes que fueron después fechas et non la costumbre antigua.[17]

Así que la costumbre, además de su función para interpretar las leyes, tenía fuerza de ley y, como tal, podía servir como norma jurídica aplicable en su ámbito, pero no solo con carácter subsidiario o subordinado a la ley escrita sino con la capacidad de abolir («toller») las leyes escritas.

Estos datos confirman, como antes veíamos, que la cuestión no era tanto la contraposición entre ley como norma escrita y costumbre como norma no escrita sino entre Derecho regio y Derecho propio y por eso no hay contradicción alguna en que los reyes, como Fernando III, recurriesen al expediente de legislar, como Derecho regio, el Derecho que la gente consideraba «su» Derecho consuetudinario. En tal caso, costumbre y ley quedaban explícitamente unificadas y cabía esperar que los jueces, ateniéndose a los textos, pudiesen alcanzar en sus resoluciones una mayor certidumbre. En definitiva la competencia legislativa del rey era una manifestación de la jurisdicción, que el rey compartía con la Iglesia, el Emperador, los señores, los municipios y demás formas corporativas, y la jurisdicción se entendía no tanto como «creación» sino como «declaración» del Derecho, por lo que el rey podía, en el ámbito de su jurisdicción, «decir» o «declarar» cuál

17 García Gallo, 1959, II, pp. 60, 61-62.

era el Derecho vigente en su reino. Pero el problema que el pluralismo jurídico medieval suscitaba no era tan fácilmente resoluble y vino a complicarse con la recepción del Derecho romano.

4. LA LARGA LUCHA DE LA LEY CONTRA EL DESUSO: «NO EMBARGANTE SE DIGA O ALEGUE QUE NO SON USADAS NI GUARDADAS»

Restaurado el estudio del Derecho romano en las universidades, a partir del siglo XI, empieza a formarse la jurisprudencia culta que daría lugar al denominado «ius commune» y este Derecho común se convierte en un nuevo peligro para la seguridad jurídica y para la homogeneización de los reinos. Es cierto que, tras los primeros glosadores del siglo XII, discípulos de Irnerio y estrechamente vinculados al emperador Federico I,[18] para los que el Derecho justinianeo era Derecho vigente en el Imperio, los comentaristas de los siglos XIII y XIV se ocuparon más de integrar el Derecho romano justinianeo con el Derecho municipal italiano atribuyendo al primero un carácter de Derecho civil común subsidiario (*«ubi cessat statutum, habet locura ius civile»*), pero tanto la revitalización política del Imperio, en buena parte mediante el instrumento del Derecho romano, como la profusión de opiniones técnicas derivadas de su estudio académico resultaban una doble amenaza así para la consolidación de los reinos mediante el instrumento del Derecho, de su propio Derecho, como para la certidumbre (seguridad jurídica, diríamos hoy) que los reyes pretendían. La cuestión planteada, al final de la Baja Edad Media, para la consolidación de los reinos como estados exigía absorber desde abajo hacia arriba el poder feudal (incluida la «jurisdicción», esto es la declaración y aplicación del Derecho) y romper desde arriba hacia abajo la sujeción también feudal al Emperador y al Papa. Sensibilidad esta, por otra parte, más claramente afirmada en los reinos hispánicos puesto que no habían pertenecido al Sacro Imperio.

El año 1348 el rey Alfonso XI de Castilla promulga el Ordenamiento de Alcalá cuya primera ley del Título XXVIII establece lo que, desde entonces hasta la Codificación, se entendió como el orden de prelación de fuentes del Derecho de Castilla y luego de España:

> Por ende, queriendo poner remedio convenible a esto, establecemos e mandamos que los dichos fueros sean guardados en aquellas cosas que se usaron, salvo en aquello que Nos falláremos que

---

18 Los llamados «cuatro doctores» —Búlgaro, Martino, Ugo y Jacobo— fueron todos ellos consejeros de Federico 1 Barbarroja (*vid.* Haskins [1927], 1972, p. 172).

> se debe mejorar e enmendar, e en lo que son contra Dios e contra razón o contra las leyes que en este nuestro libro se contienen. Por las quales leyes deste nuestro libro mandamos que se libren primeramente todos los pleitos civiles e criminales; et los pleitos e contiendas que se non podieren librar por las leyes deste nuestro libro e por los dichos fueros, mandamos que se libren por las leyes contenidas en los libros de las Siete Partidas que el rey don Alfonso, nuestro visavuelo, mandó ordenar, commo quier que fasta aquí non se falla que fuesen publicadas por mandado del Rey, nin fueron avidas nin resçibidas por leyes.[19]

De este modo el orden de prelación quedó establecido en la siguiente forma: 1) Ordenamiento de Alcalá y Derecho regio que se dicte; 2) Fueros municipales (y entre ellos el Fuero Real del Alfonso X que, como el Fuero Juzgo, estaba básicamente construido a partir del Liber) pero solo en defecto del Derecho regio, y 3) las Siete Partidas, que hasta entonces no se habían considerado propiamente leyes positivas, y que constituían una especie de tratado castellano de Derecho romano-canónico (que algunos autores consideran nacido de la pretensión de Alfonso X de ser elegido emperador en el 1256). Ahora bien, esta ordenación completa, con las Partidas como derecho general supletorio, parecía dirigida expresamente a la exclusión del «ius commune», aunque los hechos muestran que no se tuvo mucho éxito en este empeño.

Mientras los reyes trataban de hacer propio el dictum de Ulpiano (Digesto, 1, 4,1) «*quod principi placuit, legis habet vigorem*», los juristas prácticos ahora de formación universitaria (la «militia litterata») a los que las propias Partidas habían ennoblecidoinvadían los tribunales con discusiones inevitablemente basadas en el «ius commune» en detrimento del orden de prelación de fuentes establecido. Juan II, en 1427, trató de limitar esta influencia prohibiendo que se citasen ante los tribunales opiniones posteriores a Juan Andrés y a Bártolo, y los Reyes Católicos en 1499 insistieron en que se usara exclusivamente la opinión de Bártolo y en su defecto la de Baldo y, en materia canónica, solo la de Juan Andrés y en su defecto la del Abad Panormitano. Pero ni lo uno ni lo otro debió tener tampoco mucho éxito, ya que nuevamente Doña Juana, en el 1505, promulgó las Leyes de Toro la primera de las cuales era precisamente la ley primera del Título XXVIII del Ordenamiento de Alcalá; y aparece aquí un mandato que parece tener, para nuestra cuestión, una trascendental importancia. Dice así:

---

19 García Gallo, 1959, II, pp. 215-216.

> Que lo que se podiere determinar por las leyes de los Ordenamientos e Premáticas por Nos fechas e por los Reyes donde venimos e los Reyes que de Nos vinieren, en la dicha ordinación e determinación se sigan e guarden como en ellas se contiene, no enbargante que contra las dichas leyes de Ordenamientos e Premáticas se diga e alegue que no son usadas ni guardadas.[20]

En 1567 la Nueva Recopilación promulgada por Felipe II ratifica una vez más el orden de fuentes del 1348, pero todavía siglo y medio después el rey Felipe V, en Auto Acordado del Consejo del 4 de diciembre de 1713, tras ratificar el ya viejo orden de prelación de las fuentes de 1348, tiene que ordenar otra vez:

> Así para actuar como para determinar los pleitos y causas que se ofrecieren, se guarden íntegramente las leyes de Recopilación de estos reinos, los Ordenamientos y Pragmáticas, leyes de la Partida y los otros Fueros (en lo que estuvieren en uso), no obstante que de ellas se diga no son usadas ni guardadas.[21]

Y en el siguiente año el mismo rey (en Auto acordado del 12 de junio de 1714) insiste machaconamente en que «*todas las leyes del reino que expresamente no se hallan derogadas por otras posteriores, se deben observar literalmente, sin que pueda admitirse la excusa de que no están en uso.*»[22] Y así se reproduciría finalmente, una vez más, en la Novísima Recopilación promulgada por Carlos IV en 1805.

Pero ¿qué motivo pudo hacer que, desde 1348 hasta 1505 y desde 1505 hasta 1714 y desde entonces hasta principios del siglo XIX, los reyes hubieran de repetir que las leyes han de cumplirse o aplicarse sin que se pueda alegar para no hacerlo que ya no son «usadas ni guardadas», que ya «no están en uso»? Indudablemente el «ius commune» había venido a aliarse con la vieja costumbre para ratificar con argumentos teóricos que no solo una cierta costumbre jurídica, en su ámbito de vigencia, puede derogar a una ley, sino que incluso la mera costumbre de no seguir la ley (la mera costumbre negativa) era capaz de derogar la ley, según «rectissime» se había recibido tantos siglos atrás: «*sed etiam tacito consensu omnium per desuetudinem abrogentur*».

Y lo peor, lo peor para las leyes y lo peor para los reyes, era que esta convicción estaba fuertemente arraigada en los juristas y sólidamente

20 García Gallo, 1959, II, p. 219.

21 García Gallo, 1959, II, p. 225.

22 García Gallo, 1959, II, p. 226.

fundada tanto en la razón como —lo que debiera resultar más sorprendente a los reyes— en la voluntad, en la propia voluntad del rey.

5. LA DISCUSIÓN ESCOLÁSTICA:

«AN CONSUETUDO LEGEM HUMANAM ABROGARE POTEST»

Porque la cuestión de *«si la costumbre puede derogar a la ley humana»* se convirtió en un lugar común en la Teoría del Derecho de la Escuela Española. Domingo de Soto *(1494-1560)*, de la Orden de los Predicadores, uno de los mayores representantes de la Escuela de Salamanca y confesor del Emperador Carlos V, publica en *1553* en Salamanca la primera edición de De Iustitita et Iure, Libri Decem, que en *1556* vuelve a publicarse revisada. Puesto que Soto era un tomista estricto no sorprenderá en absoluto que su argumentación reproduzca aquella que ya hemos visto en Santo Tomás. La costumbre es *«la repetición durante largo tiempo de los mismos actos en la nación» («in aliqua republica»).*[23]

Para tener fuerza de ley requiere tres condiciones: que sea conforme a la razón, que esté permitida por el gobernante[24] y que en opinión común sea pecado obrar contra ella (Libro I, cuestión VII, artículo II [76 b y 77 a]). Satisfechas estas tres condiciones, la costumbre tiene una triple fuerza: la de interpretar la ley antigua, la de cambiarla y la de generar una ley nueva (ibidem, 76 a). Del mismo modo que la

---

23 La edición que utilizo de Soto es la preparada por Venancio Diego Carro para el Instituto de Estudios Políticos (1967), edición facsimilar de la de 1556 acompañada de versión española, edición excelente bajo casi todos los aspectos menos el de la versión española del padre González Ordoñez que con excesiva fidelidad al régimen político imperante introduce ocasionalmente algunas variaciones llamativas en la traducción; valga como botón de muestra la siguiente: *«Hoc ergo memo riae commendandum est, quod consuetudo de se ipsa vim legis non habet, sed quatenus a principis consensu dimanat»*, que se traduce como: *«Sin embargo es necesario tener en cuenta que la costumbre no tiene por sí misma fuerza de ley, a no ser en cuanto dimana del consentimiento del Jefe de la nación» (vid.* tomo I, p. 76). En particular es frecuente, aunque no constante, encontrar traducido «respublica» como «nación» (aunque también como «sociedad» y como «estado») y «prínceps» como «Jefe».

Las citas siguen el sistema original del autor conforme al cual el número indica la página, la letra A indica la primera columna y la letra B la segunda. Dado el carácter facsimilar de la edición que se acompaña en cada página de la versión castellana, este modo de citar permite remitir a la vez tanto al texto original como a la versión castellana.

24 La remisión de la fuerza normativa de la costumbre a la voluntad del gobernante había sido ya firmemente defendida por Francisco de Vitoria. En los Comentarios a la Secunda Secundae de Santo Tomás, en el Apéndice I, «De Lege (Commentarium in Primam secundae qq. 90-108)», que corresponde a lecciones impartidas durante el curso de 1533-1534, se vinculan todos los efectos normativos de la costumbre a la voluntad del legislador: *«non solum verbo, potest legislator manifestare voluntatem suam; ut dissimulat punire transgressores, abrogatur lex per consuetudinem... Nulla consuetudo nec in foro conscientiae nec in foro contentioso potest obligare nisi ex intentione et auctoritate superioris... immo magis potest deobliagre...»* (Vitoria [1534], 1952, pp. 440-441).

razón y la voluntad del legislador, cuando se ha promulgado como ley, puede interpretar la ley, abrogar la ley antigua o instituir una ley nueva, y puesto que la razón y la voluntad no solo se comunican mediante la palabra sino también por las obras, entonces cuando el gobernante *(«princeps»)*, que podría coartar la acción de sus súbditos, les deja obrar de una cierta manera por largo espacio de tiempo *«con tal permiso manifiesta su querer y su pensamiento»* (*«rationem suam atque voluntatem»*, ibidem, 76 a). La conclusión es clara en Soto: la costumbre nace con fuerza de ley por la misma causa que la ley escrita, es decir porque expresa la razón y la voluntad del príncipe, si bien la forma de expresarla sea distinta, tácita mediante actos y no explícita mediante palabras: *«Por consiguiente como con una promulgación hecha de palabra establece una ley, así también con su permisión establece como ley la costumbre de los ciudadanos; la cual por lo mismo se convierte o en intérprete, o en anulación de la vieja ley»* (ibidem, 76 a). La costumbre —insiste, en consecuencia, Soto— no tiene sin embargo fuerza de ley por sí misma sino por el consentimiento del príncipe (ibidem, 76 b) y esta precisión tiene en él una importante consecuencia: que si una ley *«expresara que ninguna costumbre podía prevalecer contra ella, este decreto anularía la costumbre, de tal manera que nunca podría prevalecer contra la ley»* (ibidem, 76 b y 77 a).[25] Pero curiosamente se trata de una consecuencia no definitiva pues inmediatamente aclara que *«tan larga puede ser a veces esta costumbre en contra, sobre todo en la época de algunos gobernantes, que prevalezca contra el mismo decreto que la anula»* (ibidem, 77 a). Claro que esto no ocurre si la práctica habitual se debe a la negligencia del príncipe, y no a un auténtico consentimiento, o a su imposibilidad de *«cortar los abusos de los malhechores»*. Naturalmente, Domingo de Soto opina que hay una gran diferencia entre la validez, de un lado, de la ley natural y de la ley divina positiva y la validez, del otro, de la ley humana, de modo que mientras la costumbre no puede tener efecto derogatorio contra aquéllas sí que puede tenerlo contra la ley humana. Y en este punto trata Soto de matizar la doctrina de Santo Tomás, que considera «incompleta» (ibidem, 78 a), diciendo que no solo la costumbre deroga a la ley cuando se introdujo lícitamente sino

25 La ley que declara que la costumbre no prevalece contra ella era entonces denominada *«decretum irritans»*. El texto citado de Soto dice en su original: *«Qua propter ubi lex exprimeret, nullam consuetudinem contra legem valituram, decretumhoc consuetudinem irritat, ut per illam nunquam abrogetur: quia tunc consuetudo nihil operatur»*. En términos parecidos se había pronunciado Vitoria aunque con idénticas salvedades: *«Si una lex disponit quod non praevaleat consuetudo contraria, an talis, cum sit etiam lex humana, possit abrogan per consuetudinem? Dicunt doctores quod quando est decretum irritans, scilicet quod non valeat consuetudo contra legem, senper maneat in suo vigore, ni si superveniat aliquis novus casus... Sed tamen potest ita praevalere consuetudo, quod licite abroget legem, si dissimulant legislatores punire transgressores»* (Vitoria [1534], 1952, p. 441). Cabe observar que la Codificación, siglos después, optó por un «decretum irritans» de carácter general aunque —como ya hemos visto— con parecidas reservas mentales.

también incluso cuando se introdujo ilícitamente, siempre y cuando sea racional. Aquí aparece claramente enunciada la fundamentación del desuso: «*nuestros antecesores* —dice Soto— *empezaron a obrar injustamente contra una ley, y nosotros en nuestro tiempo la encontramos abrogada; no estamos obligados a investigar cuál haya sido el origen de tal costumbre, sino que estamos libres de tal ley*» (ibidem, 78 a). Ello no obstante la costumbre no puede alcanzar fuerza de ley si nace de actos ilícitos, puesto que la ley «*debet esse aequa et iusta*» (ibidem, 78 a). Es decir —podemos concluir— que se requieren menos requisitos para el mero efecto derogatorio de la costumbre negativa (que puede nacer incluso ilícitamente) que para el efecto creador de una nueva norma jurídica (que, por definición, requiere un origen lícito).

A pesar de que Domingo de Soto sea justamente considerado como uno de los más estrictos tomistas de la Escuela española y consecuentemente sus argumentos traten de mantener un enfoque intelectualista, su justificación de la fuerza legal de la costumbre y de la fuerza derogatoria de la costumbre negativa (el desuso) son —como puede verse— claramente voluntaristas. Es decir tanto lo uno como lo otro se explica a partir de la voluntad del príncipe y la racionalidad es tan solo, como la antigüedad o la opinión popular, una condición o requisito pero no la causa de la fuerza legal de la costumbre y del desuso cuya causa es, en ambos casos, la propia voluntad del príncipe.

No hay en estos aspectos de la teoría ninguna discrepancia sustancial en la posterior elaboración de Francisco Suárez (15481617), el «Doctor Eximio» de la Compañía de Jesús, de quien se ha dicho que representa un cierto eclecticismo entre voluntarismo e intelectualismo. Aun cuando su argumentación sobre la cuestión es más rica y detallada que la de Soto las conclusiones son idénticas. Todo el Libro VII del Tractatus de Legibus ac Deo Legislatore in Decem Libros Distributus, publicado en 1612, está dedicado a la costumbre. Suárez define la costumbre jurídica como «*la práctica general y pública de una comunidad*» (Libro VII, capítulo 1, 8 [773, 2])[26] siempre y cuando satisfaga cuatro requisitos: a) que exista consentimiento del pueblo y, en su caso, del príncipe (ibidem, 774, 2); b) que sea costumbre pública, es decir de una comunidad capaz de crear leyes, capacidad que solo tienen los estados soberanos («*respublicae supremae*» porque no han traspasado su jurisdicción a un príncipe) o las comunidades perfectas, ciudades o pueblos, aunque tengan un príncipe superior, en cuyo caso se requiere su consentimiento (ibidem, 781, 1 y 810, 1); c) bondad,

26 Utilizo también la excelente edición facsimilar del Instituto de Estudios Políticos (1968) con versión española del padre Eguillor Muniozguren. El sistema de citas es similar y es también el original del autor con la única diferencia de que las columnas se designan con los números 1 y 2 (Suárez utiliza cuatro letras, en el centro de ambas columnas, para dividir las páginas en cuatro sectores y facilitar la búsqueda).

porque la costumbre objetivamente mala no puede crear Derecho del mismo modo que la ley injusta no es ley (ibidem, 782, 1 y 792, 1), y d) racionalidad, que no es lo mismo que bondad pues algo puede no ser malo pero ser irracional (ibidem, 794, 1). Con estos requisitos la costumbre jurídica tiene —dice Suárez— cuatro efectos: «*crear ley, interpretarla, confirmarla y abrograrla, y a estos se reducen todos los demás que puedan idearse*» (ibidem, 827, 2).

Suárez, tras enumerar algunos de los argumentos clásicos en contra de la fuerza derogatoria de la costumbre, afirma: «*Pues bien, a pesar de esto, es regla cierta que la ley humana, tanto canónica como civil, puede ser abrogada por la costumbre*» (ibidem, 841, 2), y coincide con Soto en que para el mero efecto derogatorio la costumbre puede haber nacido de actos ilícitos pero, a mayor abundamiento, sostiene que incluso tiene que haber nacido de ellos, pues si el desuso hubiese nacido solo de una causa excusante (por ejemplo, dice, en un caso de necesidad o de desconocimiento) entonces no existiría una voluntad contraria a la ley y se trataría de un mero «no uso» y no de un auténtico «desuso» («*Tunc enim non esset desuetudo, sed purus non usus, qui non sufficit, ex omnium sententia*», ibidem, 843, 1; en el mismo sentido 848, 2).

Finalmente, por lo que se refiere a la posibilidad de prohibir la costumbre futura, Suárez admite inicialmente que se trata de una excepción «*muy probable*» contra la fuerza de la costumbre cuyo principal apoyo reside en que, en tal caso, no cabe presumir el consentimiento del príncipe (ibidem, 855, 1). Sin embargo, del mismo modo que Soto, Suárez razona enseguida que si a pesar de la prohibición legal (es decir, de un «decretum irritans») llega a aparecer una costumbre contraria se produciría una doble derogación —la de la ley derogada por la costumbre y la de la ley que prohibía su derogación por la costumbre contraria— y ello ocurriría precisamente por la misma voluntad del príncipe ya que «*la misma prohibición de la futura costumbre la hizo únicamente la voluntad del príncipe; ahora bien, ese mismo príncipe o su sucesor, al verla, tolerarla y darle su consentimiento tácito, cambia su anterior voluntad; luego abroga la ley anterior*» (ibidem, 855, 2 y 856, 1).

Un aspecto particular de la teoría de Suárez me parece destacable en cuanto capta un aspecto que, como más adelante veremos, se hace presente en la teoría de las normas perversas. Suárez, al discutir si la derogación de la ley por la costumbre admite excepciones y encararse con el tema de las normas penales, introduce consideraciones normativas de segundo grado para defender que el príncipe debe admitir la fuerza derogatoria del desuso. Dice textualmente que «*cuando el pueblo durante tanto tiempo persevera obstinadamente en una práctica contraria a la ley, el príncipe no insista, sino desista de imponer la obligación de tal ley*» (ibidem, 845, 2) y, entre los argumentos para apoyar tal afirmación (de carácter, diría yo, político-jurídico), aparece el siguiente de indudable sabor consecuencialista: *«Y desde el punto de vista del estado, cuando los que quebrantan la ley son muchos, ya está la ocasión para no cumplir la pena, pues no se puede fácilmente castigar a toda una multitud sin escándalo y sin gran perturbación o mayor perjuicio del estado. Tampoco es conveniente castigar a unos y no a otros, ya que eso produciría escándalo por hacerse diferencia entre las personas...»* (ibidem, 852, 1).[27]

Así que, por unas y otras razones, la costumbre contra ley, incluso la meramente privativa «llamada desuso», resultaba admisible tanto para los filósofos del Derecho como para los juristas del «derecho común». Tal situación resultaba poco favorable para la consolidación del Estado moderno en su necesidad de centralizar el poder jurídico pero explica cabalmente que los reyes de España tuviesen que reiterar una y otra vez su pretensión de acabar con la fuerza normativa del desuso pues, en ese intento, no se enfrentaban solo con la desidia o la rebeldía de los súbditos sino también con la opinión de los juristas y de los filósofos.[28]

6. LA VISIÓN ILUSTRADA:

«TENEBROSA INCERTIDUMBRE EN MATERIA DE COSTUMBRE»

Lo que hasta aquí he tratado de constatar, sobre la base de algunos testimonios relevantes, es que la cuestión de la costumbre contra ley fue durante muchos siglos una cuestión constantemente poco pacífica en España. La opinión de los juristas se veía mayoritariamente vinculada a la doctrina tradicionalmente dominante de la igualdad entre ley y costumbre como fuentes del Derecho. La doctrina de los teólogos y los filósofos fue reconstruyendo esa misma tradición si bien insis-

27 Esta opinión de Suárez no tuvo incidencia en la doctrina clásica penalista. Alfonso de Castro, en su De Potestate Legis Poenalis Libri Dduo, de 1550, había dejado establecido con éxito, criticando la opinión del Panormitano, que la ley penal no puede ser derogada por la costumbre: *«Quod ergo dixi: legem poenalem, quae sententiam continet latam, non posse per consuetudinem derogan, ita intellegi volo, ut obligatio poenae non tollatur per consuetudinem, quae sit contra ipsam poenam solam»* (de Castro [1550], 1961, 219 B). Castro matiza que la costumbre puede derogar el precepto cuya infracción es supuesto de hecho de la ley penal, pero no la ley penal misma («Si *consuetudo sit contra praeceptum, propter cuius transgressionem imponitur poena, poteri ipsa poena mediate tolli per ablationem talis praecepti. Sed manente obligatione praecepti nunquam per solam consuetudinem contra poenam tolletur obligatio poenae a iure impositae»* [ibidem]).

28 Una excepción a este común respeto por la costumbre puede encontrarse, aunque indirectamente formulada, en las Controversarium Ilustrium Aliarumque Usu Frequentium Libri Tres de Fernando Vázquez de Menchaca (1564) en cuyo volumen II, capítulo 20, 32, cita las siguientes palabras de Plauto en el Trinummo: *«Las costumbres han sometido ya bajo su dominio a las leyes. A estas desgraciadas aun se les suspende de los muros con gruesos clavos, cuando era mucho más justo que en su lugar estuvieran clavadas las malas costumbres»* (Vázquez [1564], 1932, p. 31).

tiendo cada vez más en que la propia voluntad del príncipe, como fuente de la fuerza obligatoria de toda norma jurídica, era también la fuente de la fuerza legal de la costumbre.[29] El desarrollo del Estado moderno, sin embargo, corría parejo con la pretensión de los príncipes y los políticos de introducir el principio de la supremacía de la ley.

Fuera de España las cosas no parece que fueran, inicialmente, muy diferentes por lo que se refiere a esta cuestión. Los grandes representantes del iusnaturalismo racionalista se preocuparon más que la «Escuela Española» por renovar los fundamentos ideológicos del Derecho que por discutir sus aspectos técnicos y o bien prescinden de discutir la cuestión o bien recogen la doctrina tradicional dominante de la igualdad entre ley y costumbre.[30] Johann Oldendorp, que *«desenvolvió en sus consecuencias jurídicas, teóricas y prácticas, las tesis fundamentales de Lutero, y más aún de Melanchton»* (Truyol, 1975, p. 39), dedica una atención particular a la cuestión para sostener la tesis de la igualdad *(«legem scriptam et consuetudinem habere parem vim»)* y para sostener, consecuentemente, la fuerza del desuso *(«imo pent lex scripta, qua non utimur»)*.[31] En la misma línea se pronuncian Althusius en el

29 En este aspecto la consideración jurídica de la costumbre sería una excepción a (o pondría en cuestión a) la tesis general de Walter Ullmann sobre la concepción ascendente y la concepción descendente del gobierno y del Derecho. De acuerdo con su tesis, aun cuando ambas concepciones estuvieron vigentes alternativamente durante la Edad Media, la concepción descendente —que implica que el poder se distribuye de arriba hacia abajo— fue dominante desde el período merovingio mientras que la concepción ascendente o populista —que implica que el poder se distribuye desde abajo hacia arriba— aparece a finales de la Baja Edad Media (Ullmann, 1971, pp. 23 y 24). Sin embargo, como hemos visto, la fuerza jurídica de la costumbre es atribuida al «consentimiento tácito de todos» durante la mayor parte de la Edad Media y se hace recaer en el «consentimiento del príncipe» desde finales de la Edad Media en adelante.

30 No he encontrado ninguna discusión relevante sobre las relaciones entre costumbre y ley en el De Iure Belli ac Pacis (1625) de Grocio, ni en los Fundamenta Iuris Naturae et Gentium ex Sensu Communi Deducta (1705) de Thomasius, ni siquiera en los Elementa Iuris Naturalis (1754) de Burlamaqui. Grocio hace un breve referencia a la costumbre al principio de The Jurisprudence of Holland (Grocio, 1644, pp. 11-12) en que se limita a señalar que *«las leyes no escritas son viejas costumbres que, del mismo modo (que las leyes escritas), son o generales, como el modo de transmisión inmobiliaria, o locales, como el jus retractus»*. Una excepción representa Johannes Althusius en cuya enciclopédica Dicaelogicae Libri Tres (1617) se contiene una breve referencia a la fuerza de la costumbre para derogar la ley *(«legem abrogat»)* y se enumeran como requisitos de la costumbre jurídica los tres siguientes: *(1) observatio diuturna, (2) continuata y (3) tacitus populi totius* (Althusius [1649], 1967, p. 45, 21).

31 Oldendorp, Annotationes in Primum Librum Pandectarum ([1559], 1966, p. 95). Tras una discusión detallada, llega a las siguientes conclusiones: *«Et in summa:*

Alias lex scripta generalis, tollit aut mutat consuetudinem generalem

Alias contra: consuetudo generalis, tollit aut mutat legem generalem

Alias lex scripta, tollit aut mutat legem scriptam

Alias consuetudo, tollit aut mutat consuetudinem

Alias denique: lex scripta specialis, variat consuetudinem specialem

siglo siguiente y Heinecio en el XVIII.[32] Cabe decir que cuando los autores protestantes se acercan a la cuestión con ojos de jurista se mueven en la doctrina mayoritaria; pero no ocurre así cuando el punto de vista es el político.

Ya Bodino había consagrado como uno de los atributos de la soberanía el *«poder dar leyes a todos en general y a cada uno en particular... sin consentimiento de superior, igual o inferior»* (Bodino [1576], 1973, p. 66) lo que obviamente dejaba poco espacio a la costumbre y era consecuencia obligada del reforzamiento teórico de la voluntad del príncipe soberano, tal y como él lo razona frente a eventuales objeciones:

> Podría decirse que... también los particulares hacen las costumbres, tanto generales como particulares. Cierto es que la costumbre no tiene menos poder que la ley y, si el príncipe soberano es señor de la ley, los particulares son señores de las costumbres. A esto respondo que la costumbre adquiere su fuerza poco a poco y por el consentimiento común, durante largos años, de todos o de la mayor parte... Además, la ley puede anular las costumbres, *pero la costumbre no puede derogar la ley...* Para terminar, la costumbre solo tiene fuerza por tolerancia y en tanto que place al príncipe soberano, quien puede convertirla en ley mediante su homologación. En consecuencia, toda la fuerza de las leyes civiles y costumbres reside en el poder del príncipe soberano... (ibidem, pp. 66-67).

Como es evidente, en Bodino hay una clara decantación por la doctrina minoritaria entre los juristas, esto es: que la costumbre no puede derogar la ley. Más radical, si cabe, será la posición de Hobbes un siglo después. Para Hobbes, la costumbre, *«por sí misma, no crea ley»* (Hobbes [1649], 1979/1, p. 368), lo que sí puede ocurrir es que cuando

---

Vel contra: consuetudo specialis, vincit legem scriptam specialem» (ibidem, p. 99)

Oldendorp se manifiesta expresamente contra el rescripto de Constantino a favor de la superioridad de la ley utilizando el mismo brocardo que Savigny atribuye a Obertus *(vid.* supra nota 8): *«Antinomia. / Consuetudinis ususque longevi non vilis authoritas est; verum non usque adeo sufi valitura momento, ut aut rationem vincat aut legem, ait Constantinus gravissime. / At in usibus beneficiariis, lit. De feud, cogni. Sic legitur. Legum autem Romanorum non est vilis authoritas: sed non adeo vim suam extendunt, ut usura vincat aut mores.»* (ibidem, p. 96).

32 Johann Gottlieb Heinecio, Elementa Iuris Civilis secundum Ordinem Institutionum (1789): *«Populus vero liber vel expresse sibi jus constituit, vel tacite»* (Título II, *& 44); «Non scriptum seu consuetudo est jus tacito populi suffragio (libera adhuc republica), vel tacito consensu principis, (sub statu monarchico) introductum. Qui enfim juri scripto, idem & non scripto dat auctoritatem, id est. Summus cujusque civitatis imperans, quem penes est potestas legislatoris»* (Título II, & 71); *«Ut introductae eadem vis sit, ac ipsius legis. Ut & legibus anterioribus derogat, & easdem plane tollat»* (Título II, & 72).

en una sentencia el juez se ha pronunciado de acuerdo con lo que a él le parece ser la razón natural cabe suponer que *«el poder soberano»* ha aprobado esta sentencia y es por esta vía por la que las costumbres pueden llegar a ser ley, no por sí mismas, ya que —explica Hobbes— *«si la costumbre fuera suficiente para introducir una ley, entonces estaría en manos de cualquiera que fuera designado para entender una causa convertir sus errores en leyes»* (ibidem). Este primer esbozo que aparece en The Elements of Law Natural and Politic alcanza una forma más contundente en el Leviatán, donde Hobbes afirma:

> cuando el uso prolongado obtiene la autoridad de una ley no es la extensión del tiempo lo que determina su autoridad, sino la voluntad del soberano expresada mediante su silencio (pues el silencio es a veces una manifestación del consentimiento)... porque el legislador no es aquél por cuya autoridad se hicieron las leyes en su origen, sino aquél por cuya autoridad continúan ahora siendo leyes. (Hobbes [1651], 1979/2, p. 348).

Doscientos años después Austin continuaría sosteniendo la misma tesis con idénticos argumentos y ni Locke ni Bentham, entre medias, habían prestado mayor atención a la relación de la costumbre con la ley, aunque habían mostrado su poca afección por la costumbre.[33] Por

---

33 Austin (The Province of Jurisprudence Determined [1832], 1971, pp. 30 y 31) expone primero la tesis pro consuetudinaria: *«By many of the admirers of customary laws (and, especially, of their German admirers), they are thought to oblige legally (independently of the sovereign or state) because the citizens or subjects have observed or kept them... they exist as positive law by the spontaneous adoption of the governed, and not by position or establishment on the part of political superiors...».* A continuación contraargumenta: *«At its origin, a custom is a rule of conduct which the governed observe spontaneously, or not in pursuance of a law set by political superior. The custom is transmuted into positive law, when it is adopted as such by the courts of justice, and when the judicial decisions fashioned upon it are enforced by the power of the state. But before it is adopted by the courts, and clothed with the legal sanction, it is merely a rule of positive morality... Now when judges transmute a custom into a legal rule... the legal rule which they establish is established by the sovereign legislature».* Con razón ha señalado Allen ([1927] 1969, p. 99) que *«la acción de la costumbre en la sociedad era, verdaderamente, uno de los obstáculos más formidables a la concepción de la soberanía austiniana».*

Locke no dedica atención alguna a la relación de la costumbre con la ley en ninguna de sus obras pero es fácil deducir que la costumbre se acopla mal al segundo requisito que Locke atribuye a la legislación, esto es que se manifieste en *«leyes fijas y promulgadas»* (Locke [1690], 1969, capítulo XI, & 136, p. 103). Una crítica indirecta a la variabilidad de las costumbres se encuentra en Locke, en los Essays on the Law of Nature, cuando discute si el consenso nos puede servir para conocer la ley natural (Locke [1663], 1997, pp. 108-112). Bentham en An Introduction to the Principles of Morals and Legislation ([1789], 1970, p. 298) señala brevemente que el derecho legislado (statute) y el derecho consuetudinario se diferencian solo en la forma (*«As to the difference between these two branches of law (which respects only the article of form or expression)...»*). En The Theory of Legislation Bentham es

cierto que podría llamar la atención de cualquier jurista continental el que desde Hobbes hasta Austin se haya sostenido una posición tan poco deferente con la costumbre siendo así que solemos atribuir al «Common law» un carácter arquetípicamente consuetudinario. Ello requiere, según creo, alguna explicación.

Allen recuerda los múltiples testimonios que abonan la idea de que el «Common law» tiene naturaleza consuetudinaria y que van desde la afirmación de Bracton (*«Habent enim Anglici plurima ex consuetudine quae non habent ex lege»)* hasta las opiniones clásicas de Coke y de Blackstone, quien sostiene que el «Common law» se integra de costumbres generales, costumbres particulares y ciertas leyes particulares consuetudinariamente adoptadas. Sin embargo, Allen trae a colación particularmente el testimonio más reciente de Sir Frederick Pollock que señaló que «coutume» es *«el equivalente más cercano que los franceses eruditos han podido encontrar»* para la denominación inglesa del «common law»[34] y, por ello, Allen, en su obra clásica Law in the Making, acoge estas indicaciones sobre el ontenido consuetudinario del «Common law» con muy importantes matices: *«Cada vez hemos sido más empujados por la investigación histórica a modificar las amplias afirmaciones que se han hecho de vez en cuando –por ejemplo, por Blackstone– sobre el contenido popular de nuestros principios legales básicos»* (Allen [1927], 1969, p. 178); junto a los elementos consuetudinarios –continúa– confluyen en el «Common law» las costumbres de los tribunales, que *«no del pueblo», y* las propias leyes del Parlamento. En definitiva, lo que Allen señala es que el protagonismo en la creación del «Common law» correspondió al *«dominio gradual de un tribunal central permanente sobre los tribunales locales»* a partir de Enrique I (ibidem, p 179). Pero lo que ahora nos interesa, y todavía pudiera resultar más sorprendente para el jurista continental, es que en el presunto reino del Derecho consuetudinario sea donde la ley –sin necesidad de Codificación– alcanzara un más firme e indiscutido predominio sobre la costumbre. La teoría de la costumbre jurídica había tenido una elaboración depurada en el «Common law» y así Blackstone, siguiendo a los comentarios de Coke sobre Littleton, establece hasta

---

contundentemente crítico con la incertidumbre de la costumbre: *«If that obscure system called custom were no longer permitted, and everything were reduced to written law...»* se producirían múltiples beneficios –dice Bentham– y entre ellos que *«every citizen would become its guardian»* (Bentham [1864], 1987, p. 159). En los Tratados de legislación civil y penal su conclusión es clara: *«La ley escrita es la única que puede merecer el nombre de ley... la gran utilidad de la ley es la certidumbre que no hay ni puede haber en la ley no escrita... se ama la ley no escrita por la misma razón que los sacerdotes de Egipto amaban sus jeroglíficos...»* (Bentham [1821], 1981, p. 530).

34 *Vid.* las citas en Allen [1927], 1969, pp. 102-103.

siete requisitos para la costumbre: 1) antigüedad,[35] 2) continuidad, 3) disfrute pacífico, 4) fuerza obligatoria u «opinio necessitatis», 5) certeza, 6) compatibilidad o coherencia con las demás costumbres, y 7) razonabilidad (ibidem, pp. 189210); pero la costumbre, aun satisfechos todos esos requisitos que se consideran inherentes a la «prueba» de la costumbre, no puede derogar la ley. Allen afirma con rotundidad:

> El tiempo no puede derogar un Acta (Ley) del Parlamento, y nunca, por lo que yo sé, se ha admitido en nuestro derecho que un estatuto pierda vigencia debido a su caída en desuso (ibidem, p. 691).[36]

Y ya que he seguido a Allen para mostrar la paradoja de que en el reino por excelencia del derecho consuetudinario la ley escrita haya alcanzado una indiscutible primacía, sin que se admita que la costumbre contraria o el desuso tengan fuerza para derogar a la ley, será necesario constatar que el mismo Allen, como el señor Portalis, tiene que reconocer finalmente que la realidad es muy otra:

> Aunque legalmente no la deroga, el desuso limita o hace prácticamente ineficaz a la norma anticuada (ibidem, p. 696).

Lo que todo esto pone suficientemente de relieve es que en los umbrales de la Codificación el problema de los efectos jurídicos del in-

---

35 La antigüedad *«desde tiempo inmemorial»* se ha llegado a delimitar en el Derecho inglés al período que se denomina de *«memoria legal»* que alcanza hasta el año 1189, primero del reinado de Ricardo I (vid. Allen [1927], 1969, p. 192).

36 La costumbre, sin embargo, puede ser derogada tanto por una ley como por los propios órganos judiciales. *Vid.* Allen, ibidem, p. 210: *«la irrazonabilidad de una costumbre en las circunstancias modernas no afectará a su validez si el tribunal reconoce su origen razonable. Una costumbre que fue una vez razonable y tolerable, si se convierte después en onerosa y no responde a las razones sobre las que se basó, debe, sin embargo, ser derogada por un Acta (Ley) del Parlamento».* Ello no obstante Allen señala que *«la costumbre, una vez probada indiscutiblemente es derecho; pero los tribunales tienen poder, con razón suficiente, para modificar ese derecho»* (ibidem, p. 211). La aparente contradicción se salva porque la eventual derogación judicial se produciría solo si la costumbre *«no solo difiere, sino que entra en conflicto directo con un principio legal esencial»* introducido posteriormente.

Allen (ibidem, p. 691, nota 143) explica que el denominado principio de la *«no observancia»,* similar a la «desuetudo», fue admitido en algunas ocasiones hasta el siglo XVIII pero concluye: *«puede ahora considerarse como plenamente descartado.»* Añade también, citando a Erskine, que en Escocia el principio juega de manera diferente pues se entiende allí que la costumbre se apoya en la voluntad del legislador y tiene por ello la misma fuerza que la ley escrita por lo que puede derogar un estatuto.

cumplimiento de la ley, ya fuera por la subsistencia o aparición de una costumbre contraria, ya fuera por la mera costumbre de no cumplir la ley, suscitaba una doble incertidumbre. Una incertidumbre que podríamos denominar de primer orden, o jurídica en sentido estricto, porque para el pensamiento ilustrado y sus herederos la costumbre, como fuente de Derecho, resultaba antipática; la costumbre, en efecto, no satisfacía los requerimientos de generalidad, abstracción, claridad y promulgación propios de su idea de lo que era o debía ser el Derecho.[37] Una incertidumbre, también, de segundo orden o metajurídica porque la doctrina se había mantenido constantemente dividida respecto al alcance normativo de la costumbre. A ambas incertidumbres se refería un jurista ilustrado español, Juan Francisco de Castro, antes de concluir:

> No creo necessitamos passar adelante para demostrar la *tenebrosa incertidumbre en materia de costumbre...* siendo más útil a la república ceñirse a las Leyes... que el vacilar por un derecho tan incierto y lleno de tantas variedades, como es el que se demuestra por costumbre... sería conveniente al sosiego público el [desterminar] absolutamente toda costumbre derogatoria de la ley.[38]

---

37 Hay claros testimonios del menosprecio de la costumbre, por razón de su incertidumbre, en el pensamiento ilustrado y en su herencia liberal. Leibniz, por ejemplo, lo pone en boca del emperador en el Prefacio del Nuevo Código (Leibniz [1678], 1984, pp. 159-160); Diderot en el Ensayo histórico sobre las leyes de Francia que encabeza sus Conversaciones con Catalina II considera *«un mal muy grande»* la diversidad de costumbres y, tras advertir de la catástrofe que supondría cambiar *«nuestro derecho consuetudinario [que] es inmenso»*, afirma: *«A pesar de eso yo lo haría, pues creo que es necesario hacer un gran mal momentáneo para un gran bien duradero»* (Diderot [c. 1774], 1989, p. 80). Hegel considera que en la costumbre el conocimiento es subjetivo y accidental por lo que carece de determinación y perturba la universalidad del pensamiento. Añade, por cierto, un feroz crítica a la pretensión de que la costumbre aporta *«vida»* al Derecho afirmando que *«se trata de materia más que muerta y de pensamientos bien muertos»* y aprovecha para defender firmemente la Codificación y para criticar abiertamente al «common law» inglés (Hegel [1820], 1968, pp. 187-188). Hemos visto la opinión de Bentham (*supra*, nota 33) y cabe, finalmente, recordar el anatema contra la costumbre que formularía John Stuart Mill: *«The despotism of custom is everywhere the standing hindrance to human advancement»* (Mill [1859], 1972, p. 127). Mill señala que la costumbre tiene una *«influencia mágica»* nefasta: *«which is not only, as the proverb says, a second nature, but is continually mistaken for the first»* (ibidem, p. 69).

38 J. E de Castro [1765, tomo I, p. 183], tomado de García Gallo, 1959, II, p. 71. Tampoco miraban con simpatía a la costumbre los juristas vinculados al regalismo. Buen ejemplo de ello es la monografía que, sobre la base de argumentos mucho menos ilustrados y mucho más arraigados en el movimiento reaccionario que tanto éxito alcanzaría a finales del siglo XVIII en España, publica en Madrid en 1774 el jurista catalán (catedrático en la Universidad de Cervera) Joan Antoni Mujal i de Gibert. Basta citar el larguísimo título de la obra para hacerse cargo de sus tesis; dice así: **«Desengaño al público con pura y sólida doctrina. Tratado de la observancia y obediencia que se debe a las Leyes, Pragmáticas Sanciones y Reales Decretos; y ninguna fuerza en nuestro Estado Monárquico de las costumbres, que sin**

7. UNA CONCLUSIÓN INCONCLUYENTE

Inicié este capítulo refiriéndome a la «mala conciencia» del señor Portalis. Lo que luego he tratado de analizar eran los antecedentes históricos de esa mala conciencia. La Codificación, fiel en términos generales al pensamiento ilustrado, trató de poner fin al debate sobre la fuerza normativa de la costumbre contra ley y del desuso con una clara decisión normativa en contra de ambos. En consecuencia, desde el punto de vista estrictamente normativo (interno) no debería caber duda de que en sistemas como el nuestro las leyes solo se derogan por otras posteriores (actual artículo 2.2 del Código Civil), que la costumbre solo rige en defecto de ley aplicable (actual artículo 1.3 del mismo) y que, en consecuencia, no prevalecerá contra la ley el desuso ni la práctica en contrario (antiguo artículo 5 del Código Civil). La Codificación, pues, debió poner punto final al debate. Pero parece que no pudo. Y no pudo porque desde un punto de vista descriptivo (externo) cuando una norma jurídica expresamente promulgada ni se cumple ni se aplica de forma reiterada parece que algo importante le ha sucedido, algo que la diferencia de las otras normas legisladas, es decir de aquellas que normalmente se cumplen y que, cuando no se cumplen, se aplican. Es tanto como decir que el señor Portalis llevaba, a pesar de todo, mucha razón.[39] Pero antes de intentar una recons-

---

consentimiento del Príncipe se introducen en contrario, é interpretaciones que se dan por los súbditos; y finalmente que no depende el valor o fuerza de la ley del Soberano de la aceptación de los Súbditos, ni estos tienen libertad para dejar de aceptarla y observarla». (Mujal [1774], 1998. *Vid.* en especial pp. 691, 706, 708, 709 y 710). Es curioso destacar que, citando al P. Daniel Concina, invoca el viejo dictum *«no dixo Dios Yo soy la costumbre»* (p. 708). También es digna de ser reproducida, por su contundencia, la siguiente afirmación: *«confieso que nunca mi entendimiento ha sabido ver razón por la qual pueda producir efecto contra la ley el no uso de ella» (p.* 710).

39 Mención aparte, pero necesaria, requiere la efímera resurrección de la tesis de la igualdad en la Escuela Histórica. De acuerdo con Savigny *«la costumbre no engendra el derecho positivo, sino que es el signo por medio del cual se reconoce»* (Savigny [1840], 1878, p. 41); sería un error afirmar que el derecho popular solo sirve para rellenar las lagunas del derecho legislado —añade— *«pues de aquí se seguiría necesariamente que una ley no puede ser abrogada por un uso contrario»* (ibidem, p. 46). Savigny vuelve, pues, a la doctrina clásica para afirmar que *«habremos de poner a ambas fuentes al mismo nivel. El derecho consuetudinario puede completar, modificar o abolir la ley, puede igualmente crear una regla nueva, sustituyéndola a la ley que deroga»* (ibidem, p. 70). En consecuencia, *«si la costumbre está en oposición con una ley, según el principio de igualdad establecido entre la legislación y el derecho consuetudinario, debe prevalecer la regla más reciente, cualquiera que sea su origen»* (ibidem, p. 127). Savigny se está refiriendo al sistema del Derecho romano, pero no duda en señalar, frente a la convicción general de los ilustrados, *«el alto grado de certidumbre que caracteriza al derecho consuetudinario»* (ibidem, p. 110).

La influencia de la Escuela Histórica en España tuvo una manifestación particularmente intensa en la obra de Joaquín Costa que llegó a reivindicar no solo la igualdad entre ley y costumbre sino una absoluta primacía de la costumbre: *«Ni siquiera hay, en realidad, costumbre según la ley, fuera de la ley y contra ley, conforme a la añeja distinción de los juristas y de*

trucción teórica del problema es conveniente prestar alguna atención al otro aspecto del incumplimiento de la ley —el incumplimiento por desconocimiento— al que la Codificación también respondió normativamente en sentido negativo.

8. PRESUPUESTOS ÉTICOS DE LA IGNORANCIA: «TODO MALVADO DESCONOCE LO QUE DEBE HACER»

Señalé, en la sección primera de este capítulo, que la Codificación había respondido negativamente a la práctica efectiva no solo negando fuerza normativa a la costumbre contra ley y fuerza derogatoria al desuso sino también negando fuerza exculpatoria al desconocimiento. La formulación, en el artículo 2 del Código Civil español, fue rotunda: *«La ignorancia de las leyes no excusa de su cumplimiento»*. Hoy, como es sabido, el mismo enunciado se contiene en el primer párrafo del artículo 6, aunque añadiendo a renglón seguido que *«el error de derecho producirá únicamente aquellos efectos que las leyes determinen»*.

Este principio es bastante familiar a los juristas, quizá algo más pacífico en términos generales que el de la fuerza normativa de la costumbre y tan antiguo como cualquiera de las posiciones sobre esta última cuestión, pues se remonta, una vez más, al Derecho romano. No es, sin embargo, un precepto que apareciese en el Código Civil francés, aunque sí en algunos otros, como en el de Prusia, en el de Austria o en el de Costa Rica.[40]

En su sentido literal este precepto, tan sumamente claro, resulta ininteligible. Si las leyes son normas o, al menos, contienen normas, resulta contrario al sentido común afirmar que alguien es destinatario de una norma y está obligado a cumplirla aunque no la conozca; es indiferente, a estos efectos, sostener una concepción hilética de las normas, como el significado de ciertas expresiones (oraciones normativas), o sostener una concepción expresiva de ellas como órdenes (es

los leguleyos; lo que hay es ley según costumbre fuera de costumbre y contra costumbre» (Costa, 1901, p. 92). Costa defiende tanto la fuerza normativa de la costumbre contra ley, como la fuerza derogatoria del desuso y la fuerza exculpatoria de la ignorancia (a lo que luego me referiré con más detalle); sostiene, en definitiva, que *«lo que el legislador decreta no es propiamente ley... sino proyecto de ley, o si se quiere proposición de una costumbre» (ibi*dem, p. 101; esta idea la toma de Giner de los Ríos, *vid.* ibidem, p. 110).

40 Código prusiano, Intr. I, artículo 12: «Todo habitante del Estado debe informarse de las leyes que le conciernen y nadie puede alegar la ignorancia de una ley regularmente promulgada»; Código austríaco, artículo 2: «Cuando una ley se ha promulgado debidamente nadie se puede excusar de no haberla conocido» (tomo las referencias de Castro, 1949, p. 528, nota 5). Sobre el Código Civil de Costa Rica de 888, que lo incluye en el artículo 1, vid. Manresa, 1914, p. 53, donde también cita como antecedentes similares los códigos de Guatemala, Chile, México y Argentina.

decir, como resultado de un uso prescriptivo del lenguaje),[41] pues en ningún caso es concebible que alguien quede obligado a actuar conforme al significado de una oración que desconoce o por una orden que asimismo desconoce. Como señala Lawrence M. Friedman, entre las condiciones necesarias para que una regla o norma tenga impacto sobre su destinatario, la primera es que la norma le ha de ser comunicada y añade, citando a Daniel J. Gifford: «*Es axiomático que nadie puede guiar su conducta por una ley a menos que sepa que aquella ley existe*» (Friedman 1987, p. 56).[42] Luis Díez Picazo, comentando la diatriba que Joaquín Costa dirigió contra el artículo 2 del Código Civil a la que luego me referiré, afirma fiel al sentido común: «*Hay que convenir en que si el antiguo artículo 2 del Código Civil se lee como el mandato de una presunción iuris et de iure de conocimiento de todo el Derecho, no es que sea una norma tiránica, sino que es, pura y simplemente, un absurdo... Se puede establecer un especial dogma de la completa inabarcabilidad del ordenamiento jurídico, que significa que ni los juristas más expertos pueden llegar a conocer más que una ínfima parte de* él» (Díez Picazo, 2000, p. 8). Sin embargo, la primera explicación plausible de semejante norma estriba en que exista otra norma que obliga a conocer las leyes, de forma tal que el que incumple una ley porque la desconoce está, en realidad, incumpliendo aquella norma que obliga a conocer las leyes; esquemáticamente podría enunciarse así:

1) Todos están obligados a conocer todas las leyes
2) El que incumpla una ley por desconocimiento incumple la norma 1)
3) El que incumpla la norma 1) será sancionado en la forma prevista en la ley que haya dejado de cumplir por desconocimiento

Esta explicación —aunque no es la única posible— parece ser, en efecto, la que se encuentra en los orígenes históricos de la norma.

Aristóteles, en un lugar clásico para la filosofía moral, había señalado que «*es quizá necesario para los que reflexionan sobre la virtud definir lo voluntario y lo involuntario, y es también útil para los legisladores, con vistas a recompensas y castigos*» (**Ética a Nicómaco,** 110%, 30). Distingue luego entre tres tipos de acciones: las voluntarias, las involuntarias y las simplemente no-voluntarias que son, precisamente, las que se realizan por ignorancia:

41 Sobre la distinción *vid.* Carlos E. Alchourrón y Eugenio Bulygin, 1991, pp. 122-123.

42 Bentham había enunciado algo parecido: «*Para conformarse con la ley es preciso conocerla, y para hacerla conocer es menester promulgarla*» (Bentham [1821], 1981, p. 575).

> Todo lo que se hace por ignorancia es (simplemente) no voluntario, y (propiamente) involuntario lo que se hace con dolor y pesar. En efecto, el que hace una cosa cualquiera por ignorancia sin sentir el menor desagrado por su acción, no ha obrado voluntariamente, puesto que no lo hacía a sabiendas, pero tampoco involuntariamente, ya que no sentía pesar (ibidem, 1110, 15).

Pero Aristóteles introduce todavía una distinción ulterior de enormes consecuencias: no es lo mismo obrar por ignorancia *(di agnoian)* que obrar «con» ignorancia *(toil agnooíinta).*

Todo malvado desconoce lo que debe hacer y aquello de lo que debe apartarse, y por tal falta son injustos y en general malos, y el término «involuntario» pide emplearse no cuando alguien desconoce lo conveniente, pues la ignorancia en la elección no es causa de lo involuntario sino de la maldad; ni tampoco lo es la ignorancia general (ibidem).

En consecuencia resulta comprensible que los legisladores —concluye Aristóteles— castiguen a los que cometen malas acciones por una ignorancia de la que ellos mismos son responsables (como los que se embriagan) o *«a los que desconocen algo de las leyes que deben saberse y no es difícil»* (ibidem, 11 13b, 30) y, en general, a todos los que ignoran por su propia negligencia. Así pues, la ignorancia concreta e inevitable es causa de acciones no-voluntarias pero la ignorancia general y la ignorancia concreta culpable o negligente es, en realidad, causa de acciones indirectamente voluntarias y no sirve de excusa a la maldad de ellas.

9. LA INFLUENCIA ROMANA:

«REGULA EST, IURIS IGNORANTIAM CUIQUE NOCERE, FACTI VERO IGNORANTIAM NON NOCERE»

Un pasaje de Paulo contiene la regulación de la ignorancia del Derecho y de la ignorancia de hecho en el Digesto. Allí se muestra claramente, *a sensu contrario,* que los romanos consideraban que los ciudadanos estaban obligados a conocer las leyes:

> La regla es que la ignorancia del derecho perjudica a cualquiera, pero verdaderamente la ignorancia de hecho no perjudica... a los menores de veinticinco años les está permitido ignorar el

derecho; del mismo modo que a las mujeres... (Digesto, 22, 6, 9, Paulus).[43]

La excepción se extendía, junto a los menores y a las mujeres, a los soldados y a los rústicos, pero resulta claro que si a todos ellos se les permitía «ignorar el Derecho» quiere decirse que a todos los demás no se les permitía sino que se les obligaba a conocerlo. La regla, en todo caso, era solo un principio general que admitía ciertas excepciones. Básicamente la regulación de la ignorancia en el Derecho romano justinianeo puede resumirse, a los efectos que ahora me interesan, así:[44]

1) La ignorancia es el defecto total de conocimiento de algo y el error es el defecto parcial de conocimiento de algo, luego la ignorancia y el error tienen el mismo tratamiento legal.
2) El error (y la ignorancia) puede ser sobre el hecho o sobre el Derecho. El error de hecho es generalmente probable *(proba bilis)* y excusable; el error de Derecho es generalmente improbable *(improbabilis)* e inexcusable.
3) El error puede invocarse para evitar una pérdida o para obtener una ganancia.
    3.1) Para evitar una pérdida es excusable tanto el error de hecho como el error de Derecho.
    3.2) Para obtener una ganancia solo es excusable el error de hecho (un error de Derecho, incluso siendo excusable, no puede generar en ningún caso una ganancia).

43 *«Regula est, iuris quidem ignorantiam cuique nocere; lacti vero ignorantiam non nocere. Videamus igitur in quibus speciebus locum habere possit, eo ante praemisso, quod minoribus vigintiquinque annis ius ignorare permissum est; quod et in faeminis in quibusdam causis propter sexus infinnitatem dicitur... Sed facti ignorantia ita demun cuique non nocet, si non ei summa negligentia obiiciatur»* (cito por la edición del Corpus Iuris Civilis, 1965, tomo I).

44 La regulación en el Corpus luris Civilis se desarrolla en muchos pasajes, entre los que me parecen destacables: *«In omni parte error in iure non eodem loco, quo facti ignorantia haber¡ debebit, quum ius finitum et possit esse et debeat, facti interpretatio plerumque etiam prudentissimos fallat»* (Digesto, 22, 6, 2, Neratius) *e «Iuris ignorantia non prodest acquirire volentibus, suum vero petentibus non nocet»* (Digesto, 22, 6, 2, Papinianus). Mi propósito se reduce a mostrar los principios generales y las excepciones más relevantes. En todo caso es necesario recordar, de un lado, que *«difícil de recoger es la evolución de la teoría romana del error»* (P. JSrs-W. Kunkel, 1965, p. 152) y, de otro, que se produjo una evolución desde el derecho antiguo, en el que la primacía de criterios formalistas hacía irrelevante la ignorancia y el error, hasta el derecho clásico, en el que empiezan a introducirse numerosos matices o excepciones al principio general. *Vid.* ibidem y, en el mismo sentido, Ursicino Álvarez, 1973, p. 203.

4) En los negocios jurídicos el error en los motivos nunca anula el negocio.
5) El error anula el negocio cuando es causa de la ausencia de voluntad (*«Nulla voluntas errantis est»; Digesto,* 39, 3, 20) y puede ser:
   5.1) Error *in negotio,* es decir error acerca de la relación jurídica que se establece.
   5.2) Error *in persona,* es decir error acerca de la identidad de la persona con quien se establece la relación.
   5.3) Error *in corpore,* es decir error acerca de la identidad del objeto de la relación.
   5.4) Error *in substantia,* es decir error acerca de las cualidades sustanciales del objeto de la relación.[45]
6) La ignorancia de la ley penal no exime, en general, de la sanción
   6.1) Si la ley penal exige la conciencia de culpabilidad, la ignorancia o error sobre la culpabilidad exime de la pena (*«el dolus es un hecho incompatible con toda clase de error»* [Savigny [1840], 1879, II, p. 4211].

La casuística era, desde luego, bastante más compleja[46] pero, a nuestros efectos, es suficiente tener presente el alcance de la regla general y el claro supuesto en que se apoyaba: que los ciudadanos, en general, estaban obligados a conocer las leyes.[47] El equilibrio entre la regla general, así formulada, y sus excepciones se rompe, sin embargo, con los glosadores cuando Búlgaro escribe una «summula», De Iuris et Facti Ignorantia, en la que partiendo del principio general (*«Quia leges ab omnibus sciri debent et intelligi, qui ignarus iuris in aliquo labitur, indignus videtur auxilio»*) (Búlgaro [h. 1130] 1969, p. 244) y manteniendo la distinción entre error de hecho y error de Derecho y los distintos efectos sobre el negocio y sobre el delito, introduce un nuevo principio para el que —como señala Kantorowicz— *«no hay justificación en las fuentes»*

45 Es frecuente distinguir entre el error obstativo, impropio o error en la declaración (que incluiría el error *in persona,* el error *in corpore* y el error *in negotio)* y el error en la voluntad o propio (que incluiría el error en los motivos y el error *in substantia) y* que solo excepcionalmente es relevante. *Vid.* Rodolfo Sohm, 1936, pp. 192-196 y Ursicino Álvarez, 1954, pp. 47-50 y 60-70. Al primero se le denomina error impropio porque cuando lo que no hay es voluntad, no hay negocio y, por tanto, no hay propiamente error.

46 Puede verse, por ejemplo, el apéndice VIII del tomo II de Savigny (1840) 1879 dedicado exclusivamente al error y la ignorancia, con un extenso análisis de la casuística (*«El error es susceptible de modificar excepcionalmente las consecuencias regulares de los hechos jurídicos»* [p. 390]), en particular respecto a la *dolí exceptio y* a la restitución de lo pagado indebidamente *o condictio indebiti.*

47 En Digesto 37, 1, 10, Paulus y 38, 15, 2, 5, Ulpianus, se indica la obligación, para quien no conoce el Derecho, de consultar a los juristas.

(Kantorowicz 1969, p. 79): «*In iuris errore distinguitur naturale et civile ius, quia plus est culpe, naturale ius ignorare quam civile. Similiter distinguitur, quid iuris civilis error contingat, delictum an negotium*» (ibidem, p. 245).[48] La importancia de la glosa de Búlgaro estriba en su inmediata influencia en el Decreto de Graciano en el que estas distinciones se recogen y desarrollan convirtiéndose en «*el punto de partida de importantes discusiones entre los canonistas y teólogos posteriores que sentaron los cimientos de la teoría moderna del error tanto en el Derecho penal como en la ética cristiana*» (ibidem, p. 80). Aunque, antes de pasar a ello, conviene repasar la persistencia del principio romano en la legislación medieval.

10. LA PERSISTENTE OBLIGACIÓN DE CONOCER LAS LEYES («NINGUNO NO PIENSE DE MAL FACER, PORQUE DIGA QUE NO SABE LAS LEYES NI EL DERECHO») Y SUS PRIMEROS MATICES

Como indiqué antes, la evolución de este principio —otras veces enunciado como «*nemo censetur ignorare legem*», «*nemini licet ignorare ius*» *o* «*nulli leges nescire liceat*»— ha sido bastante más pacífica que la cuestión de la costumbre. En el Derecho medieval se reproduce una y otra vez, en ocasiones quedando explícito el fundamento, esto es: la obligación de conocimiento del derecho. Así ocurre cuando el Liber Iudiciorum establece «*quod nulli leges nescire liceat*», *lo* que traduce al castellano el Fuero Juzgo como «*que tod omme debe saber las leyes... ca el que mal fiziere non debe seer sin pena, maguer diga que non sabía las leyes ni el Derecho*» *y*, en parecidos términos, se reproduce en el Fuero Real: «*E por ende establescemos, que ninguno no piense de mal facer, porque diga que no sabe las leyes ni el Derecho; ca si ficiere contra ley, no se puede escusar de la culpa que ficiere por decir que no sabe la ley*». Las Partidas continúan la tradición romana considerando que el conocimiento del Derecho es exigible a todos con excepción de los caballeros en campaña, los menores de veinticinco años, los aldeanos y los pastores que vivan en despoblado y las mujeres, a los que añaden en 1265 los locos.[49] Idéntica regulación se mantiene en la Nueva Recopilación (2.2.2) y en la Novísima Recopilación (3.2.2).[50]

---

48 Tanto las citas de Búlgaro como las de Kantorowizc se refieren a la publicación del Manuscrito Real II, B. XIV del British Museum, editada como Studies in the Glossators of the Roman Law por Hermann Kantorowizc y William W. Buckland en 1938 (Kantorowicz, 1969).

49 La excepción de las mujeres se apoya, ahora, en «*que son de flaca e de liviana naturaleza*».

50 *Vid.* para todas las referencias, García Gallo, 1959, pp.125-128. Se ha querido ver una diferencia relevante entre la concepción romana y la que se contiene en el Fuero Juzgo *(vid. infra,* epílogo nota 1) lo que resulta discutible sobre la base de los propios textos.

Si alguna diferencia cabe observar en la evolución de este principio es, ciertamente, la que se produce en el Derecho Canónico. El Decreto de Graciano (h. 1140) parte más bien de un principio favorable al efecto excusante de la ignorancia para matizar el viejo principio romano: no toda ignorancia excusa y hay que distinguir, en primer lugar, entre la ignorancia de hecho y la ignorancia del Derecho; dentro de la ignorancia de hecho hay que distinguir, a su vez, entre la ignorancia de lo que debe saberse y la ignorancia de lo que no es obligatorio saber; y dentro de la ignorancia del Derecho hay que distinguir, una vez más, entre la ignorancia del Derecho natural, que no es excusable para ningún adulto, y la ignorancia del Derecho civil que permite a unos ignorarlo y a otros no.[51] Esa mayor atención a (y matización de) la cuestión de la ignorancia se mantuvo en las Decretales, recopiladas por Raimundo de Peñafort por encargo de Gregorio IX y sancionadas por este mediante la bula Rex Pacificus el año 1234. Las Decretales, como es sabido, formarían luego parte —junto al Liber Sextum Decretalium de Bonifacio VIII (1298) y a las Constituciones Clementinas (aprobadas en realidad por Juan XXII en 1317)— del Corpus luris Canonici sancionado oficialmente por Gregorio XIII en 1580. A través de ellos se reproduce, finalmente, en el Código de Derecho Canónico aprobado en 1917 por Benedicto XV mediante la bula Provindetissima Mater. En este Código, a diferencia de cualquier código civil, hay una extensa regulación general de la ignorancia y el error que distingue entre la ignorancia que no se presume (la ignorancia de la ley, de la pena, del hecho propio y del hecho ajeno notorio) y la que se presume (la ignorancia del hecho ajeno no notorio) aunque, en todo caso, la presunción admite prueba en contrario (canon 16, 2); distingue luego entre la ignorancia que no excusa y la que excusa: no excusa de las consecuencias (no invalida) la ignorancia de las leyes invalidantes o inhabilitantes ni la ignorancia de hecho de las irregularidades e impedimentos propios (cánones 16, 1 y 998), tampoco excusa de la pena la ignorancia de la pena (canon 2202, 2), ni la ignorancia de ninguna ley cuando es ignorancia afectada (canon 2229), ni la ignorancia crasa o supina de la ley cuando esta no exige dolo (canon 2229); pero sí excusan de las consecuencias del matrimonio (sí invalidan) el error en la persona y el error de Derecho en cuanto afecta al consentimiento (cánones 1083 y 1084), así como también excusan de la pena la ignorancia

51 «*Notandum est, quod non omnis ignorantia afiquem excusat. Est enfim ignorantia alia facti alia iuris. Facti alia, quod non oportuit eum scire, alia, quod oportuit eum scire.... Item ignoran tia iuris alia naturalis, alia civilis. Naturalis omnibus adultis dampnabilis est; ius vero civile aliis permittitur ignorare, aliis non*» (Decretum Gratiani II. C. 1, q. 4, IV; tomado de García Gallo, *1959, p. 125).*

no culpable de la ley (canon 2202) y, en cualquier caso, la ignorancia de una ley que exige dolo (canon 2229).[52]

11. LA DISCUSIÓN ESCOLÁSTICA:

«QUIA IGNORANTIA FREQUENTIUS ALLEGARE, VEL INTERCEDERE SOLET»

Resulta bastante claro que el motivo para prestar mayor atención a la ignorancia como causa de justificación en el ámbito canónico derivó de que, bajo esta regulación, no se trataba solo de justificar la imputación de una consecuencia jurídica al infractor de una norma jurídica sino de la más delicada cuestión de imputar consecuencias morales (y, en su caso, también jurídicas) al infractor de una norma moral. No es de extrañar, por tanto, que los teólogos afinasen más la teoría de la imputación y llegasen a sostener que «*solo constituyen pecado los actos libres que conscientemente violan una norma que se conoce*» (García Gallo, 1959, I, p. 281); en el aspecto jurídico, contaban a su favor con la precedente opinión de Búlgaro y su influencia en el Derecho canónico.[53]

Tomás de Aquino había formulado unas pocas, aunque muy precisas, indicaciones sobre la promulgación de las leyes como condición necesaria de su obligatoriedad: apelando al Decreto de Graciano sostiene que «*las leyes se instituyen cuando se promulgan*», *lo* que explica diciendo que «*para que la ley adquiera el valor de obligar, lo que es propio de la ley, es necesario que se aplique a los hombres, que deben regirse por ella. Ahora bien tal aplicación se hace mediante el conocimiento que para ellos se deriva de la promulgación misma. De donde la promulgación resulta necesaria para que la ley tenga su valor*».[54] La objeción de que la ley natural no ha sido promulgada, la resuelve afirmando que la imprimió Dios

52 El vigente Código de Derecho Canónico, promulgado por Juan Pablo II el 25 de enero de *1995*, mantiene la misma regulación de la ignorancia y el error ahora en los cánones 16, 1 y 2; 1323 y 1324.

53 En relación con los canonistas afirma Ennio Cortese: «*Le si mise a fronte l'ignoranza colpevole, a volta detta supina, prona, affectata e, sul piano degli effetti, perniciosa: la distinzione agiva normalmente circa Terror facti, ma era applicata anche all'ignoranza di norme canoniche, non ovviamente a quella di norme divine o naturali... Ma quanto piu importa è rilevare it largo posto dato alia tratazione di un problema che la Scuola dei commentatori metteè in risalto: ossia che nelle fattispecie civilistiche e penalistiche ove il dolo è richiesto 1'ignoranza delle leggi scusa sempre*» (Cortese, 1970, pp. 10-11).

54 «*... quod dicitur in Decretis (dist. 4, in append. Grat. ad. Cap. In istis), quod "leges instituuntur, cum promulgantur". Respondeo dicendum quod, sicut dictum est (art. 1 huis quaest.), lex imponitur aliis per modum regulae et mensurae. Regula autem et mensura imponitur per hoc quod applicatur his quae regulantur et mensurantur. Unde ad hoc quod lex virtutem obligandi obtineat, quod est proprium legis, oportet quod applicetur ho minibus, qui secundum eam regulari debent. Taiis autem applicatio fit per hoc quod in notitia eorum deducitur ex ipsa promulgatione. Unde promulgatio necessaria est ad hoc quod lex habeat suam virtutem*» (Summa Theologiae, I-II, q. 90, art. 4, 3).

en la mente de los hombres (lo que equivale a su promulgación); a la objeción de que hay quienes desconocen la promulgación de una ley, responde que solo están obligados a cumplirla *«desde que tienen conocimiento de ella por otros»* (*«inquantum in eorum notitiam devenit per alios»*); y a la objeción de que la promulgación, en cuanto hecho actual, pueda extender sus efectos al futuro, responde que para eso se escriben las leyes (*«in futurum extenditur per firmitatem scripturae»*).

Suárez desarrolla con particular cuidado una teoría de la ignorancia de fuerte sabor aristotélico. El punto de partida es una distinción entre «cumplir» una norma y «no quebrantarla», pues quien, por ejemplo, deja de hacer lo que debe porque está dormido o embriagado no quebranta el precepto (no peca) pero tampoco lo cumple y, del mismo modo, quien realiza la conducta debida sin caer en cuenta de que lo hace o, por cualquier otra razón, sin una acción voluntaria no cumple el precepto aunque tampoco lo viole; así que es posible no-violar un precepto sin haberse comportado conforme prescribe y no-cumplir un precepto habiéndose comportado conforme prescribe, precisamente porque el cumplimiento requiere una acción voluntaria (Suárez [1612], 1968, libro II, 139, 1). Esta distinción suscita algún problema: ¿quien ha realizado la conducta debida —por ejemplo, asistir a misa— sin su voluntad (y por ello no ha cumplido el precepto), está obligado a asistir nuevamente? Suárez responde con habilidad que no está obligado pero no porque ya lo haya cumplido sino porque desaparece la ocasión de cumplirlo (en sus palabras *«non quia fuit impletum, sed quia subtracta fuit materia eius»* [ibidem, 142, 1]), aunque tal conclusión quede limitada al fuero externo. Sin embargo puede hablarse de transgresión de un precepto aun cuando no haya conocimiento del mismo si ese conocimiento era un conocimiento debido, posible y que se ha omitido por negligencia (*«saltem esse necessariam scientiam debitam, & possibilem, & per negligentiam omissam»* [ibidem, 141, 2]).

A partir de ahí, Suárez analiza la ignorancia, en cuanto excusa más frecuente, y distingue entre la probable (invencible o inculpable) y la improbable (vencible o culpable) y, dentro de esta última, la ignorancia afectada y la crasa o supina; esta distinción, ya consagrada en la tradición teológica, divide la ignorancia culpable en aquella que se busca o mantiene intencionadamente para cometer una infracción y esgrimir una excusa (ignorancia afectada) y aquella otra meramente negligente (ignorancia crasa o supina).[55] Respecto a la distinción entre ignorancia de hecho e ignorancia de Derecho subdistingue, en la de Derecho, entre la ignorancia de la ley y la ignorancia de la pena. Finalmente, distingue entre los efectos de la ignorancia en el fuero interno

55 *Vid.* Suárez, ibidem, 518, 1; Suárez advierte allí que los juristas, a diferencia de los teólogos, suelen distinguir entre ignorancia culpable por culpa lata, leve o levísima.

y en el fuero externo. Combinando estas distinciones, Suárez formula tres reglas generales:

1) Cuando la ignorancia excusa a la acción de ser pecado, excusa de la pena, tanto en el fuero interno como en el fuero externo (ibidem, 518, 2)[56] aunque la justicia conmutativa sí exige reparar el daño.
2) Cuando la ignorancia no excusa de la culpa, no excusa tampoco de la pena si en la ley no se exige conocimiento o dolo (ibidem, 520, 2).
3) Cuando la ignorancia excusa de la culpa mortal, aunque no excuse de la culpa venial, excusa de la pena grave (ibidem, 523, 2).

Aunque Suárez no la formula como una de estas reglas generales sobre la ignorancia, creo yo que habría que añadir al mismo nivel, otra regla que se deriva de su análisis de la invalidación.

4) Cuando la ignorancia se refiere a la invalidación no impide la invalidación ni cuando es a manera de pena (ignorancia de la pena) ni cuando se trata de leyes que requieren solemnidades o formas especiales para la validez de un acto (ignorancia de la ley) (ibidem, 568 l).

Hay aquí, como es fácil de observar, una elaboración teórica general sobre la ignorancia mucho más afinada que en la doctrina de los juristas y, por cierto, con efectos prácticos bastante relevantes. Era normal sostener que la ignorancia de la ley natural no era excusable en ningún caso y, sin embargo, enfrentados al problema de los indios, los teólogos-juristas van abriendo más y más la doctrina de la ignorancia hasta llegar a sostener que cabe la ignorancia no culpable de la ley natural; por ejemplo, Soto afirma que «*ningún hombre puede alegar por excusa de sus pecados la ignorancia de los primeros principios naturales. Sin embargo tal vez podrían tener excusa en otras verdades que precisan estudio mas diligente para ser conocidas, como por ejemplo en las tocantes al amor libre...*» (Soto [1556], 1967, 16 a) y que cabe también la ignorancia excu-

---

56 Dos excepciones importantes admite, sin embargo, Suárez: 1) que a veces la pena no lo es en sentido propio sino que se trata de una medida o remedio contra el resultado de la infracción, en cuyo caso se puede imponer sin culpa (ibidem 519, 2); 2) que la ignorancia del Derecho es, en general, inexcusable porque cada uno está obligado a conocer las leyes que se refieren a él (*«quia ignoran tia iuris raro est invincibilis, quia unusquisque tenetur scire leges ad se pertinentes»*, ibidem 520, 2). Suárez sostiene, no obstante, que esta regla general admite prueba en contrario.

sable de la ley divina (ibidem) y Vitoria sostiene en el mismo sentido que *«los bárbaros obran contra la ley de Cristo, pero están excusados si nada oyeron...»* (Vitoria [1534], 1952, p. 414) y que, en general, cualquier ignorancia invencible por defecto en la promulgación excusa de la culpa y de toda pena (ibidem, p. 415).

12. LA VISIÓN ILUSTRADA:

«PARA HACERLA CONOCER, ES MENESTER PROMULGARLA»

No hay, sin embargo, en la construcción escolástica una negación del deber general de conocer las leyes y tampoco parece que, en este concreto aspecto, el pensamiento protestante introdujese ningún matiz relevante. Oldendorp acoge sin mayor comentario la regla romana *«iuris ignorantia non prodest»* (Oldendorp [1559], 1966, Topicorum Legalium, 86 b y 87 b); Althusius se refiere igualmente a las fuentes romanas distinguiendo ignorancia de hecho y de Derecho y, dentro de la primera, la del hecho propio (que es improbable) y la del hecho ajeno (que es probable) y asume la excepción para menores de veinticinco años, mujeres, rústicos y soldados (Althusius [1649], 1967, pp. 32, 16, 17 y 18); Pufendorf, que abre su estudio sobre la obligación del hombre con un interesante capítulo sobre la acción humana, mantiene que *«los actos que se cumplen por ignorancia invencible no pueden imputarse»* (Pufendorf [1682], 1980, I, p. 37) pero añade enseguida que *«la ignorancia, como así también el error, con respecto a las leyes, y el deber que se impone a cada hombre, no nos exime de la responsabilidad... y todos y cada uno deben cuidar de aprenderlas y recordarlas»* (ibidem).

Particular interés tiene la argumentación de Hobbes, a partir de una concepción marcadamente imperativista:

> A partir de esto, es decir, de que la ley es un mandato, y de que un mandato consiste en una declaración o manifestación de la voluntad de quien manda, mediante viva voz, escritura o algún otro signo bastante de lo mismo, podemos comprender que el mandato de la república solo es ley para quienes tienen medios de conocer su existencia. No hay ley que pese sobre los tontos de nacimiento, los niños o los locos, como tampoco hay ley para las bestias... y tal como acontece con aquellos que por naturaleza o accidente ignoran todas las leyes en general, así también cualquier hombre que por algún accidente no emanado de su propia falta carezca de medios para conocer la existencia de cualquier ley específica resulta excusado si no la observa; y, hablando propiamente: esa ley no es ley para él» (Hobbes [1651], 1979/2, p. 352).

Hobbes admite que las leyes naturales no requieren promulgación ni publicación porque *«están escritas en los corazones de los hombres»* (Hobbes [1649], (1979/1), p. 368) aunque, en definitiva, se reducen a una única ley: *«no hagas a otro lo que consideres irrazonable que otro te haga»* (Hobbes [1651], (1979/2) p. 353) pero, por lo que se refiere a las demás leyes *«pertenece a la esencia... ser dadas a conocer a todo hombre que pueda ser obligado a obedecerlas»* (ibidem). La ignorancia —dice Hobbes— puede referirse a la ley, al soberano o al castigo. Si se refiere a la ley natural nunca excusa a nadie mientras que si se refiere a la ley civil es una buena excusa para el extranjero e incluso para el nacional cuando la ley no está suficientemente declarada; la falta de medios para conocer la ley exime totalmente aunque la falta de diligencia para inquirir no es equivalente a la falta de medios. Si se refiere al soberano no excusa nunca, puesto que nadie puede ignorar sin culpa, en su lugar de residencia, quién es su soberano. Si se refiere al castigo no exime a nadie (ibidem, respectivamente, pp. 371, 372, 378 y 355).

Aunque hay quien ha considerado que en el iusnaturalismo racionalista se produce un enfoque nuevo más atento a la incidencia del error sobre la voluntad, lo que implica una homologación entre el error de hecho y el error de Derecho,[57] no me parece que —a la vista de los testimonios referidos— tal interpretación se pueda sostener. Si se produjo algún cambio desde la regulación romana, se produjo en los glosadores y, por su influencia, en el Derecho canónico. Después, con unos u otros matices, parece claro que quienes se plantearon el problema lo resolvieron en términos parecidos: 1) la promulgación es esencial a la validez de las leyes (su fuerza de obligar), pues solo así pueden ser conocidas (esto, como hemos visto, ya lo dijo Tomás de Aquino); 2) la ley natural está promulgada en el corazón o en la razón de los hombres; 3) todos están obligados a conocer las leyes y 4) si la ignorancia de la ley es inevitable, aun cuando esto sea un supuesto extraordinario, excusa del cumplimiento y de la pena, aunque no puede beneficiar al incumplidor y no excusa, por ello, de las consecuencias invalidantes del incumplimiento de las normas constitutivas. Cabe, sin embargo, constatar que una doctrina consolidada que, aun admitiendo la regla romana sobre la ignorancia, había asimilado los efectos de la ignorancia de hecho a los de la ignorancia inevitable del Derecho y un contexto que —como hemos visto antes— afirmaba la primacía del Derecho legislado sobre el consuetudinario tenía que otorgar una posición privilegiada a la promulgación y publicidad de las leyes porque el conocimiento debido solo puede derivar, en definitiva, de la publicidad: *«Para conformarse con la ley es preciso conocerla, y para hacerla*

57 *Vid.* Cortese (1970, pp. 12-13), donde sostiene que la extensión del tratamiento del error de hecho, como vicio del consentimiento, al error de Derecho se produce en la obra de Domat.

conocer es menester promulgarla» (Bentham [1821], 1981, p. 575) o, como había señalado Burlamaqui, *«el efecto de la ley es la obligación de obedecer. Pero a fin de que pueda la ley producir este efecto es necesario, no solamente que sea posible y útil en su ejecución, sino también que sea conocida y esté acompañada de una sanción conveniente. En primer lugar es evidente que la ley no podría obligar si no fuese conocida, y de aquí dimana lo que se llama promulgación de la ley, que es aquel acto en que el soberano la comunica a los súbditos»* (Burlamaqui [1754] 1820, p. 7).

13. JOHN AUSTIN:

UNA REGLA NECESARIA Y UNAS RAZONES INSATISFACTORIAS

Creo que es John Austin el primero que se plantea una justificación distinta a la inexcusabilidad de la aplicación de la ley, es decir: una explicación no basada en el deber de conocer las leyes. La ignorancia o el error de hecho es causa de justificación en la medida en que produce una ausencia de intención ilícita; es este su fundamento último y Austin señala que *«la ignorancia o error inevitable respecto a una cuestión de hecho, está considerada, en todos los sistemas, como fundamento de exención»* (Austin [1861], 1970, II, p. 170). Sin embargo respecto a la ignorancia o error de Derecho, *«las normas de los diferentes sistemas parecen diferir considerablemente; aunque todos ellos coinciden en asumir generalmente que no debe constituir fundamento de una exención. "Regula est, juris ignorantiam cuique nocere" es el lenguaje de las Pandectas. Y según Manwood, tal y como lo cita Plowden, "It is to be presumed that no subject of this realm is misconusant of the Law whereby he is governed. Ignorance of the Law excuseth none"»* (ibidem).[58] Merece una cita más destacada la reflexión que Austin hace a renglón seguido:

> No tengo duda de que esta regla es conveniente o, todavía más, es absolutamente necesaria. Pero las razones aducidas a favor de la regla, con las que he podido encontrarme, no son satisfactorias (ibidem).

Austin establece que para que una obligación pueda ser efectiva, en el sentido de que su sanción pueda operar como motivo del cumplimiento, han de darse dos condiciones: la primera, que el sujeto pueda conocer la ley que impone la obligación y a la que se añade la sanción; la segunda, que el sujeto pueda conocer que un determinado acto, sea

58 He considerado mejor no traducir la cita del Derecho inglés, del mismo modo que, en el texto de Austin, se mantiene en latín la cita del Derecho Romano.

acción u omisión, constituya una violación de la ley o una ruptura de la obligación. «*A menos que concurran estas condiciones, es imposible que la sanción pueda operar sobre sus deseos*» (ibidem, p. 169). Austin argumenta que esgrimir la obligación de conocer las leyes como justificación de la regla «la ignorancia de la ley no excusa» es, por un lado, confundir el ser con el deber ser y, por otro lado, incurrir en circularidad. En el primer aspecto la razón es que una cosa es «poder» conocer el Derecho, otra cosa es «deber» conocerlo y otra muy distinta es conocerlo. Que pudiera ser conocido y que debiera ser conocido es —dice Austinalgo «*me inclino a pensar, verdadero*» (ibidem, p. 171) pero «*que cualquier sistema real sea en efecto cognoscible, o que cualquier sistema real haya sido en efecto alguna vez cognoscible, es tan notoria y ridículamente falso que no ocuparé vuestro tiempo en probar lo contrario*» (ibidem). La circularidad —que atribuye al argumento de Blackstone a favor de la obligación («*every person of discretion, not only mal, but is bound and presumed to know*»)— estriba en que afirmar que la ignorancia no excusa porque uno está obligado a saber es «*simplemente aducir la regla como razón de sí misma*» (ibidem); la pregunta que ha de responderse es «*¿por qué uno está obligado a conocer la Ley? o ¿por qué se presume, juris et de jure, que la conocía?*» (ibidem).

Pues bien, para Austin la única razón plausible a favor de la supuesta obligación de conocer las leyes que fundamenta (o es igual a) la inexcusabilidad de la ignorancia del Derecho es una razón utilitarista o, si se prefiere, consecuencialista. Si se admitiera la ignorancia del Derecho como causa de exención «*los Tribunales se verían envueltos en cuestiones que difícilmente sería posible resolver y que harían impracticable la administración de justicia*» (ibidem). El razonamiento es el siguiente:

1) La ignorancia del Derecho, si excusara, se alegaría siempre.
2) El Tribunal tendría que averiguar, como cuestión de hecho, si la parte que lo alegara efectivamente desconocía la ley en el momento de la infracción.
3) Si se comprobase que la ignoraba, el Tribunal tendría que averiguar si la ignorancia en aquel momento era o no era inevitable.

Cualquiera de la dos últimas cuestiones —afirma Austin— es prácticamente insoluble. Por ello la auténtica razón para la regla de la inexcusabilidad es bien distinta: «*Sucede no infrecuentemente que la parte ignora la ley y que su ignorancia de la ley es inevitable. Pero si la ignorancia de la ley fuese causa de exención, la administración de justicia quedaría detenida*» (ibidem, p. 172). Por ello, concluye Austin, la presunción es justa y, además, es cierta en una gran mayoría de las ocasiones cuando las leyes se han promulgado y son claras, pero, en todo caso, la razón última es la necesidad de que las leyes sean efectivamente aplicadas por los Tribunales. Añade, por cierto, que en el Derecho inglés el principio funciona sin excepción y que *«yo no soy consciente de una sola instancia en la que la ignorancia del Derecho (considerada per se) exima o descargue a la parte, civil o criminalmente»* (ibidem, p. 173).

14. JOAQUÍN COSTA:

«LA MÁS GRANDE TIRANÍA QUE SE HAYA EJERCIDO JAMÁS EN LA HISTORIA»

Joaquín Costa dedicó al *«problema de la ignorancia del Derecho»* su discurso de ingreso en la Academia.[59] Su tesis principal se enuncia en las primeras palabras:

> Es sabido que uno de los más firmes sostenes de las sociedades civilizadas viene siendo, desde hace más de dos mil años, una presunción *juris et de jure* que constituye un verdadero escarnio y la más grande tiranía que se haya ejercido jamás en la historia: esa base, ese cimiento de las sociedades humanas es el que se encierra en estos dos conocidos aforismos, heredados de los antiguos romanistas: *1.º A* nadie le es permitido ignorar las leyes *(nemini liceat ignorare jus); 2.º* En su consecuencia, se presume que todo el mundo las conoce; por lo cual, aunque resulte que uno las ignoraba, le obligan lo mismo que si las hubiese conocido *(nemo jus ignorare censetur; ignorantia legis nemimen excusat).* Esta presunción se mantiene a sabiendas de que es contraria a la realidad de las cosas; a sabiendas de que es una ficción, a sabiendas de que es una falsedad... (Costa, 1901, p. 5).

Costa dedica un notable esfuerzo a probar o, al menos, argumentar la afirmación. Los argumentos, básicamente, son cuatro: 1) la realidad de los hechos es justamente la contraria de la que se presume, es decir: *«nadie conoce las leyes como no se pruebe lo contrario»* (ibidem, p. 6) y ello tanto porque la mayor parte de la gente las desconoce como porque la minoría que las conoce, no conoce más que parte de ellas; 2) la promulgación por escrito no hace posible el conocimiento más que a algunos, ya que la mayoría no sabe leer, por lo que resulta tan incongruente como *«pregonar las leyes en un pueblo de sordos»* (ibidem, p. 7);

---

59 Joaquín Costa, El problema de la ignorancia del Derecho y sus relaciones con el status individual, el referéndum y la costumbre. Se ha publicado recientemente una excelente edición en Civitas, Madrid, 2000, con nota introductoria de Luis Díez Picazo y que incluye el discurso de contestación de Gumersindo de Azcárate. Citaré, sin embargo, por la edición de 1901 que había utilizado previamente.

3) paradójicamente, a los jueces se les excusa por la ignorancia de las leyes, ya que el delito de prevaricación exige dictar sentencia injusta a sabiendas o por ignorancia inexcusable (ibidem, pp. 23-24), y 4) la única solución sería imposible: «*la consecuencia necesaria de la máxima nemini licet ignorare jus sería una vasta organización socialista, en que el Estado se hiciera cargo de todos los hijos de los ciudadanos, sin distinción, a partir de la primera niñez, dándoles manutención, vestido y alojamiento, como ahora a los soldados, mientras les enseñaba a leer las leyes, a entenderlas y almacenarlas en la memoria, para devolverlos, una vez enseñados, a sus familias y a la sociedad*» (ibidem, p. 32) y, como el Derecho cambia, la tarea tendría que reproducirse continuamente haciendo incompatible el aprendizaje del Derecho con cualquier otra ocupación, «*incompatible, por tanto, con la vida*» (ibidem, p. 34).

Antes de pasar a la alternativa que, frente a esta aporía, propone Costa, conviene dejar constancia de una anécdota divertidísima que Costa toma de un trabajo publicado en 1880 en el Boletín de la Institución Libre de Enseñanza por Alfredo Calderón y que —aunque Costa no suscita esta cuestión— pone de relieve el carácter autorreferente del artículo 6 del Código Civil (o, en general, de la regla en cuestión):

> Recibió un sujeto una herencia, sin acogerse al beneficio de inventario: acudieron los acreedores, y practicada la liquidación, resultó en definitiva alcanzado el heredero en una cuantiosa suma. Mal avenido con esto y deseando salir de la dificultad, consultó a un letrado. «Pero ¿cómo no aceptó usted la herencia, le dijo este, a beneficio de inventario?» «Porque no sabía que existiera semejante cosa», replicó la víctima. «Pues debía usted haberlo sabido, porque todo ciudadano tiene obligación legal de conocer las leyes.» «Pues mire usted, tampoco eso lo sabía» (ibidem, p. 8, nota 1).

La solución que Costa propone es, ni más ni menos, que fundir «*en uno los dos conceptos de legislador y legislado*» (ibidem, p. 36). Esto se consigue mediante la constitución del «estatus individual» a partir del cual el estado autoritario se va disolviendo en un estado cooperativo, una especie de anarquismo individual cooperativo en cuyo apoyo Costa invoca a Krause, Giner y Spencer, entre otros. El capítulo tercero se dedica a concretar cómo se constituye ese estatus individual en el cual «*el principio nemini jus ignorare licet no tiene lugar*» (ibidem, p. 46). Incluye trece postulados un tanto sorprendentes. Sorprendentes, digo, porque buena parte de ellos son instituciones jurídicamente vigentes ya en aquel momento como el reconocimiento de los derechos individuales, el derecho de pactar con fuerza de ley, el derecho de disponer libremente por testamento, el derecho de renunciar los beneficios de leyes obligatorias y prohibitivas, el derecho de hacer constar válidamente las obligaciones en cualquier forma, el derecho de transigir y de comprometer mediante árbitros o amigables componedores, el derecho de legítima defensa y el derecho a hacerse representar (que son los que menciona Costa como 1, 2, 3, 4, 6, 8, 10 y 13 y que comenta tal y como aparecen en el Código Civil o en otras leyes, sin proponer grandes modificaciones); algunos otros implican quizá una mayor pretensión de modificación legal como el reconocimiento de la «*costumbre individual*» con el valor de pacto (n.° 5), la autoejecución de los contratos (n.° 7), la ocupación de tierras para labor en los montes comunes (n.° 9), el derecho de prendar y retener (n.° 11) y la libre constitución de concejos y cantones (n.° 12). Costa suele invocar, para estos casos, los antiguos fueros locales que él tan bien conocía. En qué forma la entronización de estos institutos haría innecesario el principio de inexcusabilidad de la ignorancia de la ley y en qué forma conduce a la desaparición de la autoridad del Estado es algo que, desde luego, Costa no explica en absoluto aunque se permite afirmar que, con ello, podríamos regir nuestros propios actos permaneciendo «*extraños a la confusa balumba de la legislación*» (ibidem, p. 85). Son sabidas, entre nosotros, las dificultades que suscita interpretar la obra de Joaquín Costa[60] pero, por lo que a esta cuestión se refiere, resulta penetrante el juicio de Díez Picazo: «*nada tiene de extraño en este sentido que abogados y notarios – y Costa lo era señaladamente – busquen reducir la fuerza, cada vez más avasalladora, del Derecho estatal, sustituyéndola por un Derecho supuestamente de creación popular pero, en realidad, creación suya*» (Díez Picazo, 2000, p. 16).

15. RECAPITULACIÓN

Lo que la reconstrucción histórica muestra es que no basta que el legislador apruebe una disposición que prescriba que «la ley prevalece sobre la costumbre y el desuso» o que «*las leyes solo se derogan por otras posteriores y no prevalecerá contra su observancia el desuso, ni la costumbre o la práctica en contrario*». Una disposición de este tipo es obviamente autorreferente, lo cual implica que si no llegase a ser eficaz, en el sentido de que no llegase a ser regularmente cumplida o aplicada, su falta de eficacia tendría un doble efecto: no solo que esta disposición sería ineficaz sino que, por su falta de eficacia, todas las demás normas serían derogadas por la falta de observancia, el desuso o la costumbre o práctica en contrario. Se podría decir, con cierto dramatismo, que solo si aquella norma es eficaz, la validez de todas las

60 *Vid.* Elías Díaz, 1973, capítulo III, sección 9, en particular pp. 195-206 donde se discuten las posibles interpretaciones de Costa como liberal, como socialista o como prefascista.

demás normas puede ser independiente de su eficacia. Es necesario, en consecuencia, que esa disposición se convierta en el contenido de una cierta práctica social, una regla de reconocimiento en el sentido de Hart. La categoría de «regla de reconocimiento» como práctica social efectiva nos ha sido muy útil para poner nombre a este fenómeno, aunque está lejos de resultar claro cuáles son sus precisos límites empíricos: si basta que la reconozcan los tribunales superiores, si es necesario además que la reconozcan la mayoría de los tribunales y jueces, si más bien ha de ser reconocida por la comunidad de los juristas o si, finalmente, es necesario el reconocimiento de una amplia parte de la población; ni está claro de qué forma opera el reconocimiento de los primeros sobre el de los siguientes, y el de estos sobre los siguientes y así sucesivamente, o quizá si el fenómeno se produce en sentido contrario. El fenómeno es complejo y lo cierto es que, en España, esa disposición requirió para consolidarse como regla de reconocimiento el transcurso de casi quinientos años. Una vez consolidada la práctica social, y eficaz la disposición —como ocurre hoy en nuestro sistema jurídico y en sistemas como el nuestro—, la única cuestión que queda subsistente es qué es lo que ocurre con las disposiciones que resultan ineficaces, esto es: que habitualmente ni se cumplen ni se aplican. Este es el problema que se ha planteado recurrentemente en la Teoría del Derecho contemporánea.

Como ya hemos visto, la disposición que prescribe que la ignorancia de las leyes no excusa de su cumplimiento es, del mismo modo, autorreferente. Como se ponía de relieve, de forma divertida, en la anécdota citada por Costa, una disposición de este tipo parece implicar que las leyes deben ser conocidas y, sobre todo, que debe ser conocida la ley que establece que las leyes deben ser conocidas. De nuevo nos encontramos con que si esta norma no llegase a ser eficaz, en el sentido de que no llegase a ser regularmente cumplida o aplicada, su falta de eficacia tendría un doble efecto: no solo que esta disposición sería ineficaz sino que, por su falta de eficacia, la ignorancia de cualquier otra norma excusaría de su cumplimiento. Aquí el problema es distinto; aparentemente —solo aparentemente—, la eficacia de esta norma requeriría que la mayoría de la población cumpliese la norma de conducta que se supone implícita (es decir, conociese las leyes). Es claro que esto no es solo irreal sino que es imposible. El reconocimiento de esta disposición se reduce, pues, a que los tribunales superiores y los inferiores y/o la comunidad de los juristas y/o la mayoría de la población acepten, en efecto, que la ignorancia de las leyes no excusa de su cumplimiento aun siendo todos ellos perfectamente conscientes de que el presunto deber de conocer las leyes es sencillamente imposible de cumplir. Esta contradicción pragmática (que todos consideren obligatorio algo imposible de cumplir) solo puede resolverse o bien negando la regla y proponiendo su desaparición, como hace Costa, o bien admitiendo la regla y buscándola otra explicación en la que no esté implícita la obligación de conocer las leyes, como hace Austin.

Se trata, pues, de resolver dos problemas: qué es lo que ocurre con las disposiciones que resultan ineficaces porque no se cumplen ni se aplican y cómo puede explicarse —si puede explicarse— que la ignorancia de las leyes no excuse de su cumplimiento. Puesto que la solución de ambos problemas requiere utilizar nociones como las de «cumplir» y «aplicar» —que, como ya vimos, parecen ser formas o aspectos de la «eficacia» de las normas— creo que es oportuno analizar, previamente, la eficacia como cumplimiento y la eficacia como aplicación.

CAPÍTULO 2

LA EFICACIA DE LAS NORMAS JURÍDICAS COMO CUMPLIMIENTO

1. Precisiones conceptuales previas

Parece conveniente, como paso previo, recordar los muy diversos sentidos en que el término «eficacia» se utiliza en las ciencias jurídicas así como en la teoría y en la filosofía del Derecho, sentidos a los que hice una referencia meramente descriptiva en la introducción. Hay, en el uso del término, una marcada ambigüedad que obliga a distinguir, de entrada, entre dos sentidos muy distintos: el primero es el de la «eficacia» de las normas jurídicas (y, por extensión, de los actos jurídicos) como su capacidad jurídica (es decir, conforme a las normas del sistema en cuestión) para producir efectos jurídicos; el segundo es el de la eficacia de las normas jurídicas para motivar, de hecho, la conducta de sus destinatarios y, en defecto de ello, para ocasionar sobre la situación de los destinatarios los efectos que la misma norma u otras normas asociadas a ella, prevén para el caso de incumplimiento, efectos que básicamente pueden consistir en la nulidad, la reparación y la sanción. En este segundo sentido la idea de «eficacia» alude o bien al «cumplimiento» de la norma por sus destinatarios o bien a la «aplicación» de la norma incumplida sobre sus destinatarios. Es fácil de comprender que la norma, por sí misma, no causa efecto alguno salvo en el exclusivo sentido de que motiva, en el supuesto de cumplimiento, la conducta de sus destinatarios y, en el supuesto de incumplimiento, la decisión de ciertos órganos autorizados para tomar decisiones sobre el destinatario incumplidor; con frecuencia la decisión de un órgano de aplicación motiva la conducta de otro órgano o funcionario que ejecuta acciones realmente efectivas en el terreno de los hechos, como detener a alguien, ocupar un inmueble, derribar una construcción, o similares. Solo estos últimos actos convierten una decisión jurídica en una conducta real.[1] Es frecuente hablar de efica-

1 Acabo de aludir a la «nulidad» como posible efecto previsto para el caso de incumplimiento. La nulidad es lo contrario de la eficacia constitutiva y, como tal, se trata de un efecto meramente normativo; su eficacia real o fáctica es negativa: consiste en que, una

cia formal o jurídica y eficacia material o sociológica para distinguir entre estos dos aspectos. Los adjetivos «formal» y «material» son, sin embargo, poco claros para sostener esta distinción, pues no hay nada material en la motivación de una sentencia que obliga a Cayo a pagar una indemnización a Ticio, lo que Cayo cumple de buen grado. Aquí, sencillamente, se ha creado una nueva norma singular aplicando una norma más general (por ejemplo, que todo el que por acción u omisión cause un daño a otro, interviniendo culpa o negligencia, está obligado a reparar el daño causado, y que, puesto que Cayo ha causado negligentemente un daño a Ticio, Cayo está obligado a repararlo). Una decisión judicial de este tenor puede operar sobre Cayo con la misma eficacia motivadora que una norma general legislada que le obliga, por ejemplo, a limpiar la acera delante de su vivienda. Si Cayo limpia la acera solo decimos que cumple la norma, mientras que si el juez condena a Cayo a pagar la indemnización decimos que el juez aplica la norma (en este caso, el artículo 1902 del Código Civil) y, si Cayo actúa como hemos indicado, decimos que cumple la sentencia. La única diferencia estriba en que en el primer caso no hay nada que ocurra entre la norma general y la acción de Cayo que, motivada por la norma, limpia la acera mientras que en el segundo caso parece que, entre la norma del artículo 1902 y la acción de Cayo pagando la indemnización, se interponen básicamente dos hechos: el hecho de que Cayo ha causado un daño que no debió causar y el hecho de que el juez ha tomado una decisión motivada por la acción de Cayo y por el artículo 1902 del Código Civil.

La doctrina jurídica ha consolidado una noción teórica de la eficacia de las normas jurídicas en el primer sentido, como capacidad jurídica para producir efectos jurídicos. Federico de Castro, de forma paradigmática, afirma que «*las normas de Derecho manifiestan su eficacia dando valor jurídico y conformando, según él, a la realidad social*» (Castro, 1949, p. 521); se afirma, en consecuencia, que los efectos esenciales de las normas son cinco: preceptuar, prohibir, crear obligaciones jurídicas, producir la reacción coactiva para el caso de desobediencia y organizar la comunidad; o, de forma más sintética, que pueden reducirse a tres: establecer el deber jurídico de obediencia, establecer la sanción o reacción jurídica para el incumplimiento y constituir situaciones y posiciones jurídicas (ibidem).[2] Hay también una notable ambigüedad en esta idea de eficacia, pues —como es fácil observar— preceptuar,

---

vez declarada la nulidad, la norma o acto nulo deja de actuar como razón que justifique una acción ejecutiva en el sentido requerido por tal norma o acto y, por ello, normalmente deja de motivar acciones en tal sentido.

2 Luis Díez Picazo y Antonio Gullón sostienen el mismo esquema, aclarando que la eficacia constitutiva «*acota una porción de la realidad social y... la transmuta o convierte en realidad jurídica*» (Díez Picazo y Gullón 1993, p. 190).

prohibir, crear obligaciones jurídicas, crear el deber de obediencia, ligar una sanción al incumplimiento o convertir la realidad social en realidad jurídica son, todos ellos, efectos que se producen en el plano normativo y que no dependen de ninguna realidad fáctica, mientras que «producir» la reacción coactiva u «organizar» la comunidad parecen aludir a la capacidad de la norma para provocar determinados sucesos o cambios en la realidad fáctica. La doctrina jurídica se refiere, habitualmente, solo al primer aspecto y por ello, cuando adopta este esquema conceptual, incluye en el análisis de la eficacia cuestiones como las condiciones de entrada en vigor de las normas, la inexcusabilidad del cumplimiento, la derogación tácita y expresa, la vigencia temporal, el concepto de deber jurídico, los tipos de sanciones y, sobre todo, bajo el paraguas de la «eficacia constitutiva», los conceptos de relación jurídica, sujeto del Derecho, derecho subjetivo, relaciones jurídicas secundarias, o hechos y actos jurídicos.[3] La «eficacia» de las normas es, en este sentido, un calificativo meramente normativo y difícilmente distinguible de la idea de validez. Una norma es jurídicamente eficaz cuando ha satisfecho ciertas condiciones que regulan su producción, el momento de su entrada en vigor, su conformidad con otras normas y no ha sido derogada, es decir: algo muy parecido a afirmar que la norma es válida en el sistema. Un contrato es eficaz cuando ha satisfecho las condiciones legales para surtir efectos jurídicos, es decir: cuando es válido. Cuando la norma o el contrato son jurídicamente válidos surten efectos «jurídicos».[4] La eficacia, en este sentido, es autorrealizativa tanto para las normas jurídicas como para cualquier otro tipo de norma; si —pongamos por caso— las reglas de un juego establecen que todo el que se sienta a la derecha de un jugador es su «cónyuge» y que todo el que no llama «cónyuge» al jugador de su derecha «debe ser castigado» con la expulsión, configuran o «transmutan» efectivamente la realidad de los jugadores, y no hay situación real ninguna en que podamos afirmar que, en ese juego, el que se sienta al lado derecho de otro jugador no es su cónyuge o que el que no le llama así no «debe ser» castigado con la expulsión. La situación de que los jugadores, de hecho, no llamen cónyuge al que está en tal ubicación y no expulsen al que no lo hace solo nos permitiría afirmar que juegan a otro juego o a otra modalidad del juego. La

---

3 *Vid.* Castro, 1949, pp. 521 a 683; Díez Picazo y Gullón, 1993, pp. 190 a 219. El concepto tradicional de eficacia constitutiva admite ulteriores precisiones dogmáticas; *vid.*, por ejemplo, Angelo Falzea, 1999, Primera parte (Teoria dell'efficacia giuridica) donde distingue entre eficacia constitutiva, eficacia declarativa y eficacia preclusiva.

4 Es sabido que tanto las normas como los contratos u otros actos jurídicos pueden surtir ciertos efectos jurídicos aun cuando sean inválidos. Ello hace posible y necesario distinguir entre «validez» y «eficacia jurídica» para dar cuenta de diferencias normativas ulteriores como las que se producen entre nulidad y anulabilidad. Ello no afecta a la distinción que aquí estoy trazando entre «eficacia interna» y «eficacia externa».

situación en que nadie nunca juega con aquellas reglas solo nos obliga a concluir que aquel juego o modalidad de juego no existe (en el sentido de que no se juega nunca) pero eso es otra cuestión. La realidad configurada por aquel juego es, desde luego y siempre, como aquel juego la configura. Es en este sentido en el que ha de admitirse que la «eficacia constitutiva» es, en cuanto eficacia en el plano normativo, en todo caso autorrealizativa. Otra cuestión es si es capaz de motivar las conductas, producir los actos coactivos y organizar la vida social. Pero ese es otro, y muy distinto, concepto de eficacia al que podríamos denominar «externa».[5]

Una esquematización previa de estos tan diferentes sentidos de la eficacia de las normas jurídicas podría ser la siguiente:

Tal y como dejé planteado en la introducción, solo voy a ocuparme de la eficacia en el segundo sentido, es decir: de la eficacia sociológica, material o externa de las normas jurídicas.

2. CORRESPONDENCIA: (1) ASPECTOS Y MEDICIÓN DE LA CORRESPONDENCIA

Una norma jurídica es eficaz, en el sentido más amplio y a la vez más sencillo que cabe atribuir al adjetivo «eficaz» (en el sentido «material» o «externo»), si la acción que la norma prescribe es, en la realidad, la acción que realizan los destinatarios de la norma. La afirmación de que una norma es eficaz, en este sentido, podría limitarse a constatar que se produce una *correspondencia* entre la conducta real de ciertos sujetos y la conducta que una norma, dirigida a ellos, establece como prescrita (obligatoria o prohibida). No contamos, a estos efectos, con una terminología que goce de general aceptación. L. W. Sumner, por ejemplo, denomina «conformidad», en este sentido, a un primer test de la eficacia de una norma: *«La conformidad con*

5 Vincenzo Ferrari distingue entre la eficacia en sentido jurídico normativo y la eficacia en sentido sociológico y señala que «quizás, *a pesar del carácter central del problema, la propia definición del concepto de eficacia del Derecho sea una cuestión totalmente abierta*» (Ferrari, 1989, p. 159).

EFICACIA de una norma jurídica
- 1) Eficacia Jurídica o interna
  - 1.1) Eficacia como vigencia (entrada en vigor)
  - 1.2) Eficacia como efecto jurídico (eficacia constituida)
- 2) Eficacia sociológica o externa
  - 2.1)Correspondencia
    - 2.1.1) Coincidencia
    - 2.1.2) Cumplimiento
      - 2.1.2.1) Por temor a la sanción
      - 2.1.2.2) Por utilidad
      - 2.1.2.3) Por respeto al orden
      - 2.1.2.4) Por adhesión
  - 2.2) Aplicación
  - 2.3) Éxito
  - 2.4) Eficiencia

una regla es totalmente una cuestión de mera conducta. Es suficiente para la conformidad que yo haga lo que la regla establece; mi razón para hacerlo así es completamente irrelevante» (Sumner, 1990, p. 63; terminología que acepta Juan Carlos Bayón [Bayón, 1991, p. 460, nota 299]). Rafael Hernández Marín utiliza, en este sentido, los términos «eficacia» y «cumplimiento»; su definición de eficacia dice que *«un enunciado prescriptivo (de nuestro lenguaje artificial) es eficaz si y solo si su correspondiente enunciado asertivo es verdadero»* (Hernández, 1989, p. 298) o, representada formalmente, que un enunciado prescriptivo como *«z ! F»* es eficaz si *«z ∈ F»* (ibidem, p. 298); la diferencia entre eficacia y cumplimiento, de acuerdo con Hernández Marín, estriba en que mientras la eficacia/ineficacia es una propiedad de las prescripciones, el cumplimiento/violación es una relación entre el individuo y la prescripción; el cumplimiento es, sin embargo, una relación que se describe sin tomar en cuenta la motivación: *«z cumple u ↔ (∀G) (u /z ob G →* z E *G)»* (ibidem, p. 302), lo que significa que un sujeto z cumple una norma u si y solo si hace todo lo que según la norma tiene que hacer, con lo cual el cumplimiento no es otra cosa que el tipo de relación que se da entre la prescripción y la conducta del destinatario cuando la norma es eficaz en el sentido previamente definido y que la eficacia es la propiedad que tiene una norma cuando la relación con su destinatario es un relación de cumplimiento en el sentido definido. Pablo E. Navarro habla de *«correspondencia»* cuando *«una norma (N) prescribe el estado de cosas o la acción p y los sujetos normativos producen p»* (Navarro, 1990, p. 16) y Oscar Correas habla de *«efectividad por simple correspondencia» «cuando se comprueba empíricamente que la conducta de los sujetos puede describirse de manera coincidente con la descripción que aparece en el discurso del derecho»* (Correas 1994, pp. 211 y 210).[6] Me parece que el término «correspondencia» resulta el más adecuado para designar la coincidencia entre lo que la norma prescribe y lo que el sujeto hace, ya que, en castellano, el término «cumplimiento» (como acción y efecto de cumplir) implica la idea de hacer aquello a lo que se está obligado, lo que parece requerir cierta intencionalidad hacia una regla o hacia una orden, mientras que el término «conformidad» si bien puede ser sinónimo de «correspondencia» también puede significar «asenso o aprobación» (respectivamente, acepciones segunda y sexta del Diccionario de la Real Academia Española). En cualquier caso, lo que importa es retener lo que bajo la idea de

---

6 La distinción de Sumner, que sigue Bayón, es entre conformidad, obediencia y aceptación como tres tests, cada uno más fuerte que el anterior, de la eficacia; la distinción de Hernández Marín es entre eficacia-cumplimiento y eficacia-obediencia (como cumplimiento consciente), de lo que luego se distingue aplicación y efectividad; la distinción de Navarro es entre correspondencia, acatamiento y cumplimiento; Correas, finalmente, distingue dentro de la eficacia como cumplimiento entre la correspondencia simple, la obediencia y la aceptación. Harry W. Jones y Gregorio Robles equiparan simplemente cumplimiento con correspondencia (Jones, 1969, pp. 3-4 y Robles, 1984, pp. 182-183). Lo que resulta evidente es que, como señala Navarro, el uso de los términos *«no está claramente establecido en la teoría jurídica ni en el lenguaje* ordinario» (Navarro, 1990, p. 16).

«correspondencia» quiere aquí proponerse: que la acción que la norma prescribe es, en la realidad, la acción que realizan los destinatarios de la norma. Ahora bien, como la correspondencia puede producirse sea cual sea la razón que ha llevado al sujeto, destinatario de la norma, a comportarse en la forma en que la norma establece, habría que distinguir entre dos grandes formas de correspondencia: la que se produce sin que el sujeto tenga en cuenta la norma, incluso desconociéndola, y por ello por cualquier motivo o razón del que no forma parte la norma, y la que se produce cuando la norma es, en algún modo, motivo, razón o parte del motivo o razón por la que el sujeto sigue la conducta prescrita en ella. A la primera situación podríamos llamarla *«coincidencia»*[7] y a la segunda propiamente *«cumplimiento»*.

La correspondencia es decía, el sentido más amplio y más sencillo en que podemos hablar de eficacia de una norma. Más amplio porque incluye la correspondencia entre la norma y la conducta del destinatario sea cual sea el motivo de la conducta, esto es: tanto si la conducta se realiza por una razón absolutamente independiente de la norma misma —incluso desconociéndola— como sería por costumbre individual, por costumbre colectiva, por presión del grupo, por convicción religiosa, etc.,[8] como también si la norma se sigue por cualquier motivo derivado de la existencia de la norma, sea la utilidad de seguirla, el temor a la sanción, el respeto a la autoridad que la dictó, el respeto genérico al orden jurídico, o la adhesión interna a la conducta que la norma prescribe. Más sencillo, también, porque la correspondencia puede constatarse mediante una comprobación meramente externa sin necesidad de analizar los motivos del comportamiento del sujeto o de los sujetos.

La amplitud y la sencillez son también, sin embargo, la debilidad de esta idea de eficacia-correspondencia pues, al prescindir de la relación causal o, más bien, motivadora entre la norma jurídica y la conducta efectiva, una

---

7 He tomado de Peter Ingram la denominación de «coincidencia» para la correspondencia de la conducta con las reglas cuando no es el resultado de la obediencia (Ingram, 1983, p. 491).

8 No parece necesario poner ejemplos. Históricamente, por citar uno, hemos visto en el primer capítulo que Fernando III, al promulgar el Fuero Juzgo, lo que en realidad estaba haciendo era legislar un Derecho consuetudinario lo que, con toda probabilidad, le dotaba de un alto grado de correspondencia en cuanto la conducta de todos los que, por costumbre, estuviesen cumpliendo las prescripciones del Liber se convertía automáticamente, aun sin ellos saberlo, en una conducta correspondiente con el Fuero Juzgo. Algo parecido sucede, en sede de ficción, en el conocido ejemplo de los charrúas en que el nuevo legislador Toro Sentado dicta una única norma que les permite cazar los martes y los jueves, lo que siempre habían hecho, y además no les prohíbe cazar los demás días, lo que también siempre habían hecho (Delia T. Echave, María E. Urquijo y R. Guibourg, 1980, pp. 55-56, recogido por Manuel Atienza y Juan Ruiz Manero, 1996, pp. 92-93). Aunque este ejemplo se utiliza para discutir la irrelevancia de los permisos, a nuestros efectos sería lo mismo pensar que Toro Sentado dicta una única norma que dice «todos los charrúas que tengáis alimentos estáis obligados a comer al menos una vez al día». Previsiblemente la norma sería absolutamente eficaz pero los charrúas podían sentirse igualmente decepcionados por la inutilidad legislativa.

investigación de la eficacia-correspondencia arrojaría resultados sin ninguna capacidad explicativa sobre la función de la(s) norma(s) jurídica(s) investigada(s) y sin ninguna utilidad político jurídica.[9] El que la correspondencia pueda derivar de la obediencia a otras normas coincidentes, religiosas, consuetudinarias o del Derecho indígena —como señala Correas— podría revestir interés sociológico, antropológico e incluso político pero, como es obvio, tal resultado no se podría deducir de la mera constatación de la correspondencia entre la conducta y la norma jurídica sino que exigiría conocer la motivación, es decir: que no es la norma jurídica la que motiva el comportamiento sino, precisamente, otra norma o práctica determinada.

Parece posible medir, con cierta sencillez, la eficacia de una norma en este primer sentido, es decir, su correspondencia. Diríamos, lógicamente, que la eficacia-correspondencia de una norma es absoluta si todos los sujetos destinatarios de la norma realizan la acción prescrita en la ocasión que la norma establece. La mayor parte de las normas han de cumplirse por un número más o menos indeterminado de sujetos (mayor o menor generalidad) en un número más o menos indeterminado de ocasiones (mayor o menor abstracción). La medida de la correspondencia exigiría en todo caso delimitar un ámbito de sujetos y de ocasiones. Tomemos, por ejemplo, una norma del siguiente tenor:

> Todos los soldados están obligados a saludar en la forma S a los suboficiales, oficiales y jefes, siempre que se encuentren con ellos.

Imaginemos que tomamos como muestra para un análisis de la eficacia de esta norma un acuartelamiento donde hay cien soldados y veinte suboficiales, oficiales y jefes. Imaginemos asimismo que podemos establecer empíricamente que los cien soldados se encuentran con sus superiores en cien ocasiones al día. Si todos los soldados saludan en la forma debida en todas las ocasiones se habrán producido cada día diez mil saludos en la forma debida. La norma es absolutamente eficaz porque la conducta prescrita se realiza en el cien por cien de las ocasiones en que, de acuerdo con la norma, debe realizarse. El índice de eficacia (*Ie*), en este sentido, puede establecerse como el resultado del número de conductas conformes (*nCc*) partido por el número de sujetos (*nS*) multiplicado por el número de ocasiones (*nO*).

9 Oscar Correas señala que *«una investigación con tales resultados no podría, por ejemplo, producir un juicio sobre la hegemonía del grupo dominante sobre los sujetos a quienes se dirigen las normas. Sin embargo* —concede— *tampoco sería un conocimiento inútil»*(Correas, 1994, pp. 210-211). Sin embargo, tal utilidad (que él no explica) solo puede derivar de que la investigación aporte algún otro dato sobre los motivos de la conducta seguida.

$$Ie = nCc/nS.nO$$

En el ejemplo puesto, se trata de 10.000/100.100 = 1. Supongamos ahora que ochenta soldados saludan en la forma debida en ochenta de cada cien ocasiones y que veinte soldados saludan en la forma debida en treinta de cada cien ocasiones. El índice de eficacia es ahora el siguiente:

$$Ie = (80.80) + (20.30)/100.100 = 0{,}7$$

El índice no resulta muy bajo, aunque sospecho que cualquier militar profesional afirmaría que la disciplina está muy relajada en ese cuartel donde el ochenta por ciento de los soldados dejan de saludar debidamente en el veinte por ciento de las ocasiones y el veinte por ciento de los soldados deja de hacerlo en un setenta por ciento de ellas. Tomemos otro ejemplo. Cien empleados de una fábrica están obligados a llegar a su trabajo a las 9.00 horas los veinte días laborables de cada mes. Supongamos que llegan todos ellos a las 9.05 todos los días. El índice de eficacia sería el siguiente:

$$Ie = 0/100.20 = 0$$

Sin embargo, cualquier observador coincidiría en que la norma es altamente eficaz pues todos los trabajadores observan una notable puntualidad. La diferencia entre los dos ejemplos, que hace irrelevante el índice de eficacia, estriba en los efectos que cada una de las normas pretende, ya que la regla del saludo es una regla de carácter ritual cuyo cumplimiento es solo del tipo si/no (dejando a salvo matices sobre la marcialidad, corrección, etc.), mientras que la regla de la hora de entrada es —aun siendo una regla— más parecida a una directriz que, al pretender que los empleados comiencen a una hora determinada y homogénea a prestar sus servicios, admite un incumplimiento más o menos grave en la medida en que el comportamiento efectivo se distancia de la hora prescrita.

Tomemos, finalmente, un tercer ejemplo. Imaginemos que en un ordenamiento jurídico existe una norma válida del tipo: «Está prohibido matar». Se trata de una norma general prohibitiva. Este tipo de normas imponen deberes negativos generales «erga omnes» y tienen un número inmenso, prácticamente tendente a infinito, de ocasiones de cumplimiento.[10] Ello quiere decir que para un solo caso de incumplimiento —uno mata a otro— el índice de eficacia es tendente a 1 pero, y esto es lo llamativo, el mismo índice de eficacia se mantiene si se cometen diez mil homicidios, ya que:

$$Ie = \infty - 1/\infty = 1 \text{ y } Ie = 10.000/\infty = 1$$

Podría objetarse[11] que estos deberes solo son normativamente operativos (solo obligan) cuando el sujeto se siente impulsado a cometer la acción prohibida, pero esta objeción psicológica fue ya rechazada por Kelsen hace mucho tiempo (Kelsen *[1923], 1987, p. 380),* pues el deber jurídico existe, por así decirlo, con independencia del estado psíquico de sujeción del destinatario: no tiene sentido pensar que solo actúa en conformidad con la norma que obliga a conducir por la derecha el que desea conducir por la izquierda y, por miedo a la sanción o por respeto a la norma, conduce por la derecha; actúa conforme a la norma, o cumple la norma (al menos en cierto sentido), todo el que conduce por la derecha, sea por lo que fuere. Podría también objetarse, con más sentido, que el número real de ocasiones de incumplir un deber general negativo es, en todo caso, empíricamente limitado. Esto es, que si tratamos de medir la correspondencia tendríamos que seleccionar un universo limitado de sujetos y tiempo —como en el caso del cuartel— y que, en ese universo, las ocasiones de incumplir la norma serían finitas (no es empíricamente posible que todos los ciudadanos de una determinada ciudad maten a todos los demás ciudadanos en un mismo lapso de tiempo, aunque solo sea por razones de tiempo y de imposible reciprocidad; e incluso cabría añadir que, si llegaran a hacerlo, el número de homicidios seguiría siendo finito). Pero tampoco esta objeción es grave; en todo caso, el número de ocasiones de cumplimiento es tan alto para los deberes generales negativos, en cuanto son ininterrumpidos o siempre actualizados, que el índice de eficacia-correspondencia siempre sería altísimo con independencia de que se cometiesen en un lapso de tiempo en una misma ciudad dos, dos mil o veinte mil homicidios. El índice de eficacia de una norma

---

10 Kelsen señala que para los deberes de abstención *«el súbdito, en principio, se halla siempre, bajo cualquier circunstancia e ininterrumpidamente, obligado a no asesinar, a no estafar, a no atentar contra la propiedad de otro, etcétera, mientras que su deber de restituir la cantidad recibida en préstamo depende del hecho de que haya contraído realmente un préstamo y de que* este *no se haya extinguido mediante la restitución o por otras razones»;* en los deberes de abstención tratamos, por tanto, con *«deberes jurídicos incondicionales»* (Kelsen [1923], 1987, p. 380). José Juan Moreso, más recientemente, ha denominado *deberes incondicionales e inderrotables* (por ejemplo, el deber de no torturar) a los deberes que están *«siempre actualizados»* (Moreso, 2001, p. 9).

11 Debo a Juan C. Bayón la sugerencia de estas objeciones y especialmente de la segunda.

como la del tercer ejemplo solo empezaría a descender sensiblemente en caso de homicidios rápidos y masivos.

Lo que, en todo caso, resulta claro es que la eficacia como correspondencia es una propiedad de una norma de carácter gradual, es decir que se tiene o no se tiene en una escala de 0 a 1 de tal modo que es posible constatar una norma absolutamente ineficaz (para la cual *Ie = 0)*, una norma absolutamente eficaz (para la cual *Ie = 1)* y normas con índices mayores o menores de eficacia. Este aspecto, que puede parecer trivial, resulta muy relevante para cualquier teoría que pretenda —y hay muchas— que la eficacia, en este sentido, es equivalente a la existencia de una norma puesto que la existencia no es una propiedad (supuesto que lo sea) que algo pueda tener en mayor o menor grado, y es también relevante para cualquier teoría que pretenda —y hay todavía más— que la eficacia, en este sentido, es condición de la validez de una norma, pues tales teorías tendrían que decidir qué grado de correspondencia por encima de 0 hace suficiente la condición. Esta cuestión solo se ha contestado con vagas alusiones a lo que Pablo E. Navarro denomina «eficacia como mayoría». Puesto que el problema es idéntico aun cuando entendamos la eficacia como cumplimiento, dejaré el análisis de la cuestión para entonces.

La relevancia de la correspondencia entre una prescripción y la conducta efectiva depende, lo que también resulta casi trivial poner de relieve, de la relevancia de la prescripción. No hay criterio alguno de carácter general que permita una medida común de la correspondencia de las normas jurídicas que pueda resultar significativa. Una norma jurídica puede ser muy eficaz, en este sentido, y tener muy poca importancia que lo sea y, del mismo modo, una norma jurídica puede ser muy poco o nada eficaz y tener muy poca importancia, o ninguna, que lo sea. Cabe, en todo caso, extraer una conclusión:

> 1) El grado de eficacia como correspondencia de una norma jurídica no es un indicador de la eficacia motivadora de la norma sobre la conducta.[12]

Antes de pasar a otros sentidos de la eficacia es conveniente señalar que, en el aspecto de correspondencia, aparentemente solo pueden suscitar un problema de eficacia las normas generalmente llamadas «regulativas» o «deónticas», pues las normas constitutivas y cualificatorias no regulan directamente la conducta sino que establecen condi-

12 Ingram insiste, en este mismo sentido, en que *«conformity of behavior is no final evidence for effectiveness —for that we require the stronger idea of obedience»* (Ingram, 1983, p. 491; *vid.* también pp. 493 y 495).

ciones para que una conducta tenga ciertos efectos jurídicos de modo que su correspondencia es siempre necesaria o, dicho de otro modo, meramente interna (como en el anterior ejemplo del juego): la conducta que no se ajusta a la norma simplemente no alcanza el carácter y los efectos jurídicos que la norma prevé para la conducta conforme.[13] He dicho «aparentemente» porque la cuestión es un poco más complicada. Pondré dos ejemplos: si, en un determinado país, el ordenamiento jurídico establece que la forma del matrimonio es *M*,[14] cabe decir que todos los matrimonios son conformes con *M* pues, como es obvio, todas las parejas que no satisfacen los requerimientos procedimentales de *M* simplemente no han contraído matrimonio. El índice de correspondencia es siempre igual a 1, pues no hay matrimonios que no cumplan *M*. Puede ocurrir, sin embargo —y es un ejemplo bien actual—, que una enorme cantidad de parejas decidan rechazar *M* y convivir establemente sin contraer matrimonio. Aunque no es posible afirmar que incumplen *M*, es posible afirmar que *M* está dejando de ser eficaz, al menos en el sentido de que no sirve de regulación efectiva de la forma en que las parejas instituyen su convivencia estable. Imaginemos asimismo una norma que establece los requisitos C para la válida constitución de una sociedad cooperativa; puede igualmente ocurrir que nadie satisfaga los requisitos C sin que ello afecte a la correspondencia pues el conjunto de sociedades cooperativas seguirá siendo el conjunto de sociedades cuya constitución satisface C, aunque se trate de un conjunto vacío: no hay ninguna sociedad cooperativa que no satisfaga C; sin embargo, cualquier persona sensata pensará que la institución normativa de la sociedad cooperativa es, en algún otro sentido relevante, ineficaz

---

13 Tampoco hay mucho acuerdo en la actual teoría del Derecho sobre el concepto y los tipos de normas (Bayón, 1991, p. 243). En todo caso, suele distinguirse entre normas regulativas o deónticas, de un lado, y —con diversa terminología y diversos conceptos— normas constitutivas, de competencia, que confieren poderes, cualificatorias, definicionales, ónticas, etc., de otro (ibidem, pp. 243-245 con abundantes indicaciones bibliográficas; Atienza y Ruiz Manero, 1996, p. 177 [cuadro]; Hernández Marín, 1984, pp. 29-30; Robles, 1984, pp. 116 y 172-178; el análisis semántico de las normas constitutivas es particularmente deudor de John Searle, 1977 y Amedeo G. Conte, 1989; Conte introdujo la distinción entre reglas théticas, eidético-constitutivas y anankástico-constitutivas).

14 Algunos la considerarían una norma anankástico-constitutiva (Atienza y Ruiz Manero, 1996, p. 62) y otros una norma técnico-convencional (Robles, 1984, p. 160).

Un problema parecido se suscita con las normas permisivas.[15] La eficacia de una norma permisiva,[16] como correspondencia, resulta siempre absoluta. En cuanto el permiso es la negación de la obligación y de la prohibición de una acción quiere decirse que el destinatario satisface el permiso haga o no haga la acción y, por tanto, que la norma que establece el permiso siempre se corresponde con la conducta seguida por su destinatario sea esta la que sea. Sería un error, sin embargo, deducir de ello que los permisos no pueden ser, en otros sentidos, eficaces o ineficaces.[17]

3. CORRESPONDENCIA: (2) LA EFICACIA COMO CUMPLIMIENTO Y SU MEDICIÓN

Como acabamos de ver, a veces se entiende por cumplimiento un nivel de eficacia (correspondencia) de la norma jurídica que es más restringido que el de la mera coincidencia y más amplio que el de la aceptación. Sumner entiende de esta forma el cumplimiento u obediencia (*«compliance»*): *«Obedezco una regla que me impone un deber precisamente en el caso en que actúo conforme a la regla al menos en parte en virtud de mi conciencia de ella»* (Sumner 1990, p. 63). La idea coincide con lo que Hernández Marín denomina *«obediencia»* (*«la obediencia/desobediencia no es más que el cumplimiento/violación consciente de las prescripciones jurídicas»*; Hernández Marín, 1989, p. 303) y, asimismo, Correas lo denomina *«obediencia»* (*«Llamaremos al caso del 70 % de correspondencia con conocimiento obediencia»*; Correas, 1994, p. 211). Navarro, sin embargo, denomina a esta situación como *«acatamiento»* (*«Una norma (N) prescribe el estado de cosas o la acción p, los sujetos normativos conocen la existencia de (N) y producen p»*; Navarro, 1990, p. 16). Creo que, para este supuesto, el término «cumplimiento» o el término «obe-

15 Que unos incluyen entre las normas regulativas (como Atienza y Ruiz Manero, 1996, p.116 y 177, aunque solo en cierto sentido), otros excluyen de las normas regulativas (Bayón, 1991, p. 244) y otros sostienen que a veces son directivas y a veces son cualificatorias (Hernández Marín, 1984, pp. 56-57).

16 Como he analizado con más detalle en Hierro, 2000, entiendo que un permiso es lo mismo que algunos llaman «facultad» o «libertad» esto es: un permiso es siempre un permiso completo de hacer y no hacer, aun cuando pueda expresarse positiva o negativamente. Cuando se expresa en forma positiva (permiso de hacer) es para exceptuar una prohibición existente o supuesta y cuando se expresa negativamente (permiso de no hacer) es para exceptuar una obligación expresa o supuesta, pero en una u otra forma el permiso es siempre la negación de la correspondiente obligación y prohibición (Hierro, 2000, pp. 149-153).

17 En el mismo sentido, Navarro, 1990, p. 56: *«no tiene sentido predicar eficacia en el caso de las normas permisivas»*. La afirmación debe limitarse, en todo caso, a la eficacia como correspondencia, es decir: no tiene sentido predicar *correspondencia* en el caso de las normas permisivas.

diencia» son los más adecuados, entendidos como sinónimos, ya que lo que se trata de identificar es la relación motivacional que se produce entre una norma jurídica que, conocida por su destinatario, opera como razón o, al menos, como una de las razones, para llevar a cabo un determinado curso de acción. El cumplimiento u obediencia, así entendido, supone que —como ha señalado Bayón, (1991, p. 460, nota 299)— *«cuando hay obediencia [...] el conocimiento de que la regla existe y le es aplicable ha ejercido sobre el sujeto una influencia determinante (de algún tipo, sea meramente porque ha alterado su cálculo prudencial o porque la acepta), de manera que la inexistencia o la ignorancia de la regla habría tenido un efecto diferencial sobre su conducta. Por consiguiente siempre que hay obediencia hay conformidad, pero no a la inversa».*

3.1. Razones y motivos

El cumplimiento u obediencia designa, pues, una relación entre el sujeto y la norma, relación que consiste en que la norma sirve como razón o parte de las razones de la conducta que se adopta y que resulta una conducta conforme con la prescripción. Es necesario recordar aquí la ambigüedad que puede ofrecer el término «razón» que, como señaló Nino, unas veces se utiliza en un sentido explicatorio o subjetivo *(«la razón que tuvo Juan para matar a Juanita fue el hecho de que ella rechazase sus avances amorosos») y* otras veces se utiliza en el sentido justificatorio u objetivo *(«el que una mujer se niegue a entablar relaciones con un hombre no es una razón para matarla»); los* dos ejemplos (Nino, 1985, *pp.* 125-126) no suponen afirmaciones contradictorias pues en cada uno de ellos la palabra «razón» es utilizada con un sentido diferente. Pues bien, es claro que mientras en la teoría del razonamiento jurídico como razonamiento práctico se discute el papel de las normas como razones en el sentido justificatorio, cuando nos planteamos la cuestión del cumplimiento de las normas, de su eficacia en este sentido, deberíamos hablar de las normas como razones explicativas, es decir: como motivos.[18] Juan Carlos Bayón ha propuesto distinguir,

18 *«Las razones explicatorias se identifican con los motivos. Ellas están constituidas por estados mentales que son antecedentes causales de ciertas acciones [...] Las razones justificatorias u objetivas no sirven para entender por qué se realizó una acción o eventualmente para predecir la ejecución de una acción, sino para valorarla, para determinar si fue buena o mala desde distintos puntos de vista, como el punto de vista moral, el prudencial y tal vez el jurídico, según sea la conclusión de esta misma discusión»* (Nino, *1985, p. 126).* Como puede observarse, Nino entiende los motivos como «antecedentes causales». No me parece necesario traer ahora a colación la discusión sobre el carácter causal o no causal de los motivos. A favor de entenderlos como causas puede citarse el trabajo de Donald Davidson, Acciones, razones y causas *(1976)* y en contra el de J. O. Urmson, Motivos y causas *(1976)* (ambos en Alan R. White (ed.) *1976, pp. 116-138 y 219-235* respectivamente). La discusión, en mi opinión, tiene un excesivo carácter verbal.

en este sentido, entre *«razones por» y «razones para»:* las razones por las que alguien hace algo son los motivos o razones explicativas y las razones para que alguien haga algo son las razones justificativas o, en otras palabras, unas son razones que *motivan y* otras razones que *deberían motivar* (Bayón, 1991, pp. 43-44). Raz ha sostenido que la noción de razón —explicativa es secundaria ya que puede reducirse a la creencia en que concurre una razón en el segundo sentido (justificativa), es decir, como resume Nino, que *«una razón explicatoria sería una creencia en una razón justificativa»* (Nino, 1985, p. 128),[19] lo que supone una representación excesivamente «deontológica» de los motivos de la acción; implica, entre otras cosas, prescindir de la función de los deseos. Utilizando un habitual ejemplo, diríamos que el hecho de que estaba lloviendo fue tanto el motivo de que Pedro sacara el paraguas como la justificación de que lo hiciera; sin embargo, como señala Nino, el hecho de que estuviera lloviendo solo es propiamente la razón justificativa de que sacara el paraguas; el motivo supone, además, que Pedro sabía o creía que estaba lloviendo y que no deseaba mojarse (podríamos decir: si estaba lloviendo había una razón para que Pedro sacara el paraguas, pero si él no sabía que estaba lloviendo carecía de un motivo para sacarlo, y si lo sabía pero prefería mojarse también carecía de un motivo para sacarlo). No es lo mismo, por tanto, decir que «Pedro tenía una razón para hacer x» que decir que «había una razón para que Pedro hiciera x».[20] En el segundo caso, la razón como justificación es independiente de los deseos de Pedro; en el primer caso, la razón como motivo depende de los deseos y de las creencias de Pedro. Sobre esta distinción formuló G. R. Grice la doble tesis de que *«la fórmula No hay razón sin deseo es falsa. Pero la fórmula No hay motivo sin deseo es verdadera»* (Grice, 1978, p. 170); ha de añadirse, además, que las creencias pueden tener contenidos muy diversos (Bayón, 1991, p. 53), pues tanto pueden referirse a estados de cosas (que está lloviendo) como a razones justificativas (que en el acto social al que Pedro va a asistir no está mal visto llevar paraguas); si añadimos, finalmente, que no hay nada contradictorio en que un agente reconozca que hizo algo sin ninguna razón justificativa sino, por ejemplo, por debilidad de su voluntad (porque *«cedió a determinada tentación, o*

19 De acuerdo con Raz, *«la especial característica de las explicaciones de la conducta en términos de razones es que ellas explican la conducta del agente en términos de sus creencias acerca de lo que debería hacer en términos de su propia apreciación de las razones relevantes (en el sentido primario, normativo) que se le aplican»* (Raz 1991, p. 21). Una versión contraria es justamente la que sostiene Donald Davidson: *«el papel justificativo de una razón depende del papel explicativo, pero no viceversa»* (Davidson, 1976, p. 122).

20 *Vid.* Grice, 1978, p. 169 sobre la distinción entre «A's *having a reason for doing x and there beine a reason for* A's *doing x*».

no pudo reprimir cierto deseo» [ibidem])[21] tenemos ya tres argumentos distintos (la función de los de seos, la diversidad de las creencias y la debilidad de la voluntad) para negar que los motivos puedan reducirse a razones justificativas (o a creencias en ellas); Juan C. Bayón ha concluido que la reducción *«queda en entredicho»* (ibidem, p. 51). Ello no obstante, la creencia en que concurren razones (justificativas) juega un papel muy relevante en la motivación. Las reglas, en general, y las normas jurídicas, en particular, constituyen parte importante de esas razones justificativas.

Si aceptamos la distinción entre razones y motivos y la cautela que propone Bayón deberíamos concluir que hay acciones con motivos no racionales y acciones con motivos racionales. Solo en estas últimas la creencia en una razón justificativa opera como motivo, o parte de los motivos, de la acción.

3.2. *RAZONES INSTRUMENTALES, RAZONES PRUDENCIALES Y RAZONES MORALES*

Para analizar el papel de las normas jurídicas en la motivación de la conducta del destinatario me serviré de la estipulación que propone Bayón[22] entre actuar según los deseos, actuar según los intereses y actuar según los valores, lo que da lugar a tres correlativos tipos de razones: razones instrumentales, razones prudenciales y razones morales. De acuerdo con esta tesis, los deseos que se pueden satisfacer intencionalmente son actitudes prácticas de primer nivel que pueden funcionar, en este primer nivel, como *razones operativas;* las creencias relativas a los medios que pueden satisfacer el deseo sirven, en este primer nivel, como *razones auxiliares;* finalmente, los deseos más las creencias funcionan, en este primer nivel, como *razones instrumentales y* pueden convertirse en *razones concluyentes* en ausencia de otras razones superiores.[23] Los intereses, por su parte, constituyen actitudes prácticas de segundo grado que expresan las preferencias del agente sobre sus propios deseos (es decir, metapreferencias o «deseos sobre

21 En cierto modo Raz es consciente de la objeción aunque la solución que ofrece es poco clara. *Vid.* Bayón, 1991, p. 51, nota 15.

22 Parece innecesario recordar que el libro de J. C. Bayón, La normatividad del Derecho: deber jurídico y razones para la acción (1991), contiene un estudio tan brillante como exhaustivo de la cuestión.

23 Una «razón operativa» es cualquier premisa de deber-ser que puede introducirse en un razonamiento práctico («[es] *una razón operativa si, y solo si, la creencia en su existencia implica tener la actitud crítica práctica»);* una «razón auxiliar» es un juicio de hecho que indica un medio para satisfacer una razón operativa; una «razón completa» es el conjunto de razones no superfluas o redundantes en un razonamiento práctico, lo que incluye, al menos, una razón operativa y una razón auxiliar; una «razón concluyente» es una razón completa que, en un cierto supuesto, no es superada o cancelada por ninguna otra razón. *Vid.* Raz, 1991, pp. 25-28, 31-32 y 37-38; Nino, 1985, p. 131 y Bayón, 1991, pp. 86, 88 y 496.

los deseos», cabría decir), ofreciendo un carácter más estable y más ordenado que constituye el «plan de vida» del agente (ibidem, pp. 95-99); en este segundo nivel los intereses funcionan como razones operativas y, unidos a las pertinentes razones auxiliares, constituyen las *razones prudenciales* que, en ausencia de otras razones superiores, se convierten en razones concluyentes. Por fin, hay un tercer nivel[24] en que las actitudes prácticas están configuradas por lo que el agente considera valioso, lo que «*constituye una metapreferencia con respecto a sus intereses (y, a fortiori, con respecto a sus deseos)*» (ibidem, p. 70); estas preferencias de tercer nivel, valores morales o principios, forman, por definición, los criterios prácticos de orden superior para un agente (en este sentido —señala Bayón— todo agente tiene una moral [ibidem, p. 141]) e incluyen la característica de que «*son consideradas por él como razones que todo el mundo debería respetar*» (ibidem, p. 143).

La distinción entre los tres niveles puede parecer de carácter excesivamente formal y se la puede objetar que sería aplicable a cualquier esquema justificativo como el del amoral o el del hedonista, conforme al cual el hedonista hace en cada momento lo que satisface su deseo (razón instrumental) porque su plan de vida consiste en obtener en cada momento la mayor satisfacción de sus deseos (razón prudencial) porque considera que todo el mundo debe hacer en cada momento lo que satisfaga sus deseos (razón moral). De este modo concluiríamos que, por definición, todo el mundo obra conforme a algún último criterio moral. Bayón se refiere a esta «paradoja del hedonista» para señalar que aparentemente disuelve las diferencias entre prudencia y moralidad (ibidem, p. 67) si, en efecto, se entendieran como razones morales «*cualquier conjunto de principios que un individuo considere el criterio último y de orden supremo para guiar sus acciones*». Por ello, es necesario retener la doble caracterización de las razones morales como metapreferencias sobre los intereses (y deseos) y como dotadas de pretensión universal de corrección:

> No diremos, por tanto, que la moral de un individuo está constituida por cualesquiera razones para actuar que, dentro de su conjunto subjetivo de motivaciones, sean jerárquicamente supremas [...] sino por sus preferencias de tercer nivel... Y esas preferencias de tercer nivel —valores morales— pueden definirse, desde el punto de vista de quien las sostiene, como razones para actuar caracterizadas por dos rasgos: constituyen metapreferencias respecto a los intereses (y, por tanto, en caso de conflicto, son estos los que resultan «dominados»); y son consideradas por él como

24 Bayón señala que teóricamente podrían diseñarse más niveles pero que basta con tres a efectos de reconstruir la estructura de las motivaciones (Bayón, 1991, p. 70).

> razones que todo el mundo debería respetar sea cual sea su plan de vida, ya que precisamente trazan lo límites de lo que cabe considerar como planes de vida aceptables (ibidem, p. 143).[25]

En consecuencia cabe pensar en un agente propiamente amoral, cuando no utiliza preferencias de este tipo (valores), aunque no es plausible pensar en un agente carente de preferencias de segundo nivel (intereses) pues resultaría prácticamente un incompetente básico (ibidem, p. 145).

Admitir que los motivos de la acción no son solo ni son siempre las creencias en razones justificativas (es decir, que existen acciones irracionales) no implica, por supuesto, negar que las creencias en razones justificativas sean, con la mayor frecuencia, unidas al deseo y a las razones auxiliares, las que motivan la acción. Lo que tiene especial interés para la teoría del Derecho es analizar en qué forma las normas jurídicas sirven como razones para la acción, y ello tanto en el aspecto de razones justificativas (que es el habitualmente abordado al analizar la función de las normas jurídicas en el razonamiento práctico) como en el aspecto de motivos, o parte de los motivos, que sería el aspecto relevante en un estudio sobre el cumplimiento de las normas jurídicas. Puesto que el primer aspecto está mucho más elaborado en la teoría del Derecho actual, partiré de resumir esquemáticamente —siguiendo nuevamente a Bayón— la función de las normas jurídicas como razones (justificativas) para la acción y, más adelante, trataré de comparar esas conclusiones con lo que sería su función como motivos de la acción.

1) La norma jurídica podría ser seguida, en primer lugar, irracionalmente. Es el caso cuando alguien se comporta conforme prescribe una norma de una manera mecánica, irreflexiva o meramente imitativa. Se trataría de supuestos en que el agente, si reconstruyera la justificación de su conducta, admitiría que ni la conducta jurídicamente ordenada ni el hecho de que haya sido jurídicamente ordenada, le parecen razones para actuar como lo hizo y, por tanto, que si hubiese deliberado, hubiese actuado de otra forma y hubiese prescindido de cumplir la norma. Sin embargo, el hecho de que existía una norma jurídica fue un elemento decisivo en la motivación de su conducta. Hart parece considerar este supuesto como un tipo de aceptación de la norma, lo que razonablemente niegan Nino y Bayón (Hart parece, en efecto, aludir a este supuesto cuando dice que el acatamiento al sistema jurídico

25 En el mismo sentido, vid. ibidem, p. 196.

pude estar basado en «una actitud tradicional o una actitud no reflexiva heredada» [Hart, 1977, p. 251]; en contra, Nino, 1989, p. 29 y Bayón, 1991, pp. 482-483). Es claro que en este supuesto —que Bayón considera necesario introducir solo para «completar el modelo teórico» (ibidem, p. 480)— la norma jurídica no es una razón para actuar sino todo lo contrario, un motivo irracional de la acción; lo que supone que no es relevante como supuesto de razón justificativa del cumplimiento aunque quizá sí lo sea como motivo de él.

2) El segundo supuesto sería aquel en que la norma jurídica se incluye como razón auxiliar en un razonamiento prudencial. El supuesto más típico que suele invocarse es el del que cumple la norma para no sufrir la sanción que su incumplimiento puede llevar asociada.[26] Se trata, en el esquema de Bayón, de aquel que no acepta la regla pero se comporta como el aceptante; sus razones operativas son razones prudenciales y la existencia de la norma jurídica es una razón auxiliar (ibidem pp. 453, 465, 480 y 485).

3) El tercer supuesto sería el de quien suscribe un juicio de deber dependiente de la existencia de la norma jurídica; para él hay alguna razón moral que justifica obedecer las normas jurídicas. De acuerdo con el esquema de Bayón, que vengo siguiendo, hay tres tipos posibles de juicios morales: los juicios de deber dependientes de la formulación de un mandato, los juicios de deber dependientes de la existencia de una regla social y los juicios de deber independientes de la formulación de un mandato y de la existencia de una regla social (ibidem, pp. 314-316).[27] Creo que en relación a las normas jurídicas positivas podemos centrarnos en el tipo de juicios de deber dependientes de la formulación de un mandato (aceptemos, a estos efectos, que las normas jurídicas consuetudinarias son indirectamente mandadas). Estos juicios de deber son del siguiente tipo: «Hay una razón para hacer p, y esa razón es que p ha sido ordenado por la autoridad X»; es obvio que se trata de un razonamiento incompleto que da por supuesto un juicio de deber independiente que establecería: «Hay razones para hacer lo que ordene X» (ibidem, p. 314). Pues bien, este es precisamente el punto de vista del aceptante, es decir, el punto de vista de quien acepta que hay razones para obedecer las normas

---

26 Como enseguida veremos hay, al menos, tres paradigmas teóricos (uno jurídico, otro sociológico y otro económico) que priman esta interpretación de las normas jurídicas como razones en un esquema meramente prudencial.

27 De acuerdo con Bayón, lo que no hay son propiamente juicios de deber independientes de reglas, ya que los juicios de deber independientes de la formulación de un mandato y de la existencia de una regla social expresan ellos mismos un regla moral (Bayón, 1991, p. 317).

jurídicas válidas y, por ello, para hacer aquello que ellas ordenan hacer.[28]

4) Finalmente, hay quien «acepta un juicio de deber independiente de su existencia (en nuestro caso, de la existencia de la norma jurídica) pero coincidente con su contenido» (ibidem, p. 480). Este último supuesto sería, a los efectos que ahora interesan, un caso de simple coincidencia de los que vimos en la sección anterior.

3.3. *LA FUNCIÓN MOTIVADORA DE LAS NORMAS JURÍDICAS ALGUNOS MODELOS SOCIOLÓGICOS Y PSICOLÓGICOS*

Lo que, sin embargo, puede ser muy distinto a la función justificativa es la función motivadora que la norma ejerce sobre la decisión del sujeto, algo que, con cierta enojosa redundancia, cabría denominar la razón por la que la norma sirve como una razón para la acción; la aparente redundancia se disuelve si corregimos el enunciado del problema: ¿cuál es el motivo por el que la norma sirve como una razón?. Parece, en principio, difícil relacionar una teoría de la justificación (de las razones como «razones para») con una teoría de la motivación (de las razones como «razones por»), ya que la primera tiene un carácter formal y *a priori* mientras que la segunda tiene un carácter empírico *y a posteriori*. El punto de conexión entre una y otra residiría en saber cuántas veces cada agente actúa motivado por las razones que él cree que justifican su acción y cuántas, por el contrario, actúa irracionalmente, lo cual es, a su vez, una cuestión empírica. Como ha señalado Lewis A. Kornhauser, *«¿Cómo el Derecho influye en la conducta? es, después de todo, una cuestión empírica que no puede resolverse exclusivamente por un razonamiento a priori»* (Kornhauser, 2000, p. 226).[29] Ello no obstante, un análisis teórico puede asumir, en este aspecto, la doble fun-

28 Por supuesto, el aceptante de una norma jurídica puede no ser su destinatario y entonces formulará un juicio de deber dirigido a otros; también puede aceptar la regla y no cumplirla por debilidad de la voluntad. Aquí solo nos interesa el que, siendo su destinatario, la acepta y la cumple porque la acepta.

29 En el mismo sentido Jeremy Waldron ha señalado *que – The claim that the legal institutions have advantages in terms of citizens' readiness to respond to demands that are placed upon them through the medium of such institutions is an empirical hypothesis. and it is subject in the last resort to empirical verification»* (Waldron, 1994, p. 283, subrayado mío). Robert S. Summers, refiriéndose a los límites de la eficacia del Derecho, afronta también la objeción de que se trate de *«solely a matter for empirical researches, and therefore in no respect a task for legal theorists»* (Summers, 1993, p. 424). Como señalo a continuación en el texto, coincido con él en que la reconstrucción teórica de las técnicas básicas del Derecho para influir en la sociedad y de sus límites son tareas *que «can probably be done better by the legal theorist than by anyone else [...] The legal theorist might even be the best qualified to do much of this work, although sitting in an armchair»* (ibidem, pp. 424-425); me parece cierto al menos en la actual situación de los estudios empíricos que, como enseguida veremos, han de recurrir habitualmente a parámetros teóricos frecuentemente ofrecidos por la teoría del Derecho.

ción de sugerir los aspectos relevantes que interesa investigar empíricamente y de ubicar los resultados de la Ello no obstan investigación empírica en una interpretación de conjunto.

En la literatura sociológico-jurídica es fácil apreciar una larga etapa en que, a falta de resultados empíricos concluyentes, el análisis de la influencia efectiva del Derecho sobre la conducta se estructura a partir de esquemas meramente teóricos (con frecuencia poco coincidentes entre sí). Sin duda alguna el esquema más influyente durante décadas ha sido el ofrecido por Max Weber. Hay en Weber una explícita intención de encuadrar el análisis de la acción social y sus motivaciones en un esquema teórico interpretativo. La acción social puede interpretarse, bajo ese esquema, como obedeciendo, bien a motivos irracionales como la *acción social afectiva* (que es la *«determinada por afectos y estados sentimentales actuales»)* y la *acción social tradicional* (que es la *«determinada por una costumbre arraigada»),* bien a motivos racionales como la *acción racional con arreglo a fines* (que es la *«determinada por expectativas en el comportamiento tanto de objetos del mundo exterior como de otros hombres, y utilizando esas expectativas como condiciones o medios para el logro de fines propios racionalmente sopesados y perseguidos»)* o la *acción racional con arreglo a valores* (que es la *«determinada por la creencia consciente en el valor – ético, estético, religioso o de cualquiera otra forma como se le interprete – propio y absoluto de una determinada conducta, sin relación alguna con el resultado, o sea puramente en términos de ese valor»)* (Weber [1922], 1984, p. 20). Lo que caracteriza al Derecho moderno occidental, correspondiente al modelo de dominación legal-racional, es, precisamente, que se ha independizado de elementos morales y tradicionales para desarrollar los elementos racionales de carácter formal dando lugar a un Derecho que se caracteriza por estar estatuido sistemáticamente, ser aplicado por juristas especializados y apoyarse en una educación profesional lógico-formal (ibidem, p. 650);[30] a pesar de los elementos equívocos del proceso y de las resistencias antiformalistas (que Weber imputa, agudamente, a las pretensiones de poder de los propios juristas) «el *resultado inevitable,* pesar de los elementos *condicionado por el desenvolvimiento técnico y económico, tendrá que ser [...] la especialización del mismo y la creciente consideración del derecho vigente como un aparato racional desprovisto de toda santidad y, por tanto, modificable en cualquier momento de acuerdo con fines racionales»* (ibidem, p. 660). El Derecho, al menos el Derecho moderno occidental, queda situado así en el orden de la acción racional con arreglo a fines y ello permite concluir que,

30 *Vid.* también los cinco postulados que Weber atribuye a la *«actual investigación jurídica»* (la obra, como es sabido, data de 1922) y que definen muy claramente la teoría del Derecho positivista (ibidem, pp. 511-512).

para Weber, «*la aceptación del Derecho se basa en consideraciones instrumentales*» (Roger Cotterrell, 1991, p. 135).[31]

Theodor Geiger, aunque de pasada, menciona cómo —a pesar de la función central de las sanciones en el mantenimiento del sistema jurídico— los ciudadanos obedecen las normas por muy diversos motivos como la costumbre de seguir las pautas jurídicamente establecidas, la coincidencia de ellas con sus ideas morales, la adaptación (incluso como mal menor) en aras de la coordinación o el respeto a la autoridad (Geiger, 1983, p. 194) y, en otro lugar, ha insistido en que «*entre los extremos del temor a la coacción, por una parte, y el respeto metafísicamente fundamentado ante los mandamientos de la ley, por otra, se encuentra un tercer aspecto, es decir, que el individuo toma en cuenta la dependencia recíproca dentro de la sociedad*» (Geiger, 1982, p. 143) y en que «*la presión de la interdependencia social*» le lleva con frecuencia a obedecer las normas jurídicas incluso cuando merecen su desaprobación moral o su desaprobación racional (ibidem, p. 196).

Es particularmente comprehensivo el esquema teórico propuesto por Lawrence M. Friedman que sitúa el cumplimiento u obediencia como una especie de los efectos que la norma puede alcanzar. El «impacto» designa, de acuerdo con Friedman, la relación causal de un acto jurídico con la conducta de alguien, «*el efecto total de un acto jurídico sobre la conducta, positivo o negativo*» e implica tres requisitos: la comunicación de la norma (lo que él llama el «acto jurídico»), la capacidad del destinatario para cumplir o no cumplir la norma y la disposición del destinatario en uno u otro sentido. El impacto puede ser de tres tipos: el cumplimiento, la evasión y la desviación (Friedman 1987, resp. pp. 46, 56 y 48). El cumplimiento es, pues, solo una de las posibles formas de impacto y consiste en «*la conformidad consciente con una norma o mandato*» (ibidem, p. 47). La disposición del agente ante la norma jurídica puede obedecer a la inercia, a un cálculo coste-beneficio o a la adhesión interna; por su parte, los factores que influyen en motivar el cumplimiento son, en su análisis, básicamente tres: la amenaza de sanciones, la presión del entorno social *(peer group) y* la influencia sobre la conciencia (ibidem, p. 69). Vincenzo Ferrari, siguiendo básicamente a Friedman, admite que la obediencia puede deberse al convencimiento, a un motivo instrumental o a la mera inercia (incluso inconsciente) (Ferrari 1989, p. 156). Peter Ingram, sin embargo, niega

31 Ello no obstante, Weber admite que el cumplimiento del Derecho puede deberse a motivos morales, convencionales, o utilitarios aunque, sin embargo, considera que estos motivos «psicológicos» carecen de relieve sociológico formal. Lo único que él considera relevante, bajo este punto de vista, es «*que exista la probabilidad suficiente de intervención de un grupo de personas, establecidas para ello, en los casos en que solo se ofrece el puro hecho de la infracción de la norma, es decir, que esa intervención se apoya en este mero motivo formal*» (Weber [1922], 1984, p. 254), es decir: la coercibilidad.

que la obediencia al Derecho se deba nunca a un respeto por el Derecho mismo y entiende que ha de reducirse o bien a la correlación entre Derecho y moralidad o bien —cuando tal correlación no se produce— a la aplicación o amenaza de aplicación de las sanciones jurídicas (Ingram, 1983, p. 494).

Por tres razones me parece especialmente interesante el esquema que ha ofrecido, mucho más recientemente, Lewis A. Kornhauser. En primer lugar porque parte de distinguir tres tipos de aproximaciones teóricas distintas para explicar la influencia del Derecho sobre la conducta; las dos primeras son teorías de la racionalidad *(rationality theories)* y, en este sentido, tienen una cierta ambición normativa: se trata de las teorías basadas en la preferencia *(preference theories)* y de las teorías basadas en la obligación *(obligation theories)*; las terceras son, sin embargo, las teorías meramente explicativas que él denomina «teorías psicológicas» y que carecen de toda pretensión normativa (Kornhauser, 2000, p. 198). La segunda razón es que, al desarrollar las teorías basadas en la preferencia, distingue tres formas en que las normas jurídicas pueden influir sobre la conducta: 1) mediante la alteración del contexto del agente (es decir, como *incentivos*), 2) mediante la alteración de las creencias del agente (es decir, como *información*), y 3) mediante la alteración de las preferencias del agente (es decir, como *indoctrinación*). La tercera razón, finalmente, es que Kornhauser toma distancia del reduccionismo dominante en las teorías de la elección racional y, con ellas, en el análisis económico del Derecho[32] y señala que la razonabilidad del modelo teórico depende *«del área del Derecho en cuestión»* (ibidem, p. 200) puesto que así como es razonable suponer el modelo de la preferencia, como modelo motivacional, en el Derecho mercantil, parece más razonable utilizar otro modelo (el de la obligación) para interpretar la motivación del agente en aspectos del Derecho de familia o para explicar la función motivacional que tiene una multa respecto a una tasa (incluso siendo ambas de la misma cuantía).[33] Kornhauser concluye, a partir de estas bases, identificando cinco *«roles motivacionales diferentes»* que una norma jurídica puede tener para un agente: a) no entrar a formar parte de su conjunto de motivaciones (esta posibilidad —señala— no es plausible respecto a los funcionarios pero sí respecto a los individuos particulares); b) motivar el cumplimiento en su propio interés por razones de coordinación (porque cree que los demás también cumplirán); c) motivar el cumplimiento en su propio interés para evitar la sanción prevista para el incumplimiento; d) motivar el cumplimiento porque se trata

32 *Economic analyses of law, for example, generally assume that the sanction attached to noncompliance provides the sole motivational force of a legal norm* (Kornhauser 2000, p. 214).

33 La explicación se remite a la noción de Raz sobre las normas como razones excluyentes.

de una norma jurídica y el agente considera, por cualquier razón (sea moral o sea prudencial), que el Derecho es obligatorio, y e) motivar el cumplimiento porque el agente considera que la norma es obligatoria por una razón moral (ibidem, pp. 215-216). Los supuestos b) y c) son, según Kornhauser, de carácter prudencial mientras que los supuestos d) y e) son de otro carácter (si la aceptación de la autoridad del Derecho se basa en una razón prudencial —aclara— es, en todo caso, una razón «*diferente*» a las enunciadas en *b y c).*[34]

En 1945, Kelsen afirmaba que «*no estamos en situación de decir nada con exactitud acerca del poder de motivación que deba atribuirse a la idea que los hombres se forman del* Derecho» (Kelsen [1945], 1979, p. 47; en el mismo sentido, ibidem, p. 27). Desde entonces los estudios empíricos dedicados a tratar de esclarecer este aspecto han tenido un enorme desarrollo, principalmente en el área anglosajona; se trata de los habitualmente denominados «estudios KOL» *(«Knowledge and Opinion about Law»)*[35] sobre los que, sin embargo, la impresión de Cotterrell en 1984 era escéptica: «*Los estudios KOL fracasan con frecuencia al interrogarse por los procesos por los que se forman en las mentes de los ciudadanos individuales las actitudes sobre el Derecho, y por las conexiones entre niveles de conocimiento jurídico y motivaciones individuales [...] por ello no es probable que den más que vagas y generales insinuaciones sobre las probables pautas de conformidad con, o desviación del, Derecho*» (Cotterrell, 1991, p. 129). Hay, ello no obstante, tal y como ponen de relieve los diferentes esbozos teóricos citados, unos esquemas similares entre la interpretación de las normas jurídicas como razones para la acción y su interpretación como motivos de la acción. En definitiva todo gira, con mayor o menor énfasis, en torno a la acción irracional y a la acción racional y, dentro de esta, en torno a la acción prudencial y a la acción moral. Creo, por ello —como anticipé en el cuadro de la página 74—, y admitiendo que se trate de una insinuación vaga y general, que cabe concluir que las normas jurídicas operan a veces como motivos de

34 He recortado conscientemente el argumento de Kornhauser en el último supuesto. Exactamente, el quinto supuesto al que se refiere Kornhauser se enuncia así: «*On the other non-prudential reason, even though the agent does not consider legal rules (or this particular legal rule) binding on her, the agent might comply with the norm's directive because she considers it binding for some other reason. She might, for example, consider it binding for moral reasons or for some other, non-prudential and nonmoral reason*»; el último inciso, que he subrayado, no me resulta comprensible pues no entiendo cómo puede considerar un agente que una norma es vinculante u obligatoria para él por una razón que no sea prudencial ni moral. El caso es que Kornhauser también, en relación con el supuesto cuarto, se refiere a la posibilidad de aceptar la autoridad del Derecho «*for no reason or for reasons that do not fall within the prudential or moral categories*». Quizás se refiera, en ambos casos, al supuesto de aceptación de la autoridad o de seguimiento de una norma por inercia o tradición.

35 Puede considerarse como obra fundacional la de A. Podgórecki, P. Vinke, J. Van Houtte, W. Kaupen y B. Kutschinsky, 1973.

una conducta irracional; a veces como parte de los motivos de una conducta estructurada sobre razones prudenciales, ya sea porque el cumplimiento de la norma resulta útil para los intereses del agente, ya sea porque, en forma más específica, el cumplimiento de la norma es la única forma de evitar el riesgo de la sanción que supondría un mayor coste que su cumplimiento; a veces, finalmente, porque el agente obedece a razones morales y, entre ellas, hay alguna que establece el deber de obedecer al orden jurídico en general, o a un determinado tipo de orden jurídico, o a unas determinadas normas jurídicas.[36]

Una aproximación científica diferente, la de la psicología evolutiva, puede servir al mismo tiempo para confirmar algunas de estos esbozos de teoría y para aportarles un cierto orden. Jean Piaget dedicó solo una atención coyuntural al desarrollo de los criterios morales en el niño pero pudo concluir que existía un claro paralelismo entre el desarrollo moral y la evolución intelectual, a la que dedicó su atención principal.[37] Ese paralelismo se traduce en la constatación de tres etapas en la evolución psicológica del niño: 1) una primera etapa se caracteriza por el egocentrismo y configura en el conocimiento un pensamiento sin reglas *(alogismo)* y en la acción una conducta sin reglas *(anomía); 2)* una segunda etapa se caracteriza por la heteronomía (en la que aparecen los sentimientos de respeto y presión) y configura en el pensamiento la noción de verdad vinculada a la opinión de los mayores y, del mismo modo, en la acción la noción de deber vinculada a la autoridad; 3) una tercera etapa se caracteriza por la autonomía (vinculada al sentimiento de cooperación y control mutuo) y configura, respectivamente, las nociones de verificación objetiva (reglas lógicas) y de conciencia del bien (reglas de la moral crítica) (Piaget, 1987, pp.

36 Esta presentación de los motivos es muy similar a la que hace Frederick Schauer de las *«diversas razones por las que un agente adoptaría una regla como una razón para la acción»;* Schauer distingue entre razones prudenciales (entre las que incluye el temor a las sanciones, la simplificación decisional y la prudencia epistémica) y razones morales (entre las que incluye la legitimidad de la autoridad y la obligación de obedecer al Derecho); la única diferencia es que yo entiendo que la prudencia epistémica puede operar tanto prudencialmente (como una motivación de utilidad) como moralmente (como una motivación de respeto al orden jurídico y/o a la autoridad que se entiende legítima) (Schauer, 1992, pp. 124-126, cita en p. 126). En todo caso, me refiero a los motivos de cumplimiento u obediencia en un sentido estricto lo que requiere distinguirlos de los factores que pueden influir en que unos u otros motivos sean más o menos operativos en los miembros de un grupo. Ramón Soriano, bajo la denominación de *«factores de eficacia de carácter general»*, incluye: 1) el proceso de sociabilidad, 2) el conocimiento del Derecho, 3) la aceptación del Derecho, 4) la participación en su elaboración, 5) la actitud psicológica positiva de los destinatarios, y 6) la protección represiva de las normas (Soriano, 1997, pp. 402-403), enumeración en que se mezclan motivos como la aceptación o el conformismo (que se incluye bajo el número 5) con factores que pueden incidir en la aparición de tales motivos, como los 1, 4 y 6, y con una condición necesaria como la número 2.

37 Piaget llega a afirmar expresivamente que *«la lógica es una moral del pensamiento, como la moral es una lógica de la acción»* (Piaget, 1987, p. 335).

333-343). Fue Lawrence Kohlberg, como es bien sabido, quien desarrolló las investigaciones de Piaget en el campo del desarrollo moral del niño. Las conclusiones de Kohlberg presentan un cuadro evolutivo dividido en tres grandes niveles y seis estadios.

En el primer nivel, el nivel *preconvencional* (de 4 a 10 años), el niño interpreta los estímulos en términos de sus consecuencias (premios/castigos). El primer estadio en este nivel es el más orientado por el castigo y más determinado por la heteronomía mientras que en el segundo hay una mayor afirmación individual y, por ello, una orientación a la satisfacción instrumental de sus deseos. En el segundo nivel, el nivel *convencional (10* a 13 años), el niño adquiere una estimación del valor del orden regular en el que vive, tiende a justificarlo y a mantenerlo: en el tercer estadio se orienta hacia la búsqueda de la aprobación externa y en el cuarto estadio se orienta más claramente hacia el respeto por el orden establecido. Finalmente, en el tercer nivel, el nivel *postconvencional* (13 a 16 años), el niño manifiesta su autonomía formulando principios morales propios que se orientan hacia su identificación y coordinación voluntaria con el grupo: el quinto estadio manifiesta una orientación hacia el contrato social y el sexto hacia la propia conciencia (Kohlberg 1979, pp. 304-305). *Si* esquematizamos las aportaciones de Piaget y Kohlberg sobre el desarrollo moral y las cruzamos con las «insinuaciones» de los sociólogos del Derecho nos encontramos con una curiosa y consistente coincidencia:

Piaget	*Kohlberg*	*Motivos de cumplimiento del Derecho*
Egocentrismo (anomía)	–	–
	Nivel preconvencional	Por temor a la sanción
	Estadio 1: castigos/premios	
	Estadio 2: busca satisfacción instrumental	Por utilidad
Heteronomía (noción de autoridad y deber)	Nivel convencional Estadio 3: busca aprobación	(Por utilidad) y por respeto al orden jurídico
	Estadio 4: respeta el orden	(Por respeto al orden jurídico) y por respeto a la autoridad
Autonomía (cooperación y conciencia del bien)	Nivel postconvencional Estadio 5: Respeta el contrato social	(por respeto a la autoridad)
	Estadio 6: formula valores propios	Por adhesión

Cabe decir que en Kohlberg hay no tanto una teoría del desarrollo moral en el niño como una *«descripción del desarrollo del juicio moral»* (Hersh, Reimer y Paolitto, 1988, p. 45) y es lo cierto que su modelo nos permite dar un orden a las diversas motivaciones del cumplimiento del Derecho esbozadas por sociólogos y teóricos del Derecho, orden que reflejaría no la cantidad o frecuencia de cada tipo de motivo sino su grado de desarrollo moral y que, por ello, mantiene un paralelismo con el orden de las razones justificativas. Adoptaré esa escala cualitativa y empezaré por analizar la hipótesis de una obediencia irracional.

3.4. ¿OBEDIENCIA IRRACIONAL?

Supongamos el caso de un anarquista que conduce un coche en el que lleva a un amigo enfermo al servicio de urgencias de un hospital y se detiene ante un semáforo en rojo en una esquina de una zona totalmente deshabitada y sin ningún control policial; el amigo le objeta razonablemente: «¿por qué te detienes?»; y el anarquista responde: «Lo siento; había un semáforo en rojo, pero no he debido detenerme.» Obviamente no se trata de un supuesto de mera coincidencia porque el motivo de detenerse fue, y solo fue, la posición del semáforo, pero tampoco se trata de que el anarquista creyese que debía detenerse para evitar el riesgo de hacer daño a otros, o porque las normas de tráfico deben ser obedecidas, o porque temiese la imposición de una sanción. La norma jurídica no es, en este supuesto, una razón justificativa pero sí es el motivo de la acción.

Hay una gran cantidad de gente que se detiene ante semáforos en rojo en zonas deshabitadas y sin ninguna previsible presencia policial. No es raro que, en tal situación, algún otro ocupante del vehículo le requiera en los mismos términos del ejemplo («¿por qué te detienes si no hay nadie por aquí?»); no es raro —me parece— que el conductor responda: «Siempre me detengo ante un semáforo en rojo», añadiendo quizá alguna de estas razones: «Me gusta cumplir las normas», o «Es más seguro y prefiero no correr riesgos», o «Se deben respetar las señales». Es fácil observar que, en estos casos, la conducta no es irracional, como en el caso del anarquista. En ausencia de ninguna otra razón superior en contra, el agente puede esgrimir alguna razón, prudencial o moral, para justificar su conducta mecánica. El ejemplo del anarquista es, realmente, un ejemplo de laboratorio. Casi todo el mundo, incluso sin ser anarquista, estaría de acuerdo en que es irracional detenerse ante el semáforo en aquella situación pues hay una razón más importante (la urgencia médica) para no cumplir la regla jurídica, tanto más no concurriendo ningún riesgo de daño para otros ni de sanción para el incumplimiento. Sin embargo, el hecho de que la mayor parte de la gente cumpla muchas normas jurídicas que no considera moralmente obligatorias en situaciones en que no hay riesgo de daño para otros ni riesgo alguno de sanción, y lo haga por mera inercia, hábito de cumplirlas (no hábito de comportarse de un modo que resulta coincidir con la norma, sino hábito de comportarse en la forma que la norma establezca) o imitación, no me parece que sea necesariamente irracional. La gente conduce por la derecha incluso en caminos rurales deshabitados, se detiene ante semáforos en rojo en zonas sin tránsito, se pone de pie por imitación cuando el juez entra en la sala, no traspasa una valla en la que pone «prohibido el paso», etc., etc., incluso aun cuando muchas de estas normas u órdenes le parezcan a veces injustas y a veces absurdas, pero lo hace «porque es lo que hay que hacer» o «porque las normas están para cumplirse» y seguir las normas representa, para empezar, una gran economía de elección por lo que —en ausencia de otros motivos que para el agente puedan revestir una mayor fuerza motivadora (sean irracionales como el mero deseo compulsivo de fastidiar al dueño de la finca o de coger una fruta, o sean racionales como la conveniencia de recorrer un camino más corto o el compromiso moral de protestar contra el latifundismo)— lo más conveniente es, *prima facie,* cumplir la norma. Lo que ello significa es que, salvo en situaciones muy peculiares como la del ejemplo, cumplir las normas por inercia, hábito o imitación no es un comportamiento irracional sino un supuesto del cumplimiento por utilidad, como enseguida veremos.

3.5. La obediencia por temor a la sanción

Dije antes *(supra,* nota 26) que la obediencia por temor a la sanción suele tomarse como el motivo más típico, cuando no único, de cumplimiento prudencial o por razones de utilidad y que, en ello, confluyen tres paradigmas: uno teórico jurídico, uno sociológico y uno económico. El primero sería el paradigma positivista que encontró su mejor formulación en Kelsen. Conforme a él, lo que define al Derecho como «técnica social específica» es su especial forma de motivación de la conducta:

> ... la técnica social que consiste en provocar la conducta socialmente deseada a través de la amenaza de una medida coercitiva que debe aplicarse en caso de un comportamiento contrario» (Kelsen [1945], 1979, p. 22).

Aunque Kelsen insiste una y otra vez en que desconocemos los motivos que inducen a la gente a cumplir las normas jurídicas, y aunque advierte expresamente que la obediencia puede estar provocada por motivos morales, religiosos o utilitarios (Kelsen, ibidem, p. 28 y [1953] 1970, p. 73), es una conclusión coherente con su concepto del Derecho afirmar que *«es eficaz una norma jurídica si los destinatarios la obedecen por temor a la sanción con que amenaza»* (Pattaro 1991, p. 78).[38] Una sencilla ecuación conceptual conduce a sostener que, del mismo modo que el carácter coercitivo es específico del Derecho, el temor a la coerción es específico de la fuerza motivadora de las normas jurídicas, es decir: que, específicamente, se cumplen por temor a la sanción coercitiva.

Ya he hecho antes referencia al paradigma sociológico que viene a avalar el mismo enfoque. Se trata de la concepción del Derecho de Max Weber. Como es sabido, según Weber el proceso de racionalización genera, en paralelo, el modelo de la empresa capitalista y el modelo del estado moderno en el que la dominación tradicional se sustituye por la dominación legal-racional; en este modelo, *«por estado debe entenderse un instituto político de actividad continuada, cuando y en la medida en que su cuadro administrativo mantenga con éxito la pretensión al monopolio legítimo de la coacción física para el mantenimiento del orden vigente»* (Weber, [1922], 1984, pp. 43-44). Este es el carácter específico del Derecho moderno en el que la racionalización formal del uso legítimo de la coacción física se convierte en la garantía de la acción social con arreglo a fines:

> Pues al dejar el formalismo jurídico específico que el aparato jurídico funcione como una máquina técnico-racional, garantiza al mismo tiempo a los diversos particulares el máximo relativo de posibilidad de movimiento y, sobre todo, de posibilidad para el cálculo racional de las probabilidades y consecuencias jurídicas de su actividad con arreglo a fines (ibidem, p. 605).

Lo que esa máquina técnico-racional pone al servicio de la acción racional es, precisamente, el monopolio de la coacción física legítima, por lo que Weber definirá el Derecho en muy parecidos términos a los que, luego, utilizaría Kelsen:

---

38 Hay cierta indecisión en Kelsen sobre este extremo. En un momento afirma que «entendida de este modo, la eficacia del derecho consiste en que los hombres sean llevados a observar la conducta prescrita, gracias a la representación de la norma» (Kelsen [1945] 1979, p. 47) —lo que parece correctamente interpretado por Pattaro— y en otros que «la única connotación que en este trabajo atribuimos al término "eficacia", es, por ende, la de que la conducta real de los hombres concuerda con esas normas» (ibidem, e igual en p. 46), lo que parece prescindir de toda representación de la norma y limitarse a la idea de eficacia como correspondencia.

> Un orden debe llamarse [...] Derecho: cuando está garantizado externamente por la probabilidad de la coacción (física o psíquica) ejercida por un cuadro de individuos instituidos con la misión de obligar a la observancia de ese orden o de castigar su transgresión (ibidem, p. 27).

El tercer paradigma confluyente es, por supuesto, el asumido por la teoría de la elección racional para el que la decisiones individuales se ajustan a un esquema de costes y beneficios, pérdidas y ganancias. En este esquema las normas jurídicas actúan exclusivamente como incentivos que el agente imputa en el cálculo de los costes y beneficios de su acción. El hombre económico, como el hombre malo de Holmes, adopta frente a las normas jurídicas una actitud en que lo único relevante son las sanciones que el orden jurídico amenaza con imponer en caso de incumplimiento. Una gran parte de los estudios empíricos han venido adoptando este modelo y, en torno a él, se ha tratado de reconstruir la fuerza motivadora de las normas jurídicas como capacidad de disuasión *(deterrence)*.[39]

Sin duda la obediencia por temor a la sanción constituye un motivo específico entre los que, por mera utilidad, pueden conducir al agente a cumplir la norma jurídica. Su reflejo en un razonamiento justificativo consistentemente construido sería una razón prudencial conforme a la cual si el coste de soportar la sanción multiplicado por la probabilidad de que sea efectivamente aplicada es superior al beneficio de incumplir la norma entonces sería racional cumplirla; si el coste previsto es inferior, sería racional incumplirla. Este tipo de cálculo utilitarista fue, precisamente, el que trataba de contrarrestar Jeremy Bentham cuando situó como primer objetivo de la prevención penal el que «el valor del castigo no debe ser menor en ningún caso del que sea suficiente para sobrepasar el del beneficio del delito» (Bentham [1789], 1970, p. 166). Lo que resulta más discutible es que sea este el tipo de motivación único, específico o incluso más frecuente por el que la gente obedece las normas jurídicas. Que sea el único tipo de motivación es la posición que suele atribuirse a la teoría de la elección racional y al análisis económico del Derecho.[40] No hay, sin embargo,

---

39 Johannes Andenaes puso de relieve cómo el concepto continental de «prevención» es desconocido en la literatura anglosajona, donde se utiliza el concepto de deterrence: *«When I first published "General Prevention – Illusion or Reality?" in 1952, I was not aware that the term general prevention was virtually unknown in the English-speaking world. Modern British and American authors instead speak of general deterrence»* (Andenaes, 1974, p. 173). Allí analiza las diferentes connotaciones de ambos conceptos.

40 *Vid.* Kornhauser, 2000, p. 214: *«Economic analyses of law, for example, generally assume that the sanction attached to non-compliance provides the sole motivational force of a legal norm.»* En el mismo sentido Tom R. Tyler atribuye esta reducción a la teoría del control social y

ninguna evidencia empírica que abone la pretensión de que el modelo de racionalidad económica es el que reproduce la motivación única de la acción humana, ni siquiera el que reproduce la motivación más frecuente.[41] Como repetidamente se ha puesto de relieve se trata de un modelo marcadamente «ideológico» que oculta, tras una aparente descripción, pretensiones claramente normativas.[42] Que sea el tipo específico de motivación «jurídica» podría ser una simple convención conceptual aceptable bajo la condición de aceptar al mismo tiempo que tal especificidad no supone necesariamente que sea el motivo con mayor fuerza y de mayor frecuencia sino que, en todo caso, su efectiva capacidad de influir y su frecuencia son cuestiones empíricas contingentes y externas a —la convención conceptual. Las insinuaciones, aunque vagas y generales, de los teóricos sociales niegan que se trate del motivo único o más frecuente aunque admiten que pueda interpretarse como el motivo específico que, en definitiva, refuerza la obediencia a las normas jurídicas cuando fallan otros motivos de utilidad y/o los motivos morales.[43] Algunas evidencias empíricas sustentan esta interpretación.

Tom R. Tyler 1990 presenta una investigación («the Chicago Study») realizada en los años 1984-1985 cuyos resultados suponen —según resume su autor— que «al tratar de comprender por qué la gente cumple

---

a la teoría de la elección racional: «*Much traditional social theory is built on the assumption that behavior is motivated by rewards and punishments in the external environment. This instrumental perspective is often referred to as the study of social control [...] Recently the social control approach to compliance has received strong impetus from the emergence of the public choice perspective in policy studies. The public choice perspective represents the extension into the legal arena of economic models of the person. It assumes that the behavior of people in relation to the law is governed by the same types of instrumental judgements that shape behavior in relation to decisions in their private lives [...] The social control and public choice perspectives have led those concerned with securing compliance with the law to focus on the ability of authorities to influence the personal cost of rule breaking...*» (Tyler, 1990, pp. 20 y 21).

41 En términos de desarrollo moral alguien que actuara siempre como *Homo ceconomicus* permanecería en una fase preadolescente, como hemos tenido ocasión de ver antes. Robert S. Gerstein considera, además, que se trata de una hipótesis irreal: *...it is indeed unrealistic to set up a model for a legal system in which people generally decide to obey the law only after going through a calculation of the risk involved in each particular case... most people have made the long-range decision to obey the law out of fear of the punishment which can generally be expected to follow disobedience...*» (Gerstein, 1972, p. 42).

42 He criticado las pretensiones normativas del análisis económico del Derecho, siguiendo principalmente a Dworkin, en Hierro, 2002, capítulos 1 y 2.

43 Georg H. Von Wright explica con claridad la función sustitutiva del temor a la sanción: «*El miedo al castigo no necesita ser el único motivo para la obediencia de la norma [...] Es probablemente cierto que normalmente, cuando la acción se ajusta a las prescripciones, el motivo no es el miedo al castigo o a otras consecuencias desagradables. La función de la sanción es constituir motivo de obediencia de la norma en ausencia de otros motivos de obediencia y en presencia de motivos de desobediencia*» (Von Wright, 1979, p. 139).

el Derecho, por ejemplo, no deberíamos asumir que la conducta responda primariamente a la recompensa y al castigo (como lo hacen las teorías tradicionales de la disuasión). Deberíamos reconocer, en cambio, que la conducta se ve afectada por la legitimidad de las autoridades jurídicas y por la moralidad del Derecho [...] La implicación clave del Estudio de Chicago es que las cuestiones normativas importan. La gente obedece el Derecho porque cree que es adecuado hacerlo [...] La imagen de una persona que se deriva de estos descubrimientos es la de una persona cuyas actitudes y conducta están influidas en un grado importante por los valores sociales respecto a lo que es correcto y adecuado. Esta imagen difiere llamativamente de la de los modelos del auto-interés que dominan el pensamiento actual en Derecho, psicología, ciencia política y teoría de la organización...» (Tyler, 1990, pp. 168 y 178). También Robert F. Meier y Weldon T. Johnson critican la teoría tradicional de la disuasión («deterrence») en criminología porque se ha centrado en «describir la prevención de la conducta criminal mediante el uso de, o mediante la amenaza de, sanciones jurídicas»; Meier y Johnson habían realizado una investigación (en relación con el consumo de marihuana) que les permitía concluir que 1) la amenaza de la sanción jurídica es solo una posible fuente de cumplimiento, 2) que —contra las hipótesis de la teoría tradicional— la percepción de que las sanciones jurídicas eran más severas incrementaba el uso de la marihuana y que la certeza del castigo carecía de influencia, y 3) que comparada con otras variables (edad, temor a las consecuencias físicas y creencia en su inmoralidad) la amenaza de la sanción jurídica era el factor menos influyente (Meier y Johnson, 1977, pp. 293, 299, 301 y 302). Es muy citado también, como contraejemplo a la tesis más tradicional, el caso de la tipificación como delito del acto de quemar la cartilla de reclutamiento, durante la guerra de Vietnam: la tipificación como delito incrementó las quemas (Friedman, 1987, p. 72; aunque Friedman considera que este supuesto, como la prohibición de la pornografía, tienen el carácter de «fruta prohibida» y son solo excepciones a la regla general de que el aumento de la sanción disminuye la conducta prohibida).[44]

---

44 *Vid.* también Richard D. Schwartz y Sonya Orleans, 1969, un estudio sobre disuasión en Derecho fiscal que concluye que las apelaciones a la conciencia son potencialmente más efectivas que la amenaza de sanciones. La literatura sobre la disuasión o prevención, especial y general, se ha desarrollado, casi exclusivamente, en relación al Derecho penal. En un estudio muy citado sobre la pena de muerte, Isaac Ehrlich pretendió demostrar que por cada pena de muerte ejecutada se evitaban ocho delitos capitales (Ehrlich, 1975), aunque la mayor parte de la investigación desmintió su pretensión (Cotterrell, 1991, p. 128). Es muy relevante, en este aspecto, la distinción de William J. Chambliss entre delitos expresivos, en los que el acto delictivo es agradable por sí mismo para el agente, y delitos instrumentales, en que el acto delictivo es un medio para conseguir otro fin; la amenaza del castigo es mucho más eficaz para los segundos que para los primeros (Chambliss, 1969, p. 281).

Entendidas como incentivos de la acción racional ha de aclararse, en todo caso, que la fuerza persuasiva de las sanciones no depende solo del contenido de la sanción más la probabilidad de su imposición o de la percepción que el agente tiene de ambas cosas,[45] sino de un conjunto más amplio de factores. Friedman ofrece un sugerente análisis en el que la eficacia persuasiva de las sanciones depende de tres factores principales con varios subfactores (Friedman, 1987, p. 75):

- Factores que influyen en la fuerza persuasiva
  - Carácter de la amenaza o promesa
    - naturaleza de la sanción
    - percepción del riesgo de sufrirla
    - rapidez en la aplicación
  - Carácter del destinatario
    - cantidad de destinatarios
    - personalidad de los destinatarios
  - Carácter de la conducta
    - facilidad de detectar el incumplimiento
    - elasticidad/inelasticidad de la demanda de la conducta

Lo que esta esquematización pone de relieve es que la posibilidad de extraer conclusiones del análisis empírico queda ligada al tipo de conducta regulada (demanda de la conducta y facilidad de su detección), al tipo y número de destinatarios, y a la percepción del riesgo de la que forma parte no solo la densidad de la sanción (premio o castigo) sino la percepción de la certeza y de la rapidez en su aplicación. Quiere ello decir que la investigación de la obediencia por temor a la sanción no puede obedecer a un esquema sencillo de coste/beneficio sino que tiene que dar cuenta de una pluralidad de factores enormemente complejos y de diferente relieve según el tipo de conducta, el

45 En la literatura sociológico-jurídica anglosajona es común hoy invocar como las tres variables de la eficacia disuasoria de las sanciones las siguientes: *certainty, celerity and severity.* Norval Morris atribuye a Johannes Andenaes haber sentado las bases conceptuales, éticas y analíticas para esta distinción y su aplicación a las diferentes categorías de delitos, delincuentes y castigos (*vid.* Norval Morris, 1974, p. VI y, en el mismo sentido, Meier y Johnson, 1977, pp. 293 y 294) aunque Bentham las anticipó (Jones, 1969, p. 32 y Bentham [1789], 1970, pp. 169-170). Como puede verse en el cuadro de esta página, Friedman sitúa en el «carácter» de la amenaza los tres factores de severidad, certeza y celeridad. Un estudio de C. R. Tittle sobre las tasas de criminalidad y las sanciones jurídicas, citado con mucha frecuencia, trató de demostrar que el factor certeza tenía mucha mayor influencia disuasoria que el factor severidad, lo que parece muy generalmente aceptado (Tittle, 1969).

tipo de destinatario y el tipo de sanción.[46] Esta complejidad no deja de dar sorpresas: una aplicación hoy muy conocida de un esquema simplificado es la que combina solo dos variables en proporción inversa —haciendo depender la mayor/menor severidad de la sanción indemnizatoria de la menor/mayor probabilidad de detección del incumplimiento— en los llamados «daños punitivos» *(punitive damages)*; pues bien, dos recientes investigaciones realizadas por Cass R. Sunstein, David Schkade y Daniel Kahneman demuestran que la mayoría de la gente no vincula su valoración del castigo con este tipo de cálculos (Sunstein, Schkade y Kahneman, 2000, p. 240) por lo que rechaza los esquemas de «disuasión óptima» *(optimal deterrence)*, es decir: «*la gente rechaza las políticas de aplicación de la ley que aumentan o disminuyen las penas en función de la probabilidad de detección*» (ibidem, p. 250).[47]

Una consecuencia colateral a la consideración de la amenaza de sanciones coercitivas como el instrumento único o específico de motivación ha sido la equiparación de los castigos a los premios como incentivos, respectivamente negativos o positivos (costes o beneficios), para el cumplimiento. Kelsen había señalado que «*la técnica de la recompensa, como técnica de motivación indirecta, ocupa un lugar intermedio entre la técnica de motivación indirecta a través del castigo, técnica de coacción, y la técnica de la motivación directa, que supone la obediencia voluntaria*» (Kelsen [1945], 1979, p. 22); para Kelsen, por supuesto, la «técnica de coacción» es la técnica específicamente jurídica. Sin embargo, la asimilación de los premios a los castigos, entendidos ambos como sanciones-incentivos, se hizo familiar en ciertos sectores de la teoría del Derecho y, de forma muy general, en las aproximaciones sociológicas.[48] Resulta necesario señalar que, desde el punto de vista

---

46 En este mismo sentido, Johannes Andenaes insistió muy pronto en contra de la simplicidad de los esquemas generales sobre la prevención: «*One reason why the discussion on general prevention is often so fruitless, and why there is such sharp disagreement is, in my experience, that the protagonists generalize too much*» (Andenaes, 1974, p. 10; el original de este capítulo data de 1952).

47 Los autores insisten seriamente en que la validez de sus conclusiones se ve avalada porque las investigaciones se realizaron tomando como muestra las opiniones de estudiantes de la Facultad de Derecho de la Universidad de Chicago, los cuales están siendo educados precisamente en la mentalidad «eficientista» a la que son familiares este tipo de consideraciones: «*If even University of Chicago Law School students reject optimal deterrence approaches by a substantial margin, there is no reason to expect, and every reason to doubt, that such policies would obtain majority or even significant support elsewhere*» (ibidem, p. 247). La defensa teórica del esquema aplicado en los daños punitivos se debe, principalmente, a A. Mitchell Polinsky y Steven Shavell, 1979, 1998 y 2000.

48 Particular influencia tuvo, entre nosotros, la posición de Norberto Bobbio 1977. Friedman, tras señalar que la doctrina jurídica suele prestar menos atención a los premios, resalta la dificultad de medir y comparar la eficacia de los premios y la eficacia de los castigos (Friedman, 1987, pp. 79-82). *Vid.* también Vincenzo Ferrari, 2000, pp. 208-211 donde su-

de una teoría de las normas (también de la teoría del Derecho, pero no solo de la teoría del Derecho), la asimilación del premio y del castigo como formas de sanción (comúnmente llamadas «sanción positiva» y «sanción negativa») resulta poco fundada y sumamente confusa. Aunque la diferencia quizá no resulte fácil de explicar porque se apoye en una mera convención semántica, lo cierto es que la amenaza de un castigo lleva asociada, en el lenguaje prescriptivo ordinario, la idea de prohibición de la conducta cuya realización se castiga; la oferta de un premio, sin embargo, no lleva asociada la idea de obligación de la conducta que se premia. Tomemos dos prescripciones, ambas formuladas por la madre o el padre y dirigidas a los hijos, y formalmente muy similares:

1) El que no apruebe todas las asignaturas, será castigado sin vacaciones de verano
2) El que apruebe todas las asignaturas, será premiado con una motocicleta

No parece fácil explicar por qué de la primera prescripción se deriva —cualquiera derivaría— que, en esa familia, es obligatorio aprobar todas las asignaturas (o está prohibido suspender cualquier asignatura), mientras que de la segunda prescripción no se deriva que, en esa familia, sea obligatorio aprobar todas (o esté prohibido suspender alguna). La falta de simetría entre castigos y premios ha sido a veces señalada (Bayón, 1988, p. 362; Robles, 1984, p. 197) pero, según creo, no claramente explicada. La única explicación plausible que se me ocurre es que, normalmente, la sanción con la que el que emite una prescripción amenaza castigar su incumplimiento es entendida, al menos por el edictor, como un mal (o la privación de un bien) no deseable en ningún caso normal para el destinatario porque perjudica su situación actual, mientras que el premio con el que ofrece recompensar una acción es entendido, al menos por el edictor, como un bien (o la disminución de un mal) que normalmente el destinatario puede desear o no desear porque, aun sin obtenerlo, se mantendría en su situación actual. Si encontrásemos una familia en que los padres amenazan con «castigar» al hijo que no aprueba con no realizar un viaje sorpresa y otra en que los padres ofrecen «premiar» al hijo que aprueba con seguir alimentándole todos los días, concluiríamos que en la primera no es obligatorio aprobar (aunque no aprobar esté aparentemente castigado) y que en la segunda es obligatorio aprobar (aunque aparentemente solo está

braya la influencia de Bobbio y de Vilhelm Aubert en la vinculación de los premios con la función promocional del Derecho (Bobbio, 1980, capítulos XVII y XVIII).

premiado) pero supongo que concluiríamos, también, que los padres utilizan mal el lenguaje normativo en ambos casos y confunden los castigos con los premios y viceversa.[49] Juan A. Pérez Lledó ha realizado recientemente un interesante análisis conceptual de las sanciones positivas, distinguiendo entre premios puros, promesas-de-premio, incentivos-puros y facilitaciones; él sostiene que la simetría con las sanciones negativas solo se produce en uno de los cuatro tipos, el de las promesas-de-premio (*«que han de considerarse sanciones jurídicas positivas propiamente dichas»*) ya que solo las promesas-de-premio comparten con las sanciones negativas la doble función retributiva *ex post y* motivadora *ex ante,* mientras que el premio-puro tiene función retributiva pero no motivadora, el incentivo puro tiene función motivadora pero no retributiva y la facilitación no tiene ninguna de ambas (Pérez Lledó, 2000, pp. 677 y 683). Pérez Lledó concluye, por eso, que las promesas-de-premio son funcionalmente simétricas con las sanciones negativas pero su análisis deja sin responder la cuestión que he planteado: ¿por qué solemos entender que las sanciones negativas crean prohibiciones mientras que solemos entender que las promesas-de-premio no crean obligaciones? Si esta falta de simetría es, como parece, acertada la conclusión es que las sanciones negativas refuerzan inmediatamente las normas que imponen deberes mientras que las sanciones positivas refuerzan inmediatamente, en general, uno de los cuernos de las normas permisivas. Ello no significa, sin embargo, que las segundas (los premios) no puedan tener, en ciertos casos, una mayor eficacia motivadora que las primeras (los castigos).[50]

---

49 Frederick Schauer ha señalado que las prohibiciones con sanciones muy débiles pueden experimentarse por el destinatario como permisos, mientras que los permisos con premios muy fuertes pueden experimentarse como obligaciones: *«And just as sanctions may convert formal permissions into compulsions, so too may they convert formal obligations into options, obscuring the distinction between a price and a penalty»;* sin embargo advierte, a renglón seguido, que no es su intención *«to suggest identity between a price for doing what is allowed and a penalty for doing what is disallowed»* (Schauer, 1992, p. 9) y que, con seguridad, hay alguna diferencia (*«There are differences, to be sure»).* Mi intención es arrojar alguna claridad sobre en qué estriba plausiblemente esa diferencia.

50 Es cierto, no obstante, que las posibilidades de combinación son más complejas. Por ejemplo, a veces se premia el cumplimiento de obligaciones, como en el caso del preso que obtiene un redención de pena por no haber cometido ninguna infracción durante un cierto período de tiempo o los premios para combatir el absentismo laboral (Pérez Lledo, 2000, p. 677). En tal caso el premio trata de incentivar el cumplimiento de obligaciones y no podríamos decir que lo hace actuando sobre uno de los cuernos de un permiso; pero hay que observar también que, en tales casos, la privación del premio no sustituye a la sanción que corresponda a cada posible infracción sino que se suma a ella.

3.6. *LA OBEDIENCIA POR UTILIDAD: INSTANCIAS Y GARANTÍAS*

El motivo más primario para que un agente cualquiera siga normas heterónomas en su comportamiento es, sin embargo, una economía de elección. La existencia de normas en la moralidad positiva (por ejemplo, sobre la decencia en el vestir o en el hablar) y en las reglas del trato social (por ejemplo, sobre la forma de vestir, la forma de comer, la forma de saludar, etc.) cumple para el agente una función primaria que estriba en ahorrarle el esfuerzo de decidir, en cada caso, el comportamiento a seguir. Muchas de esas normas pueden resultar a un agente ridículas, irracionales, conservadoras e incluso poco meritorias moralmente (como ciertas formas de vestir o ciertos rituales funerarios) pero, no entrando en conflicto con los valores morales de uno mismo ni con intereses de mayor importancia, el agente cumple de forma casi mecánica todas esas normas. Y lo hace —podría él decir si se le requiriese una justificación— en su propio interés: el seguimiento de todas esas normas, incluso con el sacrificio ocasional de sus deseos inmediatos, le ahorra un sinnúmero de elecciones que, de otro modo, resultarían problemáticas y costosas. La misma función desempeñan una gran cantidad de normas jurídicas que nos ahorran los esfuerzos de la decisión o, en situaciones técnicamente más complejas, los costes de negociación. Del mismo modo que ocurre en el tráfico rodado, también en el tráfico mercantil hay multitud de normas jurídicas que se cumplen de forma mecánica, imitativa o ritual por el simple motivo de que cumplirlas resulta más útil que plantearse, en cada caso, el cálculo utilitario de si, para ese caso, resultaría más útil cumplir o incumplir la norma. Cualquier agente actúa normalmente con una actitud utilitarista-de-reglas en segundo grado, esto es: asumiendo, intuitivamente, que en la mayor parte de las situaciones cotidianas es útil seguir la regla vigente (es decir, suscribe la utilidad de una regla que ordena o aconseja seguir, en general, las reglas vigentes). En este aspecto se ha sostenido que las normas jurídicas —como todas las normas— cumplen, en primer lugar, una función de *instancia:* nos ofrecen pautas de conducta predeterminadas y nos ahorran decidir la conducta a seguir.

Hay, por tanto, un primer motivo para cumplir las normas jurídicas en una gran cantidad de ocasiones que es sencillamente un motivo de utilidad que el agente podría reconstruir justificativamente como una razón prudencial, *prima facie,* para comportarse de acuerdo con las normas jurídicas vigentes cuando estas no suscitan conflictos directos con sus criterios morales ni con sus intereses. Por qué esta función primaria ha sido objeto de muy poca o ninguna atención por los teóricos, los sociólogos y los psicólogos del Derecho es algo bastante sorprendente aunque quizás se deba al predominio, incluso tácito, del concepto más clásico del Derecho como ordenamiento sancionador. Parece claro, sin embargo, que en esta primera forma de motivación habría de incluirse lo que Geiger considera la costumbre de seguir las pautas establecidas por las normas jurídicas (costumbre que nada tiene de irracional) y una primera dimensión de las normas como incentivos, a la que aludía Kornhauser. Particularmente clarificador vino a ser, en este aspecto, el análisis de Frederick Schauer de lo que él denomina «simplificación decisional» *(decisional simplification,* Schauer, *1992, p. 124)* que constituye una de las «virtudes silenciosas» *(silent virtues,* ibidem, *p. 230)* de las normas.[51]

Más presente en los análisis suele aparecer el segundo motivo por el que, también de forma mecánica e irreflexiva pero en absoluto irracional, se cumplen de forma habitual una gran cantidad de normas jurídicas, igual que de normas sociales, esto es: para adaptarse a, o coordinarse con, el comportamiento ajeno. En términos normales y para normas generalmente eficaces, la norma ofrece al agente una útil información sobre la conducta previsible de los demás. Se ha dicho que la norma cumple, en este sentido, una función de *garantía.*

Las normas jurídicas ofrecen, junto a esta garantía genérica, una garantía específica respecto al comportamiento de las autoridades que administran el poder coercitivo. Cumplir las normas jurídicas implica, normalmente, disponer de la coerción favorable a los propios intereses en la eventualidad de un conflicto con otros y evitar el uso de la coerción en contra de los propios intereses, ya sea en forma de castigos o de cualquier otra medida ejecutiva. Así la función de garantía absorbe el motivo del «temor a la sanción» pero no en forma de un cálculo de utilidad caso por caso sino en forma de un motivo general de cumplimiento. Como indica Gerstein: «*No tienen que calcular en cada caso para decidir si obedecen o no el Derecho; han llegado a la conclusión de que en general sería lo mejor hacerlo*» (Gerstein, 1972, p. 42).[52]

---

51 *Vid. pp. 145-146 y,* particularmente, el Epílogo de la conocida obra de Schauer: «*In this respect, rules have silent virtues, for often we are able to do what we can precisely because rules free us from having to do anything else*» (ibidem, p. 230).

52 Gerstein entiende que en este nivel las normas jurídicas se seguirían solo como reglas de experiencia que conviene cumplir para evitar dificultades y que la idea de «obligación» no encontraría lugar (ibidem, pp. 43-44); defiende, como enseguida veremos, que la existencia del Derecho requiere otra motivación general de obediencia. Algo similar sostiene Joseph Raz cuando dice que «*uno puede tener una razón de prudencia para actuar en base a una política, consistente en obedecer siempre el derecho en vez de examinar en cada caso si este se encuentra regido por una razón de prudencia (primaria)*» (Raz, 1982, p. 301), aunque esta actitud prudencial no sustentaría lo que él entiende por obligación de obediencia. Frederick Schauer subraya el carácter racional de someterse a reglas: «*If I thus relinquish some of my ability to make choices I might otherwise have been able to make, I in so doing make a rational decision not to make decisions about every detail of every moment of my life*» (Schauer, 1992, p. 231, subrayado mío).

Instancia y garantía no son exactamente el anverso y el reverso de la información que la existencia de la norma nos ofrece, sino dos funciones independientes. Incluso para un agente que tiene tomada la decisión de una conducta en contra de las normas jurídicas, la existencia de estas y su eficacia general le sirven de garantía para planear su acción (su garantía estriba en que para los demás funcionan como instancia). El terrorista que se dispone a cometer un atentado sabe que, en términos normales, los conductores se detendrán ante un semáforo en rojo, ningún agente de policía le registrara arbitrariamente y nadie previsiblemente atentara contra su vida mientras él se dirige a atentar contra la de otros. Todo el que se salta un semáforo en ámbar lo hace porque sabe que, en general, los demás no arrancarán sus coches hasta que el semáforo cambie a verde. La función de garantía sigue manteniéndose aunque el agente prescinda de la función de instancia. Lo mismo ocurre en sentido inverso: en determinadas ocasiones el agente no tiene seguridad sobre la conducta que seguirán los demás (por ejemplo, sobre cómo irán vestidos a una fiesta o sobre si los demás cooperativistas cumplirán con el deber de aportar cierta cantidad de dinero en cierto plazo) pero, a pesar de ello, la norma le sirve como instancia para decidir su conducta sin tener que incurrir en un enojoso cálculo de probabilidades.[53]

Naturalmente, el incentivo de la información que las normas jurídicas nos ofrecen como motivo de la conformidad de nuestra conducta depende de la eficacia general del sistema jurídico y de la eficacia particular del sector de normas de que se trate. Nadie experimentaría el hecho de que exista una norma en el Código Penal que castiga el secuestro como garantía suficiente para deambular por una zona del país en manos de la guerrilla, como nadie experimentaría que la existencia de una señal que prohíbe aparcar es incentivo suficiente para no aparcar en un lugar lleno de vehículos aparcados y donde regularmente no se ejerce autoridad sancionadora alguna (en este sentido, Raz, 1982, pp. 306-307).

Cabe pensar en alguien que obedece siempre todas las normas jurídicas *solo* por motivos de utilidad (instancia y garantía), un agente para el que resulta útil, en función de sus propios intereses, el cumplimiento en términos generales de todas las normas jurídicas. La re-

53 La situación de dilema del prisionero representa un problema genuino en la toma de decisiones autointeresadas muy sofisticadas —como la del propio dilema— pero el conjunto de las convenciones en que se basa cualquier estructura social se apoya, inevitablemente, en que la mayor parte de la gente actúa en la mayor parte de las situaciones en forma cooperativa y dando por supuesto que los demás actúan en la misma forma y saben que él actuará en la misma forma. Solo la estructura cooperativa como estructura normal permite la existencia de gorrones. Si todo el mundo actuara como el gorrón la gorronería no existiría, pero tampoco existiría convención alguna ni, por ello, estructura social alguna.

construcción justificativa sería que tiene una razón prudencial para obedecer, en general, las normas jurídicas. Un ejemplo, extremo pero claro, sería el del comportamiento de un funcionario que, bajo apariencia diplomática, ejerce funciones secretas tendentes a derribar el régimen del país de destino, cuya legitimidad política, sistema jurídico y cultura detesta, pero el cual cumple puntillosamente la más mínima norma jurídica, incluso las más inocuas normas de aparcamiento, precisamente para mantener a medio plazo su intachabilidad, haciendo así posible su objetivo. No hay ningún motivo moral, sino meros motivos prudenciales, en la actitud de muchos turistas que, al visitar un país extranjero hacia cuyo sistema jurídico no sienten adhesión alguna, procuran cumplir cuidadosamente todas las normas para, simplemente, tener unas vacaciones tranquilas. Sería absurdo, sin embargo, pensar que hacen un cálculo caso a caso sobre la utilidad de cumplir o incumplir una cierta norma; una vez más su motivación tiene la forma de una regla general conforme a la cual es más útil para ellos cumplir que incumplir.

En todos los casos citados —en cuanto las normas jurídicas sirven de instancia, en cuanto sirven de garantía y en cuanto, por ello, y junto a otras reglas sociales, configuran el marco general de coordinación— la reconstrucción justificativa se expresaría en términos de razones prudenciales; la motivación obedece a la utilidad que el cumplimiento tiene para el propio interés del agente.[54] Pero hay todavía más motivos por los que se obedecen las leyes.

3.7. *La obediencia por respeto al orden jurídico*

Coinciden con frecuencia los sociólogos y los psicólogos sociales en que un motivo muy extendido de cumplimiento de las normas jurídicas es un respeto aprendido e internalizado por el orden jurídico que es producto del proceso de socialización, conclusión que es coherente con el enfoque tanto de la teoría del desarrollo cognitivo como con la del aprendizaje social (June L. Tapp y Felice J. Levine, 1972, p. 182; Joseph Adelson y Lynnette Beall, 1972, p. 153). Al fin y al cabo, el proceso de «socialización» es «*el proceso mediante el cual los miembros de una sociedad aprenden sus normas y adquieren sus hábitos, valores y pautas de comportamiento*» (Sheilah R. Koeppen, 1972, p. 161; subrayados míos).[55] Su reconstrucción justificativa no sería aquí aquella meramen-

---

54 Confluyen en este aspecto la idea de Weber del cumplimiento por conveniencia o utilidad (Weber [1922], 1984, pp. 254 y 699) así como la idea de Geiger de la adaptación en aras de la coordinación y la idea de Kornhauser del propio interés en contextos de coordinación.

55 El estudio de Koeppen —incluido en la excelente selección de Samuel Krislov y otros, de la que también forman parte los trabajos citados de Gerstein, TappLevine y Adelson-Beall (Krislov, 1972)— analiza las tres teorías psicológicas dominantes sobre el proceso de so-

te prudencial que he puesto antes con el ejemplo del diplomático sino la de quien suscribe alguna razón moral conforme a la cual, al menos *prima facie,* las normas jurídicas deben ser obedecidas por ser normas jurídicas. Esta razón podría ser que el Derecho deriva su fuerza de obligar de la voluntad de Dios, o que el Derecho en conjunto goza de autoridad legítima (por ejemplo, como expresión del espíritu del pueblo), o que expresa una moralidad mínima o, simplemente, que es necesario para la vida en sociedad Una característica de cualquier orden jurídico, en situaciones normales, es precisamente una pretensión de legitimidad que, internalizada por sus destinatarios, se traduce en una legitimación efectiva. El grado de internalización (o de aceptación de la pretensión de legitimidad) puede ser mayor o menor y, por ello, mayor o menor la legitimación efectiva de un sistema jurídico.[56]

Hay que señalar, sin embargo, que la existencia de sanciones coercitivas, típica del Derecho y que acabamos de comentar como posible motivación individual de la obediencia, puede ser asumida también como motivo del respeto por el Derecho. Este fue el punto de vista de Paul J. A. Feuerbach cuando sostuvo que la finalidad de la pena no era ni la retribución ni la resocialización del delincuente (la prevención especial) sino la disuasión del ciudadano normal o del delincuente potencial (la prevención general) y también el de Emile Durkheim para quien la función principal de la pena era evitar la desmoralización del ciudadano honesto haciéndole ver cómo el sistema reacciona frente al delito (Durkheim [1893], 1967, pp. 7677). En idéntico sentido Johannnes Andenaes atribuye al castigo, junto al efecto disuasorio, un efecto moralizador y un efecto de estimulación de la conducta habitual de cumplimiento del Derecho (Andeanes, 1974, p. 8).[57]

---

cialización (la teoría psicoanalítica, la teoría del aprendizaje y la teoría del desarrollo cognitivo) y las contrasta con las evidencias obtenidas por la investigación científico-política. Para el lector ajeno a tales disciplinas y teorías lo que claramente pone de relieve es la falta de consenso científico y la existencia de «evidencias empíricas» para todos los gustos. No me consta que, en el tiempo trascurrido desde su publicación, este incierto panorama haya cambiado sustancialmente.

56 La discusión «normativa» sobre el fundamento moral de la obediencia al Derecho es tan amplia como poco pacífica (básicamente, Norbert Hoerster, 1992 [capítulo octavo], Josep Raz, 1982 [capítulos XII y XIII], M. B E. Smith 1990 y Richard Wasserstrom, 1963; en España, Felipe González Vicén, 1979 [último capítulo] y Eusebio Fernández, 1987). Como conclusión más general podríamos decir, con Raz, que *«la teoría política liberal usualmente supone que una obligación de obedecer el derecho implica no más que una razón prima facie de obedecer»* (Raz, 1982, p. 291) o, con Hoerster, que *«el deber de obediencia al derecho, pues, como la mayoría de –aunque no todos– nuestros deberes morales, no es un deber absoluto, sino simplemente prima _facie».* Como enseguida veremos creo que este punto de vista es también el que asume con frecuencia la gente.

57 La conclusion de Durkheim fue que *«On peut donc dire sans paradoxe que le châtiment est surtout destine à agir sur les honnêtes gens»* (Durkheim [1893], 1967, *p. 77). Vid.* también en el mismo sentido Richard G. Salem y William J. Bowers, 1972, p. 330: *«In view of the largely*

Cabe asumir que es este el motivo más extendido de cumplimiento de las normas jurídicas en situaciones normales.[58] Harry W. Jones lo explica en estos términos:

> Los hombres adecúan su conducta al Derecho en parte por temor a las sanciones coercitivas del Derecho y en parte por sentimientos de obligación. El término «obligación», tal y como lo estoy usando, tiene un significado amplio e incluye no solo las decisiones éticas conscientes y meditadas de que la propia conducta en una cierta situación debería adecuarse a los requerimientos del Derecho sino también las elecciones no deliberadas de una conducta conforme con el Derecho que hace la gente sin tomar realmente en consideración las alternativas ilegales. *En cualquier sociedad en que el imperio de la Ley tenga una eficacia razonable, los sentimientos de respeto por el Derecho están tan profundamente arraigados que en la mayoría de los aspectos no se le ocurre a la mayoría de la gente actuar de otro modo del que prescriben las reglas del Derecho [...] los imperativos del orden jurídico incluyen para la mayoría de la comunidad una corrección al menos primafacie...* (Jones, 1969, pp. 76-77, subrayado mío).

Sin embargo, para la mayoría de la gente este motivo opera solo «*prima facie*», es decir: en la medida en que la norma jurídica no se opone abiertamente a sus intereses y/o a sus valores. «*No es realista pensar que una mayoría de la ciudadanía ha adoptado cada una de estas reglas* [las reglas jurídicas primarias o de conducta] *como una regla de vida. Pero es realista pensar en la adopción de una práctica que se define por una única regla: obedece el Derecho. Es una práctica que no se refiere a las reglas particulares del sistema sino al sistema en conjunto.*» (Gerstein,

---

negative findings in the area of deterrence [...] it would also seem advisable in future research to examine other possible functions of formal sanctions. These might include their role in stimulating and reinforcing the normative climate of the community – what we have here described as indirect deterrent effects – and their role as resources and signs of performance for those who impose them» (subrayado mío). A la misma conclusión llega Malcolm Feely utilizando la teoría de la elección racional: «*sanctions will not be designed primarily to "convince" or "oblige" the reluctant recipient of the legal benefits bestowed upon him. Nor will they be designed primarily to protect society from those few irrational, anomic individuals [...] its main function is more general. It is to help compel rational, maximizing individuals who want and enjoy the benefits of the law to contribute to the costs of providing those benefits by obeying the law. A primary function of these coercive sanctions then is directed not at the irrational, but the rational; not at the deviant, but the normal; not at the dissenter, but the proponent*» (Feely, 1972, p. 62).

58 Por otra parte, solo en un contexto de extendida creencia en el deber de respetar el orden jurídico la aplicación de las sanciones puede tener, con carácter general, el efecto colateral de estigmatizar. *Vid.* Friedman, 1987, pp. 103-104.

1972, p. 47). Esto significa que la motivación a la obediencia al orden jurídico en conjunto entra en conflicto a veces con los intereses y a veces con los valores del agente que actúa bajo tal motivación general y ambos conflictos de motivación merecen alguna atención.

Cuando una norma se opone abiertamente a los intereses relevantes de un agente que suscribe como norma moral que hay que obedecer las leyes, este tendría que elegir entre seguir su norma moral que le obliga a obedecer las normas jurídicas o no seguirla y padecer un conflicto moral. La situación habitual no es ni remotamente tan trágica porque la estructura de la norma moral suele ser mucho más sutil. Con la mayor frecuencia lo que el ciudadano socializado sostiene es que las normas jurídicas deben ser obedecidas en principio, pero que ni *todas* las normas jurídicas ni *siempre* las normas jurídicas merecen esa obediencia. Como ha señalado Andenaes, *«el respeto por el Derecho formal, con independencia de las sanciones, no tiene una fuerza motivadora firme para la mayoría de la gente y es fácilmente desplazado cuando entra en conflicto con el auto-interés»* (Andenaes, 1974, p. 125).

Parafraseando a Kohlberg podría decirse que el ciudadano «como filósofo moral»[59] es bastante poco ingenuo o bastante buen filósofo y se sirve habitualmente, aun sin conocerlas, de las categorías de *«leges mere poenales» y «leges iniustae»*. Las primeras fueron definidas por la doctrina escolástica como las que obligan solo *ad poenam* pero no *ad culpam*,[60] es decir: no imponen una obligación en conciencia (o moral) de seguir la conducta contraria a la que es condición de la pena pero sí obligan a aceptar la pena, caso de que llegue a imponerse. Es una actitud normal y extendida la que hace compatible un respeto genérico por el orden jurídico («obedece el Derecho») con una consideración de muchas de las normas jurídicas como normas meramente penales, es decir que no requieren un respeto serio e incondicionado y que pueden incumplirse por motivos de simple interés asumiendo (y acatando) el riesgo de sufrir la sanción. Ya vimos que Kornhauser consideraba razonable suponer que el autointerés era una motivación más operativa en el Derecho mercantil que en el Derecho de familia; lo que ha de añadirse es que para un mismo agente es frecuente en-

---

59 Me refiero al título que Lawrence Kohlberg puso a un trabajo que antes he citado: **«El niño como filósofo moral»** (Kohlberg, 1979).

60 No era pacífica la cuestión en la escolástica. Suárez indica que la existencia de leyes meramente penales era negada por muchos autores como Silvestre y Armilla que invocaban en su favor a Tomás de Aquino, Domingo de Soto y Belarmino. Suárez defiende, tras una discusión detallada, su existencia: *«Lex autem pure poenalis dicitur, quae solum habet unum praceptum quasi hypotheticum sustinendi tale poenam, vel incommodum, si hoc, vel illud fiat, etiamsi de actu substrato tali conditioni praeceptum non imponatur [...] hoc satis esse, ut sit vera lex, etiamsi ad conditionem sub qua poenam comminatur, in conscientia non obliget, respectu cuius conditionis dicitur pure poenalis, licet respectu ipsius poenae efficaciam habeat obligandi modo predicti»* (Suárez [1612], 1968, Libro V, capítulo IV, 468, 2 y 472, 1).

contrar que en su conjunto subjetivo de motivaciones se asume como una regla moral un deber genérico de respeto al orden jurídico y, al mismo tiempo, se asume que una cierta cantidad de normas jurídicas no imponen deberes propiamente dichos sino solo *ad poenam;* aquella regla moral es solo una regla débil que el agente reconstruiría en los siguientes términos: por supuesto, el Derecho debe ser obedecido, en principio, pero hay muchas reglas jurídicas que solo tienen un alcance instrumental y que puedo incumplir cuando sea mejor para mis intereses legítimos al precio de sufrir la sanción si es que me pillan.[61]

3.8. El conflicto subjetivo entre Derecho y moral

Si el ciudadano usa con frecuencia, aun sin conocerla, la noción de leyes meramente penales todavía más frecuente es que se sirva, del mismo modo, de la noción de ley injusta. Las relaciones entre Derecho y moral son uno de los tópicos principales en la filosofía del Derecho y, como tal, «*objeto de una verdadera avalancha de publicaciones*» (Kuhlen, 1985, p. 175). Estas relaciones son consideradas normalmente desde el punto de vista de la diferente caracterización de las normas jurídicas y las normas morales y de la conexión conceptual(necesaria o contingente) entre Derecho y moral. Mucho menos frecuente es analizar su respectiva función motivadora en el comportamiento de sus destinatarios. Constituye, sin embargo, un aspecto específico particularmente interesante del cumplimiento de las normas jurídicas el del posible

61 Puesto que tanto la literatura filosófico moral como la psicológico-social se nutren con frecuencia de ejemplos, presentaré solo uno que es bien común en la experiencia de cualquier jurista práctico. Cuando ejercía como abogado tuve como cliente a una empresa de publicidad cuyo propietario era un militar retirado. El propietario era un hombre de orden y tenía, además, una adhesión sin condiciones al sistema jurídico-político entonces vigente en España; ello no obstante, su empresa aplicaba regularmente la estrategia de contratar publicidad en vallas en la vía pública e instalar las vallas en zonas nuevas (carreteras, urbanizaciones, etc.) sin solicitar la preceptiva licencia municipal y pagar el correspondiente impuesto. La orden de retirar la valla, la multa y la liquidación del impuesto llegaban unos seis meses después y entonces iniciábamos en su representación los oportunos recursos que demoraban la ejecución de las decisiones administrativas otros dos o tres años; finalmente se retiraba la publicidad, se pagaba la multa y se pagaba el impuesto, todo ello con sus recargos y costas; naturalmente el coste final era mínimo comparado con los ingresos que la valla había proporcionado. Desde luego mi cliente nunca hubiera aceptado que él no respetaba el orden jurídico en general y que no consideraba que existía una obligación genuina de obedecer las leyes; simplemente estas normas eran meramente penales y la utilidad de su incumplimiento se debía principalmente —pensaba él— a la desidia municipal. Este tipo de infracción y, en su caso, de delito es el que William J. Chambliss denomina «desviación instrumental» y frente al cual el castigo tiene más capacidad disuasoria que frente a la «desviación expresiva» en la que la acción infractora (el asesinato, la drogadicción) se comete porque es agradable por sí misma y no porque sea un medio para alcanzar otro objetivo (*supra,* nota 44; *vid.* Chambliss, 1969, p. 281 y Friedman, 1987, pp. 87-88).

conflicto entre la norma jurídica y los principios, valores o normas morales que acepta el sujeto destinatario de aquélla. Asumiendo la caracterización de las razones morales en los términos que, siguiendo a Bayón, he indicado antes se deriva como conclusión necesaria, por definición, que en el razonamiento justificativo del agente las razones morales tendrán siempre un carácter superior y, por lo tanto, en caso de conflicto con normas jurídicas el agente «debe» comportarse conforme a su convicción moral. Naturalmente, podrá no ocurrir así de hecho porque en el conjunto de motivaciones del agente opere con una mayor fuerza una tendencia instrumental egoísta (por ejemplo, al ejecutar un crédito contra un deudor que le consta se encuentra temporalmente en una situación difícil sin culpa por su parte) o el temor a la sanción jurídica o cualquier otro motivo instrumental o prudencial. Si ello es así, el agente reconocerá (al menos, ante sí mismo) que se ha comportado mal, que ha actuado por una razón injustificada y que su voluntad ha sido moralmente débil; pero el agente no podrá negar que, por definición, debió hacer lo que su criterio moral le señalaba.

Cabe pensar —y los filósofos lo han hecho— en dos tipos posibles de agente cuyo conjunto subjetivo de motivaciones hiciese imposible el conflicto entre Derecho y moral. El primero sería el de quien suscribe un código moral extenso y detallado. Por definición, solo se siente moralmente obligado a cumplir una norma jurídica en cuanto coincide con alguna de sus normas morales. Las normas jurídicas son obligatorias para él si y solo si coinciden con sus normas morales. El Derecho es para él, en consecuencia, superfluo. Un conflicto genuino entre moral y Derecho no se le presenta nunca. Su conducta puede ser más o menos coincidente pero nunca es una obediencia al Derecho en cuanto Derecho. El segundo sería el de quien considera que no hay posibilidad alguna de establecer un código moral al margen del Derecho. Citando quizá a Sócrates o a Hobbes, sostiene que la moralidad solo existe a partir del Derecho y dentro del Derecho y, en consecuencia, que el Derecho siempre debe ser obedecido. Un conflicto genuino entre Derecho y moral tampoco se le presenta nunca.

No he encontrado nunca una persona real que pueda responder a ninguno de ambos tipos, y tampoco responden a ellos los paradigmas del iusnaturalismo ontológico y del positivismo ideológico.[62] Lo normal, por el contrario, es suscribir algún tipo de moral en que existe el

---

62 Para el iusnaturalismo ontológico porque el Derecho positivo tiene una gran autonomía en la «determinación» de la Ley natural para ordenar la sociedad humana. Para el positivismo ideológico —si se refiere a Hobbes— porque Hobbes consideraba que la ley humana no puede ser llamada injusta pero si inicua; si se refiere al supuesto modelo nacionalsocialista porque se suele olvidar que los nazis consideraron legítimo incumplir multitud de normas positivas; para empezar, algunas normas básicas electorales y todas las del Derecho Internacional.

deber de respeto por el orden jurídico («obedece el Derecho») y algún tipo de restricción moral (salvo que se trate de una ley gravemente injusta). La reconstrucción justificativa sería, por supuesto, que el Derecho es *prima facie* acreedor de obediencia moral pero que puede haber conflictos entre algunas normas jurídicas y algunas normas morales.

Theodor Geiger ofreció unos sencillos esquemas de las relaciones posibles, bajo este punto de vista, entre normas jurídicas y normas morales, así como de los comportamientos posibles que un agente puede seguir ante ellas; creo que el doble esquema de Geiger (Geiger, 1983, pp. 295-296) puede presentarse gráficamente así.[63]

Conducta regulada	*Comportamiento del sujeto*
1. Contenido de una obligación moral y sin relevancia jurídica	
2. Contenido de una obligación moral y de una obligación jurídica	a) Con corrección jurídica y en consonancia con su moral o Contra el derecho y contra su moral e) Contra el Derecho y contra su moral
3. Contenido de una obligación jurídica b) Con corrección jurídica sin y sin relevancia moral	b) en corrección jurídica sin relación con su moral, o f) Contra el derecho sin relación con su moral
4. Contenido de una obligación jurídica y contraria a una obligación moral	c) Con corrección jurídica en contra de su moral, o d) Con corrección moral en contra del Derecho

Es fácil observar que el conflicto solo se produce en el supuesto 4 y solo da lugar a dos posibilidades, obrar de acuerdo con el Derecho en contra de la propia convicción moral u obrar de acuerdo con esta en contra del Derecho. Como acabo de indicar, es necesario, por definición, que el agente «debe» obrar de acuerdo con su convicción moral en contra del Derecho, aunque pueda ocurrir que no lo haga. Me pa-

63 En la presentación gráfica reordeno los seis tipos de comportamiento que enuncia Geiger, aunque manteniendo la letra que él les asigna ordinalmente, para ponerlos en relación con la conducta regulada con la que se corresponden. Geiger no alude a comportamientos en el primer apartado (supongo que porque solo se ocupa de comportamientos jurídicamente relevantes): es obvio que en ese primer apartado cabría situar un comportamiento en consonancia con su moral sin relevancia jurídica o contra su moral sin relevancia jurídica.

rece, no obstante la claridad de esta presentación y la claridad de la conclusión, que el análisis puede enriquecerse si tomamos en cuenta que las normas deónticas, tanto jurídicas como morales, pueden ser, por su carácter, obligaciones, prohibiciones o permisos, lo que permitirá poner de relieve algunas situaciones más específicas pero muy frecuentes:

Moral *Derecho*	*Obligatorio*	*Prohíbido*	*Permitido*
Obligatorio	1 OD y OM	2 OD y PrM	3 OD y PeM
Prohibido	4 PrD y OM	5 PrD y PrM	6 PrD y PeM
Permitido	7 PeD y OM	8 PeD y PrM	9 PeD y PeM

Algunos sencillos ejemplos pueden ilustrar la presentación: 1) el deber de asistencia es un ejemplo plausible de obligación jurídica y obligación moral; 2) para un testigo de Yaveh la prestación del servicio militar, allí donde es jurídicamente obligatoria, es un ejemplo de obligación jurídica y prohibición moral; 3) la prestación social sustitutoria del servicio militar es, en el mismo caso, un ejemplo de obligación jurídica moralmente permitida; 4) la obligación de enterrar a Polínice era, para Medea, una obligación moral jurídicamente prohibida; 5) la prohibición de matar es un ejemplo plausible de prohibición jurídica y prohibición moral; 6) para un musulman español, la poligamia estaría jurídicamente prohibida y moralmente permitida; 7) para un clérigo católico la castidad está jurídicamente permitida y es moralmente obligatoria; 8) las relaciones sexuales libres entre adultos, por el contrario, estarían, para él mismo, jurídicamente permitidas pero moralmente prohibidas; y 9) contraer matrimonio es algo que, generalmente, está jurídica y moralmente permitido.

Formalmente solo se plantea un conflicto en sentido estricto en los supuestos 2 y 4, es decir: cuando un orden normativo prohíbe y el otro obliga a hacer algo. En todos los demás casos, o bien coinciden (1, 5 y 9) o bien lo que uno obliga o prohíbe el otro lo permite (3, 6, 7 y 8) de modo que el agente puede cumplir la norma de obligación de un orden sin incumplir la norma permisiva del otro. Cuando coinciden es evidente que, desde el punto de vista de su capacidad motivadora, se refuerzan.

Creo que lo que de este sencillo análisis se deriva es que los conflictos subjetivos genuinos entre Derecho y moral son, en situaciones normales,[64] pocos, aun cuando puedan ser muy relevantes para el agente. Es precisamente en estos supuestos en los que la presión coercitiva puede operar en sentido contrario a su propósito, como ponen de relieve el caso ya citado de la criminalización de la quema de cartillas de reclutamiento durante la Guerra de Vietnam (Friedman, 1987, p. 72) y, en España, probablemente, el caso de la penalización de la insumisión.

Creo que podría establecerse como conclusión muy probable que mientras en los casos de conflicto entre el respeto por el Derecho y el autointerés, la sanción jurídica (en condiciones adecuadas de severidad, certeza y celeridad) tiene una eficaz fuerza disuasoria, en los casos de conflicto entre el respeto por el Derecho y la propia convicción moral, la sanción jurídica tiene muy poca fuerza disuasoria y puede provocar el aumento de la conducta antijurídica.

3.9. La obediencia por respeto a la autoridad legítima

Hay que dedicar una consideración particular a una variable de la obediencia por respeto al orden jurídico que sería la que cualifica el orden jurídico en función de su legitimidad.[65] Weber señaló que *«la circunstancia de que, al lado de los otros motivos, por lo menos para una parte de los actores aparezca ese orden como obligatorio o como modelo, o sea, como algo que debe ser, acrecienta la probabilidad de que la acción se oriente por él y eso en un grado considerable»* (Weber 1984, p. 25).

Un esquema de interpretación como este se ajusta al sentido común y encuentra una cierta confirmación empírica: cuanto mayor sea la legitimidad percibida (la legitimación) de un sistema jurídico, mayor será la obediencia efectiva a sus normas por respeto al orden jurídico (Podgórecki, 1974, pp. 256-257). La razón es que, como señala Raz, *«resulta obvio que uno tiene más frecuentemente razones morales independientes para conformarse a las disposiciones jurídicas de un sistema jurídico bueno que a aquellas de un sistema jurídico malo»* (Raz, 1982, p. 303). El

---

64 Obvio es decir que pueden aumentar en situaciones jurídicamente patológicas, como las de sometimiento al Derecho extranjero (situaciones coloniales, como la de Guinea Ecuatorial bajo dominación española), las de ordenamientos jurídicos con abundantes normas excepcionales (situaciones dictatoriales como la del Tercer Reich) y las de ordenamientos jurídicos con muy bajo grado de legitimación (situaciones de grave ruptura social como la de ciertos países subdesarrollados). Cuando los conflictos subjetivos entre Derecho y moral se hacen más generales, en estas situaciones, el Derecho disminuye notoriamente su eficacia y se originan procesos amplios y estables de rebeldía o lo que Gusfield llama «desviación enemiga» (Gusfield, 1969 y Friedman, 1987, pp. 128-129).

65 Aunque no hay suficiente consenso sobre el uso de estos términos, utilizaré «legitimación» en sentido descriptivo, es decir: como constatación de la presencia social de una creencia en la legitimidad del sistema (*vid.* Ernesto Garzon Valdés, 1987, p. 8 y Elías Díaz, 1998,. p. 29) y «legitimidad» en sentido normativo, es decir: como aceptación moral de los fundamentos de un sistema jurídico.

respeto al orden jurídico como motivo de obediencia estaría, por hipótesis, en función de su legitimación. Desde luego —aparte del sentido común— la investigación psicológico social parece confirmar la hipótesis. En la página 97 esquematicé los estadios de Kohlberg mostrando que en los estadios 3, 4 y 5 se pasa gradualmente desde un respeto al orden jurídico como parte del orden social, cuyo cumplimiento general permite obtener la aprobación de los mayores, hacia un respeto más específico por la autoridad hasta alcanzar, después, la percepción de que el Derecho merece obediencia porque es el resultado de un pacto social recíproco. En la fase intermedia *«los adolescentes jóvenes imaginan rara vez por sí mismos —es decir, sin que la pregunta de la entrevista lo sugiera— que una ley es absurda, errónea o injusta. Suponen que la autoridad es omnisciente y benigna y por tanto que la ley se decreta con razones buenas y suficientes»* (Joseph Adelson, Bernard Green y Robert O'Neil, 1979, p. 323); en la fase siguiente *«la confianza, la imparcialidad, la credibilidad y la pertenencia, a diferencia del poder punitivo, son aspectos importantes para aceptar la legitimidad del sistema de autoridad... Tales características influyen en la probabilidad de obediencia y pueden ser incluso más cruciales que las características del poder para conseguir el cumplimiento»* (Tapp y Levine, 1972, p. 196; en el mismo sentido Adelson y Beall, 1972, p. 153)

Sospecho, sin embargo, que esta tesis es demasiado tosca y requiere multitud de matices. Con toda probabilidad la tesis es cierta por cuanto se refiere a las normas fundamentales del sistema (a sus normas políticas superiores o constitución) y al respeto por las autoridades políticas pero es más que dudoso que la tesis pueda extenderse a la obediencia a las normas jurídicas en general. Si fuera así, debería ser perceptible que los índices de delincuencia, de morosidad en el pago de las deudas, de incumplimiento de las obligaciones parentales, de incumplimiento de las obligaciones fiscales, de incumplimiento de las normas de tráfico, etc., son notoriamente más bajos en sistemas que gozan de mayor legitimación y notoriamente más altos en el caso contrario.

Un ejemplo cercano lo tendríamos en España. Si tomáramos como referencia los últimos quince años de la dictadura del general Franco, período en que el régimen estaba perdiendo notoriamente su legitimación (la que ante cierto sector de la población había tenido) y lo comparásemos con el período constitucional transcurrido desde 1978 (en el que parece demostrado que la legitimación ha sido muy alta) deberíamos obtener la evidencia, de acuerdo con la hipótesis, de que las normas jurídicas han sido, en términos generales, mucho más regularmente cumplidas en el segundo período que en el primero. No he encontrado ningún estudio empírico que aborde específicamente esta cuestión pero la hipótesis no parece estar demostrada aunque tan solo sea desde la observación cotidiana. Ernesto Garzón realizó un estudio sobre la relación entre legitimidad y estabilidad política tomando como ejemplo diversos países sudamericanos y llegó a la conclusión de que la legitimidad no es condición necesaria ni suficiente de la estabilidad (Garzón, 1987, pp. 54 y 66): lo que él denomina sistemas 101 (sistemas sin legitimidad con estabilidad) y sistemas 110 (sistemas con legitimidad sin estabilidad) prueban la conclusión. Puesto que Garzón se refiere a la relación legitimidad-estabilidad, relación que equipara a la relación Derecho justo-Derecho positivo eficaz (ibidem, p. 5), resulta difícil extrapolarla a una relación legitimación-cumplimiento,[66] ya que en aquélla la primera variable es normativa y la segunda descriptiva mientras que en esta las dos variables son descriptivas. Sin embargo, creo que la conclusión podría ser parecida: la legitimación no parece ser, por sí misma, condición necesaria ni suficiente del cumplimiento.[67]

La cuestión se plantea, por tanto, de forma paradójica: una opinión común entre los teóricos sociales y las evidencias de la psicología evolutiva abonan la idea de que la legitimación es muy relevante para la obediencia, lo que parece a su vez de sentido común; la experiencia cotidiana para quienes hemos sido testigos de un cambio profundo y significativo de legitimación política no parece confirmar la hipótesis. Hay que suponer, una vez más, que la paradoja solo puede resolverse renunciando a la generalización y tomando en cuenta el tipo de legitimación y el tipo de contexto de que se trate. En sociedades que han alcanzado un nivel alto de integración bajo un modelo de legitimación racional, en el sentido de Weber, lo que ocurre es que *«el grupo social toma la legalidad como legitimidad»* (Elías Díaz, 1984, p. 48) concediendo un alto grado de legitimación a la legislación formal, de tal modo que las modificaciones en el sistema de legitimidad política influyen menos directamente en la legitimación del sistema legal y en la motivación de la obediencia, mientras que en sociedades donde la dominación racional es menos efectiva y lo es más la legitimidad

66 El que Garzón utilice la relación legitimidad-estabilidad, entendiendo la primera variable como normativa y la segunda como descriptiva, distorsiona bastante sus conclusiones. Esta distorsión se pone de manifiesto cuando analiza el período colonial como ejemplo de sistema 101 (sin legitimidad con estabilidad), sistema que se origina en el siglo XVI y mantiene su estabilidad durante tres siglos; me parece que utilizar como variable el criterio de legitimidad de la Declaración Universal de Derechos Humanos (ibidem, p. 45) solo podría ser relevante para emitirun juicio moral retrospectivo sobre aquel sistema pero en absoluto para relacionar un criterio de legitimidad virtualmente desconocido en el siglo XVI con la estabilidad de aquel sistema, obviamente fundado en criterios de legitimidad —y expectativas de legitimación, más o menos alcanzadas— distintos.

67 Cristina Redondo y Pablo E. Navarro sostienen también que *«La legitimación de un sistema jurídico, entendida como aceptación de sus contenidos normativos, no es condición suficiente ni necesaria de su efectividad»* (Redondo y Navarro, 1991, p. 232).

tradicional o la carismática, la motivación para obedecer las leyes formales es más débil y las modificaciones en el sistema de legitimidad política son susceptibles de tener mayor capacidad motivadora, aunque solo en la medida en que promueven o refuerzan la legitimidad legal-racional. La conclusión sería que no es tanto le efectividad social de cualquier criterio de legitimidad la que motiva el cumplimiento de las normas jurídicas, sino la efectividad social de un criterio de legitimidad legal-racional (en el sentido de Weber).[68] Solo ello explica que en muchos países con un alto grado de legitimación política de signo diverso, como la legitimidad democrática en México o la legitimidad tradicional en ciertos países árabes, se mantengan como prácticas habituales el cohecho de los funcionarios o la evasión fiscal, mientras que en países con bajo grado de legitimación política del gobierno, como el último período del franquismo o la provincia de Quebec, esos fenómenos tengan mucha menor presencia en favor del cumplimiento de habitual de las normas jurídicas.[69]

3.10. La obediencia por adhesión

El último de los motivos de obediencia que he distinguido sería el de la obediencia por adhesión, entendida como adhesión a la norma jurídica, es decir: internalización de su contenido. El agente obedece la norma, en este supuesto, porque la hace suya. Conforme al análisis que vengo realizando, cuando esta internalización se produce nos encontraríamos ante un supuesto de mera coincidencia, ya que el agente obedecería la norma por su propia adhesión moral y no por la circunstancia de que fuese una norma jurídica. El hecho de que, por ejemplo, sea el legislador el que mediante su acción legislativa me convence de que fumar es una acción indebida, porque me daña a mí mismo y daña a los demás, sería relevante solo en el contexto de mi descubrimiento de la norma, pero no en el contexto de mi motivación y de mi justificación si mi decisión de no fumar (y cumplir así la nor-

---

68 Cabría interpretar en este mismo sentido la opinión de Emile Durkheim: «*Se ha dicho ocasionalmente que el respeto de las leyes, en una democracia, se debía a que la ley expresaba la voluntad de los ciudadanos. Debemos someternos a ella porque la hemos querido [...] No es porque la hemos hecho, porque ha sido querida por tantos votos por lo que nosotros nos sometemos a ella; es porque es buena, es decir, de acuerdo con la naturaleza de los hechos, porque es todo lo que debe ser, porque tenemos confianza en ella [...] El respeto de la ley depende de lo que valen los legisladores y de lo que vale el sistema político*» (Durkheim, 1966, pp. 103-104). El criterio de legitimidad (democrática, en este argumento) no influye inmediatamente, por así decirlo, en la obediencia, sino solo en la medida en que consiga generar un mayor respeto por el valor del sistema, el valor de los legisladores y el valor de las leyes.

69 Quedan fuera de esta perspectiva los casos donde no existe ni legitimación política suficiente ni dominación legal-racional suficiente, como en gran parte de Colombia, donde el sistema jurídico es, consecuentemente, muy poco eficaz (o dudosamente existente).

ma jurídica que, hipotéticamente, lo prohibiese) depende solo de que yo acepto internamente ese contenido normativo; lo mismo, al fin y al cabo, haría si el descubrimiento se produce no por obra de la decisión del legislador sino por el consejo de un amigo médico o de una asociación antitabaco.

Hay, sin embargo, dos circunstancias que, en este supuesto, requieren algún análisis ulterior. La primera es si la acción del legislador incorpora alguna capacidad de motivación sobre las convicciones morales de la gente mayor que los consejos del amigo médico o las campañas de las asociaciones. La segunda es, en sentido inverso, si este tipo de adhesión de los ciudadanos o de un cierto número de ellos a las normas jurídicas o a un cierto número de ellas es requisito para la existencia de un sistema jurídico.

La primera cuestión tiene que ver con lo que Carlos S. Nino ha denominado la *«paradoja de la superfluidad del Derecho»* y que enuncia así:

> Si para que una norma jurídica justifique una acción o decisión debemos inevitablemente mostrar que emana de principios morales que se asumen como válidos ¿por qué no buscar la justificación de esa acción o decisión directamente en esos mismos principios?... Si las leyes coinciden con tales principios son redundantes, y si no coinciden no se les debe prestar atención (Nino, 1994, p. 131).

Es claro que Nino se está refiriendo al contexto de la justificación pero la paradoja sería extensible, creo, a la motivación en los supuestos que ahora estamos tratando, es decir: en los supuestos en que la motivación es la adhesión interna o moral y en los que, por tanto, la motivación es la creencia específica en la justificación de la norma. Nino rechaza que la paradoja pueda solucionarse tanto apelando a la tesis tomista de que el Derecho positivo tiene un dimensión de especificación del Derecho natural como apelando a la tesis de que las leyes positivas se justifican procesalmente aunque él mismo propone finalmente una concepción del valor epistémico del procedimiento democrático como solución de la paradoja: el procedimiento democrático es el procedimiento que optimiza la probabilidad de descubrir cuál es le regla moralmente correcta y, por ello, se convierte en una razón para obedecer las normas jurídicas democráticas incluso cuando individualmente uno no está de acuerdo con ellas (con su corrección moral) pues la obediencia es la condición que se requiere para no romper el procedimiento que, en general, sigue siendo más fiable (ibidem, *pp. 131-132 y 188-189).* No me interesa discutir ahora el fundamento moral de la democracia que Nino suscribe, y yo también, y su valor epistémico (lo que me parece más discutible) sino señalar que, al margen de esta discusión de evidente carácter normativo, lo que no se puede dejar de reconocer es que mucha gente utiliza, aunque sea implícitamente, un esquema similar de justificación de su adhesión moral a las normas en virtud de algún «sello» de autoridad; por ejemplo, el católico que considera que un cierto método de contracepción es inmoral mientras la jerarquía eclesiástica lo tenga declarado inmoral y que es moral desde el momento en que la jerarquía lo declara moralmente aceptable; en definitiva el católico hace también una opción epistémica conforme a la cual es mucho más probable que la jerarquía eclesiástica acierte en cuestiones morales a que lo haga él y, cuando entiende que la jerarquía se ha equivocado, sigue considerando que debe moralmente obedecerla pues, en otro caso, estaría *«socavando el proceso colectivo y contradiciendo el presupuesto de que este es, en general, más fiable»* (ibidem, *p. 187);* sustituyamos «el proceso colectivo» por «la decisión jerárquica» y entenderemos que el argumento del católico es paralelo al argumento de Nino, lo que obviamente no quiere decir que son las mismas ni que son del mismo valor las razones para seguir el proceso democrático que para obedecer a las jerarquías eclesiásticas.

Lo que sí pretendo poner de relieve es que el «respeto al orden jurídico», reforzado en su caso por el «respeto a la autoridad legítima», se convierten para mucha gente en un motivo de adhesión moral a las normas jurídicas en la medida en que atribuyen a la autoridad legal una fiabilidad moral superior a la de su criterio particular[70] por lo que, incluso en los casos en que creen que aquélla se equivoca, pueden tener un motivo moral para no socavar su autoridad mediante la desobediencia. Lo que ello supone es que en tales casos no se produce una mera correspondencia por coincidencia sino una correspondencia por cumplimiento, ya que la aprobación de la norma jurídica, su existencia como legalidad formal, es el motivo que provoca la adhesión. Muchos ciudadanos consideran que consumir tabaco no es inmoral porque su producción y tráfico no está legalmente prohibido (por ahora) y que consumir marihuana o hachís es inmoral porque su producción y tráfico está jurídicamente prohibido (por ahora).

El segundo aspecto de la cuestión ha sido mucho más debatido en la reciente teoría del Derecho desde que Hart sugirió que la adhesión de los ciudadanos a las normas jurídicas primarias o de conducta no era una condición de la existencia de un sistema jurídico mientras que la adhesión de los funcionarios a las normas jurídicas secundarias (en

70 En el mismo sentido Frederick Schauer: *Even the agent willing to take seriously a certain range of decisions [...] may have prudential epistemic reasons for doubting her own decision-making capacities compared to those of the rule-maker [...] and once again the consequence would be that the rule provided a reason for action by virtue of the decision-maker's distrust of her own capacities with respect to some family of decisions»* (Schauer, 1992, pp. 124-125).

particular, a la regla de reconocimiento) sí era una condición de tal existencia; de los ciudadanos lo único que se requiere es la obediencia general de las normas de conducta pero si el motivo es el temor, la rutina, la comodidad o la adhesión es indiferente a estos efectos. Creo que conviene reproducir lo que Hart exactamente dijo en un texto de los más citados y discutidos:

> Hay, pues, dos condiciones necesarias y suficientes mínimas para la existencia de un sistema jurídico. Por un lado, las reglas de conducta válidas según el criterio de validez último del sistema *tienen que ser generalmente obedecidas,* y, por otra parte, sus reglas de reconocimiento que especifican los criterios de validez jurídica, y sus reglas de cambio y adjudicación, *tienen que ser efectivamente aceptadas por sus funcionarios* como pautas o modelos públicos y comunes de conducta oficial. La primera condición es la única que necesitan satisfacer los ciudadanos particulares: ellos pueden obedecer cada uno «por su cuenta» *y por cualquier motivo; si bien en una sociedad saludable las más de las veces aceptarán realmente estas reglas como pautas o criterios comunes de conducta, y reconocerán la obligación de obedecerlas, o incluso harán remontar esta obligación a una obligación más general de respetar la constitución.* La segunda condición tiene que se satisfecha por los funcionarios del sistema. Ellos tienen que ver en las reglas pautas o criterios comunes de conducta oficial, y apreciar críticamente como fallas las desviaciones propias o ajenas... La afirmación de que un sistema jurídico existe es, por lo tanto, un enunciado bifronte, una de cuyas caras mira a la obediencia por parte de los ciudadanos ordinarios, y la otra a la aceptación de reglas secundarias como pautas o criterios comunes de conducta oficial, por parte de los funcionarios» (Hart, 1977, p.145, subrayados míos salvo el de «necesitan»).

Cito este largo pasaje de Hart porque resume, a mi entender, una de sus tesis centrales y que más discusión ha generado recientemente. Como suele ocurrir que, con frecuencia, las discusiones académicas se establecen en torno a las proposiciones más dudosas o aventuradas no es de extrañar que la mayor parte de la discusión sobre esta tesis de Hart haya prescindido de sus aspectos más claros y centrales y se haya concentrado en los más oscuros y periféricos: así, al mismo tiempo que se destaca que la aceptación de las normas primarias por parte de los ciudadanos no es necesaria, se discute si la aceptación de las normas secundarias por los funcionarios es o no es una actitud moral. Sin embargo, lo que me interesa ahora destacar es la parte clara y central de la tesis, que entiendo es esta: 1) en una sociedad normal («saludable», dice Hart) los ciudadanos obedecen las normas jurídicas porque las aceptan como pautas de conducta (asumen el punto de vista interno), 2) las aceptan porque aceptan una regla de reconocimiento que establece la obligación de obedecer a las normas jurídicas, y 3) esa regla de reconocimiento normalmente establece la obligación de obedecer la constitución como fuente «legítima» de creación de normas válidas y obligatorias. Es decir: en una sociedad normal los ciudadanos en conjunto se comportan como los funcionarios en conjunto.[71]

Esta es —entiendo— la parte clara y central de la tesis de Hart y no resultará extraño que algunas evidencias empíricas apunten precisamente en apoyo de esta tesis: la obediencia de los ciudadanos, en general y en situaciones normales, está motivada no tanto por el temor a la sanción como por el respeto por un orden jurídico que, en términos generales, merece una cierta aceptación y este respeto genera, también en términos generales, la adhesión a la mayor parte de las normas por el mero hecho de que son normas dictadas por la autoridad que se entiende legítima.

La conclusión es, según creo, que la adhesión a las normas jurídicas no solo y no siempre es un supuesto de mera coincidencia sino que, con mucha frecuencia, está motivada por el mero hecho de que se trata de una norma jurídica y que es este dato el que motiva la aceptación moral de (o adhesión a) la norma.

3.11. La medición del cumplimiento

En principio medir el cumplimiento u obediencia a las normas jurídicas sería solo algo más complicado que medir la coincidencia: haría falta, lógicamente, seleccionar una norma o conjunto de normas y un ámbito de sujetos, y comprobar si en las ocasiones en que esos sujetos han de observar la conducta prescrita (o en un determinado segmento temporal de ellas) lo hacen o no lo hacen y añadir en la comprobación un dato relativo a la motivación de los sujetos: cuando lo hacen *porque* existe la norma entonces la cumplen u obedecen aunque ello pueda

71 Siempre he sospechado, aunque no es el momento de desarrollarlo, que el defecto de la distinción de Hart entre la posición de los ciudadanos y la de los funcionarios estriba en que —salvo en situaciones anómalas o patológicas como los primeros momentos de una invasión por la fuerza o el dominio territorial de una fuerza armada rebelde— la posición de los funcionarios requiere una regla efectiva de reconocimiento de su autoridad por parte de los ciudadanos de modo tal que la regla de reconocimiento que los funcionarios aceptan se apoya en una regla de reconocimiento que los ciudadanos aceptan. *Vid.* Peter Ingram, 1983, p. 497, donde sostiene que la obediencia de los funcionarios no puede ser suficiente para establecer la eficacia del sistema como pone de relieve un gobierno en el exilio que puede funcionar durante años manteniendo sus reglas de reconocimiento pero sin ejercer autoridad efectiva sobre la población: *«paradoxically, the scope for obedience by officials depends on the general effectiveness of the system.»*

deberse a 1) el temor a la sanción, 2) la utilidad propia, 3) el respeto al orden jurídico al que la norma pertenece, 4) el respeto a la legitimidad del orden jurídico al que la norma pertenece o 5) la adhesión interna a lo que la norma ordena o prohíbe, siempre que la adhesión derive de su carácter de norma jurídica (pues, en otro caso, estamos ante una mera coincidencia). Ello quiere decir que una investigación sobre el cumplimiento de una norma *N* por un conjunto de sujetos *S* que tienen *X* ocasiones de seguir la norma arrojaría un conjunto con la siguiente apariencia (los porcentajes son arbitrarios):

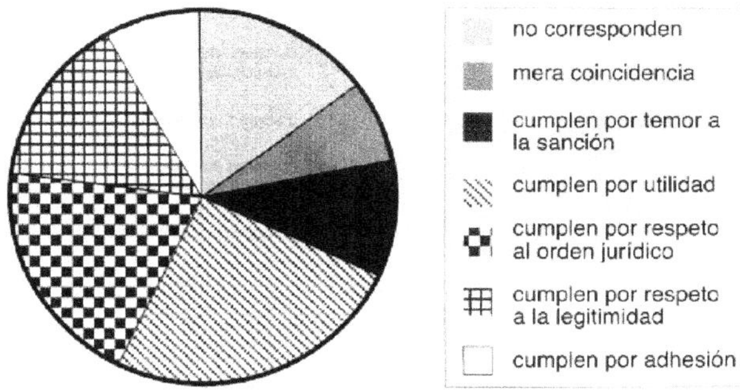

Lo que el gráfico representa son las posibles variables a tener en cuenta en la investigación sobre el cumplimiento. Imaginemos una investigación sobre la eficacia, en este sentido, de la norma jurídica que obliga a los progenitores a alimentar a sus hijos; es presumible que encontrásemos un nivel de incumplimiento muy bajo (un 2 %), un grupo muy extenso de padres y madres que cumplen esta obligación por convicción moral autónoma (un 85 %), y un pequeño grupo que la cumple por temor a la sanción (un 13 %, previsiblemente entre los cónyuges separados y privados de la guarda y custodia); el gráfico tendría la forma siguiente:

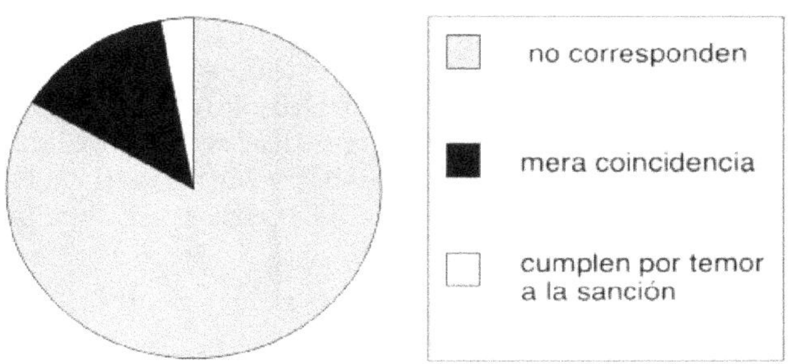

Si imaginamos la investigación del cumplimiento de una norma que obliga a los profesionales de un cierto grupo a declarar y autoliquidar fiscalmente todos sus ingresos y encontramos que un 70 % incumplen la obligación, que previsiblemente nadie la cumple por razones morales autónomas independientes de su existencia como norma jurídica, que un 15 % la cumple por temor a la sanción, y que tres grupos del 5 % cada uno la cumplen, respectivamente, por utilidad, por respeto al orden jurídico y por adhesión, el gráfico sería el siguiente:

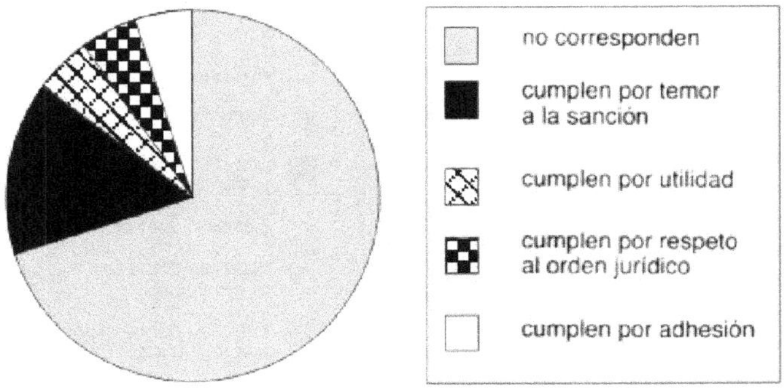

Puesto que los agentes no operan con la misma motivación ante unas normas que ante otras[72] —ni mantienen necesariamente modelos constantes de racionalidad— es claro que la investigación solo tiene sentido en relación con un determinado universo de sujetos frente a una norma o unas normas determinadas y que los resultados serán muy diversos si el objeto de estudio son normas del Derecho de familia, normas del Derecho mercantil o normas del Derecho medioambiental. Las investigaciones de este tipo aportan muchos más datos relevantes respecto al efecto de las normas jurídicas sobre sus destinatarios que una hipotética investigación sobre la mera correspondencia, pero sigue siendo cierto que la relevancia del cumplimiento de una norma jurídica (como la de su correspondencia) depende —lo que una vez más parece trivial poner de relieve— de la relevancia de la norma y, por ello, hay que volver a concluir que no hay criterio alguno de carácter general que permita una medida común del cumplimiento de las normas jurídicas que pueda resultar significativa. Sin embargo, la conclusión que propuse al hablar de la correspondencia sí ha de ser modificada:

72 *«Just as there are banks robbers who obey traffic laws and burglars who pay their debts, most ordinarily law-abiding people exhibit a kind of selective legal obligation, faithfully observing the requirements of most laws but playing fast and loose with others»* (Jones, 1969, p. 81).

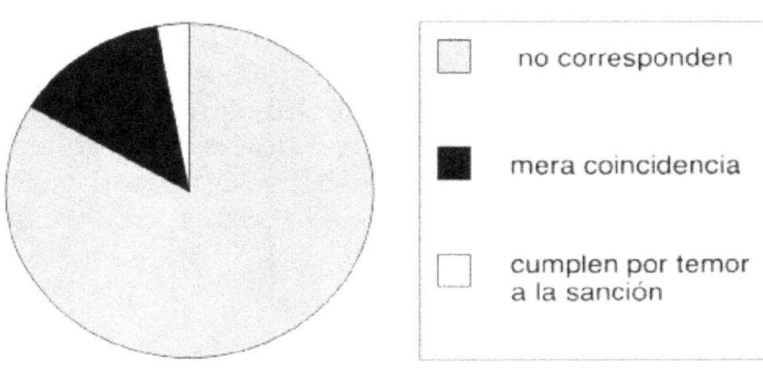

2) El grado de eficacia como cumplimiento de una norma jurídica «sí» es un indicador de la eficacia motivadora de la norma sobre la conducta.

Estas conclusiones son, aparentemente, triviales. Y en efecto lo serían si del mayor o menor índice de eficacia (sea como correspondencia, sea —lo que parece más atinado— como cumplimiento) no hubiera que sacar ninguna otra conclusión más que la de que la norma *N* ha obtenido un índice de eficacia (como cumplimiento) *X*, lo que puede revestir mucho interés si, al mismo tiempo, se examinan los motivos del cumplimiento, como bien sabe toda la teoría de la prevención *(o «deterrence»)* en Derecho Penal y como se ha investigado por los científicos sociales en muchos otros campos superando la estrecha preocupación tradicional por la eficacia de las sanciones[73].

Pero la teoría del Derecho quiere extraer más conclusiones y ello plantea tres posibles problemas: el primero estriba en que —como antes indiqué— hay muchas teorías para las cuales la eficacia como cumplimiento es equivalente a la existencia de una norma y puesto que la existencia no es una propiedad (supuesto que lo sea) que algo pueda tener en mayor o menor grado, se deriva necesariamente que la eficacia será una propiedad que las normas tienen a partir de cierto grado de cumplimiento y que no tienen por debajo de él. El segundo se plantea para las teorías que pretenden que la eficacia, en este mismo sentido, es condición de la validez de una norma, lo que requiere decidir qué grado de cumplimiento por encima de 0 hace suficiente la condición. Y el tercer problema estriba en que si —como en el prólogo de este trabajo indiqué— suponemos que la validez de las normas depende de que formen parte de un sistema jurídico eficaz y la eficacia del sistema no puede ser otra cosa que la eficacia de algunas o muchas de sus normas, ello obviamente exige resolver el problema de cuándo una norma es eficaz, al menos por lo que se refiere a las normas que se consideren de necesaria eficacia para la existencia del sistema jurídico en cuestión.

Bajo las tres perspectivas hay que medir el cumplimiento de las normas para poder resolver o bien qué grado de cumplimiento garantiza su existencia o bien cuál es el que condiciona su validez o bien, al menos, cuál es el que las hace eficaces.

73 Hay estudios realizados bajo un modelo parecido al que indico (por ejemplo, Soren Winter y Peter J. May, 2001, sobre el cumplimiento de las normas medioambientales por los agricultores daneses) pero son escasos comparados con los dedicados a la prevención penal y, como es obvio, solo cuando sean muy abundantes permitirán la formulación de conclusiones generales con apoyo empírico.

La dificultad de medir el cumplimiento resulta un tópico reiteradamente afirmado. Suele decirse, en este aspecto, que «*lo único que el jurista conoce son las transgresiones a lo dispuesto por ella, de modo que si la norma, entendida como dirigida a los ciudadanos en general [...] fuera obedecida siempre, el jurista no conocería nunca su efectividad*» (Juan R. Capella, 1968, p. 135); naturalmente, cualquier científico social responderia que medir el cumplimiento de una norma puede resultar costoso pero no imposible. Ello no obstante, la preferente atención a la eficacia disuasoria o preventiva de las normas penales ha conducido a conclusiones muy similares en las investigaciones empíricas: podemos descubrir algo sobre los motivos de los infractores pero sabemos muy poco sobre los motivos de los cumplidores y sobre el efecto que, en ellos, hayan podido tener las normas y sus sanciones[74].

Estas dificultades —más supuestas que reales— han tenido como consecuencia que los teóricos del Derecho invoquen como solución a la cuestión lo que podríamos denominar el «principio de generalidad» o «principio de habitualidad». En su forma más comprometida consiste en lo que Pablo E. Navarro denomina «eficacia como mayoría». Las alusiones a que la eficacia requerida de una norma jurídica es su cumplimiento general y/o cumplimiento por la mayoría son tan usuales que su enumeración resultaría premiosa; valgan como ejemplos los de Austin, Kelsen, Von Wright, Hart, Ingram y Friedman.[75]

74 Capella se limita a recoger el argumento y expresamente advierte que no va a someterlo a discusión. Como es obvio, se trata de un argumento similar al que condujo a Alf Ross a afirmar, en relación con su concepto de «vigencia» que: «*Esto se traduce en la aparente paradoja de que mientras más efectivo es el acatamiento que una regla recibe en la vida jurídica extrajudicial, más difícil es verificar si ella posee vigencia, por cuanto los tribunales tienen una oportunidad mucho menor de manifestar su reacción*» (Ross, 1963, p. 35). *Vid.* también Andenaes, 1974, pp. 9 y 126 («*The disagreement over the importance of general prevention is of course largely due to the fact that its effectiveness cannot be measured*»); Meier y Johnson, 1977, p. 295, sostienen igualmente que... *crime rates may be logically irrelevant for the study of deterrence insofar as they can only indicate who has not been deterred. Research on deterrence must utilize observations of both compliance and not compliance*»; en el mismo sentido, Friedman, 1987, p. 47, nota 4, sobre la dificultad de medir la eficacia de las normas penales y, en general, pp. 52-55, donde analiza la dificultad de medir el cumplimiento bajo diversas hipótesis; igualmente Ferrari, 2000, p. 290.

75 Austin [1832], 1971, pp. 195 y 202 sobre la generalidad y habitualidad de la obediencia; Kelsen [1960], 1981, p. 224 sostiene que «*un orden jurídico es considerado válido, cuando sus normas, en términos generales y a grandes rasgos, son eficaces, es decir, son fácticamente acatadas y aplicadas*» (en el mismo sentido Kelsen [1953], 1970, p. 53); Hart, 1977, p. 129, sobre la eficacia como «*mayor*» frecuencia de la obediencia que de la desobediencia, p. 130 sobre la eficacia «*general*» del sistema como contexto de los enunciados internos y p. 145 sobre la primera condición para la existencia de un sistema jurídico consistente en el hecho de que las reglas de conducta válidas han de ser «*generalmente*» obedecidas por los ciudadanos; Ingram indica que la efectividad o inefectividad es «*a matter of degree*» (Ingram, 1983, p. 485), ya que ni la efectividad requiere una obediencia de todas las leyes por todos los ciudadanos ni la desobediencia requiere un incumplimiento total de todas las leyes por todos los ciudadanos, pero no ofrece ningún criterio para delimitar la frontera entre eficacia o

Joseph Raz ha formulado una crítica lapidaria a la incertidumbre de estas tesis:

> Algunos teóricos del Derecho apoyaron sus puntos de vista sobre este problema en el principio de eficacia, es decir: sobre la suposición de que la existencia de los sistemas jurídicos depende solo de su eficacia, de la obediencia a sus leyes. Ninguno de los exponentes de estos puntos de vista hicieron mucho para aclarar el significado preciso de la eficacia o la obediencia en su teoría ¿Cómo deberían contarse los casos de desobediencia? [...] ¿Cómo debería contarse el número de oportunidades de obedecer la ley?» (Raz, 1970, p. 203).

Georg Henrik von Wright ofreció, sin embargo, un análisis un poco más preciso. Para Von Wright, la eficacia o ineficacia de la capacidad motivadora de la sanción —que constituye el motivo de obediencia último, que opera en ausencia de otros motivos de obediencia— se traduce en la eficacia o ineficacia de la norma: una norma es eficaz cuando la obediencia es habitual y la desobediencia es excepcional («Si *la desobediencia es más habitual que excepcional, la sanción es ineficaz, el castigo no inspira (serio) temor*» [Von Wright, 1979, p. 139]) y la frontera entre habitualidad y excepcionalidad es precisamente la «mayoría», lo que implica distinguir los siguientes supuestos (ibidem, pp. 139-140):

1) Si la norma es *eminentemente general* (general por el sujeto y por la ocasión), la obediencia es habitual «*cuando la mayoría de los sujetos en la mayoría de las ocasiones obedecen la norma*».
2) Si la norma es general por la ocasión y particular por el sujeto, la obediencia es habitual «*cuando este sujeto en la mayoría de las ocasiones obedece la norma*».
3) Si la norma es general por el sujeto y particular por la ocasión, la obediencia es habitual «*cuando la mayoría de los sujetos en esta ocasión obedecen la norma*».
4) Si la norma es *completamente particular* (particular por el sujeto y por la ocasión), «*no tiene sentido hablar de obediencia habitual*».

---

ineficacia: «... *we do not have to worry about drawing a more determinate boundary line in the intermediate area...*»; Friedman, 1987, p. 47, recurre también al criterio de generalidad del cumplimiento como eficacia de la norma. El análisis de Von Wright es objeto de atención más detallada enseguida.

Solo cabe añadir que la «mayoría» —de sujetos, de ocasiones o de ambos es una precisión un tanto modesta pues, en principio, solo puede significar la mitad más uno, como efectivamente lo entendió Pablo E. Navarro.

Pablo E. Navarro ha sido el único —que yo sepa— que se ha atrevido a concretar cuantitativamente el grado de cumplimiento necesario para establecer la eficacia de una norma jurídica. Navarro subraya, como Raz, que *«nadie se ha detenido a esclarecer cuántas normas son la mayoría en un sistema, cuántas ocasiones son la mayoría de las ocasiones de cumplir una norma, o cuántos son la mayoría de los sujetos normativos»* (Navarro, 1990, p. 72),[76] pero sostiene que ello no significa que el «principio de eficacia» sea falso y, para demostrarlo, define la eficacia como mayoría en tres pasos:

> «Definición 1: Una norma general *(N)* es eficaz si y solo si la mayoría de los sujetos en la mayoría de las ocasiones no infringen a *(N)*» (ibidem, p. 23) que se matiza como,
>
> «Definición 1': Una norma general *(N)* es eficaz si y solo si una subclase de sujetos normativos relevantes no infringen a *(N)* en la mayoría de las ocasiones» (ibidem).
>
> [...]
>
> «Definición 2: Un sistema jurídico *Sn* es eficaz *(E2)* si y solo si la mayoría de sus normas son eficaces *(E2)*» (ibidem, p. 71) que se matiza como,
>
> «Definición 2': Un sistema jurídico *Sn* es eficaz *(E2) si* y solo si sus normas relevantes son eficaces» (ibidem).
>
> [...]
>
> Definición 3: Un sistema jurídico tiene una eficacia normal cuando al menos la mitad de los sujetos cumple las normas en al menos la mitad de las ocasiones por una motivación jurídica, que se matizaría como,
>
> Definición 3': Un sistema jurídico tiene una eficacia normal cuando al menos la mitad de los sujetos relevantes cumple las normas relevantes en al menos la mitad de las ocasiones por una motivación jurídica.

La tercera definición —que no aparece en cursiva porque no está explícita en el trabajo de Pablo E. Navarro sino que es mi propia reconstrucción de su análisis— requiere alguna explicación. Por una

76 En el mismo sentido, ibidem, pp. 61 y 64 donde alude a la *«falta de precisión de las magnitudes o parámetros»* que se utilizan para definir «mayoría» y «habitual».

parte Navarro sostiene que si una norma que ha de ser cumplida en cinco ocasiones es incumplida en tres de ellas y cumplida en dos, entonces no es eficaz (ibidem, p. 66, diagrama II), pero que si alargamos el segmento temporal objeto de análisis y nos encontramos con que la misma norma tiene que ser cumplida en diez ocasiones y es cumplida en seis de ellas e incumplida en cuatro, entonces la norma es eficaz (ibidem, diagrama III): «*Al sumarse los segmentos temporales, la afirmación "(n) es eficaz (E2)" que era falsa sobre la base del diag. II, se torna verdadera, ya que en la mayoría de las ocasiones se realiza la conducta prescripta*» (ibidem). Como es fácil observar, el criterio de habitualidad o generalidad se traduce en términos puramente cuantitativos de modo que la eficacia o ineficacia depende de que la norma se cumpla en la mitad más una o en la mitad menos una de las ocasiones.

Navarro opta, a continuación, por seleccionar un solo motivo para distinguir la correspondencia del cumplimiento y lo hace siguiendo el esquema kelseniano —y, como ya hemos visto, el más extendido— conforme al cual el motivo específicamente jurídico es el temor a la sanción (ibidem, p. 89). Ello implica que el cumplimiento se produce, exclusivamente, cuando el sujeto satisface la conducta prescrita por la norma por temor a la sanción. Propone, entonces, que para un conjunto de sujetos X y para un conjunto de acciones *Y* la norma es eficaz si la mayoría de *X* realizan la mayoría de *Y* por una motivación exclusivamente jurídica: «*Cuando la mayoría de los elementos del conjunto X realizan la mayoría de* las *acciones que pertenecen a Y en razón de la mayoría de los elementos de Z 1* —(siendo *Z 1* el conjunto de *"motivos originados en normas jurídicas, en la imputación de una sanción jurídica")— entonces se dirá que el sistema jurídico que origina Z 1 es un sistema jurídico normal*» (ibidem, p. 92), y añade allí mismo que «*un sistema normativo es de baja intensidad cuando no es normal*».

Creo, por tanto, que mi reconstrucción en la anterior «Definición 3» es fiel a Navarro. Desde luego, Navarro tiene el mérito de haber intentado medir el cumplimiento y disipar la espesa niebla que rodea a las habituales afirmaciones sobre la generalidad, la habitualidad o la mayoría, pero el intento fracasa —según creo— en varios aspectos.[77] Primero: si volvemos al ejemplo del saludo de los soldados que utilicé al hablar de la correspondencia, nos encontramos ahora con que la norma sería eficaz (y la eficacia de este pequeño subsector normativo sería «normal») si cincuenta y un soldados de los cien saludan en la forma debida en cincuenta y una ocasiones de las cien por miedo a la sanción:

$$Ie = (51.51)/100.100 = 0{,}2601$$

77 Como es evidente, estas observaciones críticas a Navarro son extensibles a Von Wright.

Utilizando el gráfico que he propuesto, la eficacia «normal» de esta norma en los términos que propone Navarro sería la siguiente:

Que un 0,26 sea índice de una eficacia normal es llamativo, pero es la consecuencia de requerir solo el cumplimiento de la mitad de los sujetos en la mitad de las ocasiones; esta vez no solo los militares profesionales, sino cualquier observador sensato afirmaría que la disciplina es inexistente en el cuartel. Segundo: el esquema de Navarro ofrece una solución a la vaguedad del principio de mayoría a costa de introducir el vago principio de relevancia; cuáles son los sujetos relevantes y cuáles son las normas relevantes es algo que Navarro simplemente no se plantea aun cuando es plenamente consciente de que, a efectos de utilizar el «principio de eficacia como mayoría» sería necesario resolver ese problema teórico pues los datos empíricos son, por sí mismos, irrelevantes: *«la argumentación empírica no es de gran valor ya que el peso del argumento no recae sobre cuestiones fácticas»* (ibidem, p. 72). Tercero: no creo que la idea de generalidad, habitualidad o mayoría utilizada por Austin, Kelsen, Hart y tantos otros quede satisfecha con la idea de «sistema jurídico normal» de Navarro, pues un sistema jurídico en que los sujetos relevantes (sean estos quienes sean) cumplan las normas relevantes (sean estas cuales sean) con un índice del 0,26 sería un sistema jurídico bastante poco normal. Cuarto: si los sistemas jurídicos que no son normales son de baja intensidad, entonces existen sistemas jurídicos con un índice general de eficacia inferior a 0,26; cuál es el índice inferior a 0,26 que permite seguir hablando de la existencia de un sistema jurídico es algo que queda nuevamente sin resolver y, por extensión, seguimos sin saber cuál es el índice de eficacia como cumplimiento que garantiza la existencia de una norma, o que condiciona su validez o, al menos, que la hace eficaz, y con mayor motivo respecto a un sistema jurídico.

No conozco ningún otro intento de haber resuelto, en sede teórica, estas cuestiones. El mérito de Navarro es haberlo intentado y, quizá sin pretenderlo, haber demostrado que no es posible. Efectivamente, el cumplimiento de una norma es susceptible de una me dida empírica, una vez tomado un cierto ámbito de sujetos y de ocasiones espaciotemporales y de haber seleccionado los motivos de cumplimiento que se hacen objeto del análisis; efectivamente el índice de cumplimiento nos aportará información sobre la eficacia motivadora de la norma sobre el cumplimiento. Pero el interés de esa información depende del tipo de norma de que se trate, del tipo de sujetos al que se dirige, de la demanda de la acción prohibida u obligada, etc.; es decir: de todas aquellas variables que enunciaba Friedman. Ello quiere decir, nuevamente (como ocurría con la mera correspondencia), que no hay criterio alguno de carácter general que permita una medida común del cumplimiento de las normas jurídicas que pueda resultar significativa. Una norma jurídica puede ser muy eficaz, en este sentido, y tener muy poca importancia que lo sea y, del mismo modo, una norma jurídica puede ser muy poco o nada eficaz y tener muy poca importancia, o ninguna, que lo sea.

CAPÍTULO 3

LA EFICACIA DE LAS NORMAS JURÍDICAS COMO APLICACIÓN Y COMO ÉXITO

1. La eficacia como aplicación de las normas jurídicas

Las dificultades de medir la eficacia como cumplimiento inclinan a Peter Ingram a situar la medida de la eficacia de las normas jurídicas en su aplicación: «*Determinar que un sistema jurídico está siendo aplicado presenta seguramente muchas menos dificultades si se compara con las de evaluar la presencia de la obediencia como algo distinto a la conformidad (por coincidencia) de la conducta habitual*» (Ingram, 1983, p. 495).[1] Que la aplicación es otro aspecto o dimensión de la eficacia de las normas jurídicas es un tópico generalmente admitido. Por aplicación suele entenderse, a estos efectos, el hecho de que un órgano de adjudicación tome una decisión encaminada a forzar el cumplimiento de la norma por su destinatario y, si ello no es posible, le imponga la sanción prevista para el caso de incumplimiento. Naturalmente, puede decirse —y se dice habitualmente— que un arrendador le aplicó una modificación legal a su arrendatario y le incrementó la renta, o que un empresario aplicó la norma *N* de un reglamento y rebajó las retenciones fiscales a sus empleados, etc.; no es raro, pues, utilizar el término «aplicación» también para designar el proceso mental por el cual de forma consciente se toma una decisión en virtud de lo dispuesto por una norma jurídica, aunque este uso ordinario suele restringirse a que esa operación consciente tenga cierta dificultad técnica; no se dice, por ejemplo, que alguien se abstuvo de aparcar porque «aplicó» la señal de prohibición. En este sentido vulgar, aplicar y cumplir vendría a ser lo mismo y si se utiliza el término «aplicar», precisamente en ciertas ocasiones de más complejidad, probablemente se debe a una extensión analógica de lo que hacen con las normas los órganos de adjudicación.

---

1 Ingram se inclina, en consecuencia, por utilizar la aplicación como criterio de eficacia ante las dificultades de utilizar el de obediencia: «*Therefore, to assess the effectiveness of law and to understand the concept, we must look not at the way in which law seems to be obeyed but at the way in which it is applied*» (ibidem).

Los órganos de adjudicación de las normas jurídicas (en adelante, por simplicidad, hablaré de «los jueces» entendiendo incluidos los juzgados y tribunales judiciales y cualquier otra autoridad con funciones de adjudicación, tales como órganos administrativos sancionadores, tribunales administrativos, etc.) son, por definición, órganos encargados de aplicar las normas jurídicas, bien 1) resolviendo conflictos intersubjetivos mediante la aplicación de las normas del sistema jurídico bien 2) decidiendo la imposición de las medidas ejecutivas y/o las sanciones previstas para el caso de incumplimiento.

> Si aceptamos la expresión de acuerdo con la cual el súbdito obedece o desobedece la ley, entonces habrá que decir que el órgano «aplica» o no «aplica» el derecho... En la medida en que por derecho entendemos la norma jurídica genuina, o norma primaria, aquél resulta eficaz si es aplicado por el órgano, es decir, si este ejecuta la sanción. Y el órgano tiene que aplicar el derecho precisamente cuando el súbdito «desobedece»... Kelsen [1945], 1979, p. 72).

Ello no obstante, Kelsen admite que la eficacia es, también, la *«conformidad de la conducta con la norma»* (ibidem, p. 46) por lo que parece claro que hay para él dos sentidos o dos dimensiones de la eficacia, la eficacia como conformidad y la eficacia como aplicación. Kelsen considera, además, que un mínimo de eficacia es condición de validez de las normas (Kelsen [1960], 1981, p. 24) y esta eficacia mínima —cuyo mínimo nunca se cuantifica— puede ser tanto la eficacia como obediencia como, en su defecto, la eficacia como aplicación (ibidem y Kelsen, 1969, pp. 63-64, donde, contestando a Julius Stone, aclara que se trata de la *«eficacia en el sentido de que las normas jurídicas establecidas deben ser obedecidas en términos generales, y, si no obedecidas, aplicadas»)*. Raz, por su parte, subraya que la dimensión de eficacia como aplicación es, en realidad, la que define la existencia de las normas jurídicas y no la obediencia o desobediencia de sus destinatarios: *«...el hecho de que sean desatendidas por la población es irrelevante para su existencia... Puesto que pertenecen a un sistema caracterizado por la aplicación organizada de las leyes por órganos especialmente establecidos, incluso las leyes ampliamente desatendidas o incumplidas son leyes en la medida en que sean reconocidas por estos órganos»* (Raz, 1970, pp. 201-202).[2]

2 En consecuencia Raz sostiene que *«la eficacia es relevante solo en la medida en que esta afecta la práctica de las instituciones jurídico-aplacadoras»* (Raz, 1982, p. 117). Aunque se entiende generalmente que la aplicación es subsidiaria del incumplimiento, tal y como acabamos de ver lo enuncia Kelsen, Hernández-Marín considera que ello no es necesario y que la aplicación puede producirse precedida de violación o no precedida de violación; el ejem-

La aplicación de las normas jurídicas parece tener, por tanto, un carácter definitivo para evaluar su eficacia o ineficacia. Esta idea se encuentra muy extendida y podría expresarse así:

1) Una norma jurídica es eficaz si es general y mayoritariamente cumplida, o
2) Una norma jurídica es eficaz si, cuando no es cumplida, es general y mayoritariamente aplicada.

Una norma jurídica, de acuerdo con esta habitual tesis, sería eficaz en la dimensión 1) si fuera general y mayoritariamente cumplida aun cuando, en los casos en que fuera incumplida, no fuera general y mayoritariamente aplicada. Una norma jurídica sería eficaz en la dimensión 2) si, aun siendo general y mayoritariamente incumplida, fuese general y mayoritariamente aplicada. Un ejemplo de la primera dimensión de la eficacia sería el de la norma jurídica que impone el deber de alimentar a los hijos si —en el hipotético ejemplo que puse antes— resulta satisfecho el deber, sumando los casos de coincidencia con los de cumplimiento en sentido estricto, en el 98 % de los casos aun cuando no se obtuviera una resolución judicial condenatoria para el 2 % restante. Un ejemplo de la segunda dimensión de la eficacia sería el de la norma jurídica que impone a un grupo de profesionales la obligación de declarar y autoliquidar todos sus ingresos si —en el ejemplo hipotético también ya utilizado— resultase que se abren expedientes contra el 95 % del 70 % de infractores y el 90 % de los expedientes abiertos terminan con una decisión judicial confirmando e imponiendo las oportunas liquidaciones, intereses y multas (el resultado es que entre el 30 de cumplidores voluntarios y el 59,85 de condenados, un 89,85 de los sujetos habrían satisfecho la obligación).

A pesar de la claridad de estos sencillos ejemplos la idea de eficacia como aplicación es, sin embargo, bastante más complicada.

1.1. Distinciones conceptuales previas

En su sentido más claro y familiar, «aplicación del Derecho» parece significar que los jueces toman decisiones singulares sobre lo que los particulares tienen que hacer o no hacer en cada caso, o sobre las medidas o sanciones que les son aplicables en el caso, de acuerdo con la

plo de este segundo supuesto es el del homicidio porque, de acuerdo con la noción de norma que maneja Hernández Marín, el homicida no ha incumplido o violado ninguna norma porque no hay ninguna norma jurídica que prohíba matar (Hernández, 1989, p. 316). No discutiré aquí esta tesis que, según creo, muy pocos compartirían.

norma jurídica en la que el caso es subsumible, esto es: constatando que el caso en cuestión no es más que un supuesto singular y concreto del caso general que una norma N regula. Los juristas entienden habitualmente que *«la aplicación del derecho, así concebida, suele ser considerada como una subsunción... la función sería una de constatación o de homologación: se trata de determinar si la hipótesis de la ley se realiza en el supuesto de hecho»* (Díez Picazo, 1973, *p.* 209). En este sentido, los jueces no cumplen las normas que aplican sino que las «hacen cumplir»; cabe decir que aquellas normas que el juez aplica las acepta o reconoce como normas aplicables, pero no que las cumple u obedece. Lo que los jueces cumplen cuando aplican las normas es la norma que les obliga a aplicar las normas del sistema. Hay también multitud de normas de carácter procesal que se dirigen al juez (sobre trámites, procedimientos, práctica de las pruebas, plazos, etc.) que el juez puede cumplir o incumplir, pero estas no son propiamente las normas que el juez aplica. La norma que le obliga a aplicar las normas del sistema jurídico suele hoy estar explícita en los ordenamientos jurídicos como ocurre en el artículo 117 de la Constitución española, en los artículos 1, 5 y 318 de la Ley Orgánica del Poder Judicial y en el párrafo 7 del artículo 1 del Código Civil, todos los cuales someten a los jueces al imperio de la ley y a la aplicación del sistema de fuentes establecido.[3] Naturalmente puede suscitarse la cuestión de por qué los jueces cumplen (o no cumplen) esta norma, lo cual supone solo un aspecto cualificado del problema del cumplimiento de las normas jurídicas.[4]

José J. Moreso y Pablo E. Navarro han distinguido, a estos efectos, entre aplicabilidad interna y aplicabilidad externa; la aplicabilidad interna es una función del concepto de ámbito de validez de las normas, mientras que la aplicabilidad externa es una función del deber institucional de ciertas autoridades. La aplicabilidad interna se refiere, exclusivamente, a que un supuesto individual c sea *«una instancia de un caso genérico C»* definido por la norma; la norma *N* es aplicable internamente a c si y solo si c está comprendido en C (Moreso y Navarro,

3 Estas normas y, en particular, el juramento o promesa requerido por el artículo 318 de la Ley Orgánica del Poder Judicial permiten fundamentar, en perspectiva normativa, una obligación *especial* de los jueces de aceptar o reconocer las normas del sistema (es decir, la obligación de obedecer la norma que les obliga a aplicar las normas) sobre bases distintas a las que permiten fundamentar la obligación general de obediencia de los ciudadanos (*vid.* Rafael de Asís, 1994, p. 916).

4 Prescindo ahora de la conocida discusión, suscitada en torno a la tesis de Hart, sobre si la aceptación de los jueces y otros funcionarios de la(s) regla(s) de reconocimiento implica o no implica una adhesión moral a ella(s). La discusión se ha planteado en el terreno conceptual y no, que yo sepa, en el terreno empírico. En España, José J. Toharia mostró que el 86 % de los jueces (junto al 89 % de los funcionarios) consideraban la democracia como la forma de gobierno preferible a cualquier otra, lo que podría ser un índice de la aceptación de la(s) regla(s) de reconocimiento (Toharia, 1987, p. 31).

1996, pp. 17 y 23). En términos más tradicionales se diría simplemente que la norma *N* es aplicable a c si y solo si c es subsumible en *C*. La aplicabilidad externa se refiere al hecho institucional de que exista en un sistema normativo una norma *N2* que obligue a aplicar la norma *N* a los casos comprendidos en *C*.[5] Las condiciones para que el juez esté obligado a aplicar una norma a un caso son, en efecto, que la norma sea internamente aplicable (es decir, que el caso sea subsumible en la norma) y que la norma sea externamente aplicable (es decir, que haya una norma en el sistema jurídico que prescriba aplicar esa norma a los casos incluidos en ella).[6]

Este sentido, tan claro y familiar, oculta sin embargo dos aspectos de la aplicación que son relevantes si la aplicación ha de entenderse como una dimensión de la eficacia de las normas jurídicas (que tiene, además, carácter definitivo). El primero estriba en que las normas no cumplidas no son automáticamente objeto de una decisión judicial (ni siquiera en el sentido amplio en que hablo de «jueces»). Los jueces no operan como árbitros sobre el terreno de juego de modo tal que solo su error o falta de atención les pueda inducir a no declarar nula una jugada incorrecta o a dejar sin sanción una infracción sancionable. Los jueces actúan normalmente solo a instancia de alguien, sea un particular, el Ministerio Público o cualquier otra autoridad,[7] de modo que entre el incumplimiento y la aplicación hay una solución de continuidad que solo se salva por la intervención de alguien que insta al juez a aplicar la norma jurídica incumplida o supuestamente incumplida. Quiere ello decir que si esta intervención no se produce, la norma incumplida no tiene opción de ser aplicada o inaplicada por los jueces, lo que nos sitúa ante un nuevo supuesto de ineficacia que no sería la ineficacia por incumplimiento e inaplicación, sino la ineficacia por incumplimiento y ausencia de una condición necesaria de la aplicación. Hay alguna excepción puntual a este aspecto general del problema: existen hoy sectores de actividad en los que el sistema jurídico establece una vigilancia como la del árbitro del encuentro, como

---

5 Moreso y Navarro elaboran, a partir de esta distinción, una denominada «Tesis del Ámbito de Significación» cuyas principales conclusiones son —a mi entender— meros truismos: que *«la verdad del enunciado "La norma Ni es externamente aplicable al caso individual c" depende de la pertenencia de otra norma Ni a un determinado sistema Sg»* (ibidem, p. 23) y que *«para determinar la eficacia de una norma N solo son relevantes los estados de cosas regulados dentro de los ámbitos de validez de N»* (ibidem, p. 31).

6 La aplicabilidad externa puede abarcar normas no pertenecientes al propio sistema, ya que hay normas aplicables en un sistema jurídico que no pertenecen a ese sistema. jurídico, como las del Derecho extranjero.

7 Por lo que se refiere al sistema judicial en sentido estricto, este es el carácter que podemos llamar «rogado» de los sistemas judiciales desarrollados. *Vid. Al*berto Marradi, 1983, p. 1515, que no utiliza esta denominación aunque incluye este rasgo (*«secundum allegata et probata»)* entre los siete que definen a los sistemas judiciales.

por ejemplo el control mediante agentes en las zonas de aparcamiento regulado por parquímetros o por «zona azul», o como el control de las rentas del trabajo asalariado mediante las retenciones en la fuente y su tratamiento informatizado. Estas excepciones, que generalizan la posibilidad de instar la aplicación, aun cuando sea previsible que puedan incrementarse por innovaciones tecnológicas (es el caso de la discutible vigilancia de zonas públicas mediante cámaras de vídeo), no cuestionan hoy por hoy el carácter rogado que tiene, en general, el subsistema de aplicación de las normas jurídicas y la falta de continuidad entre el incumplimiento y la aplicación.

El segundo aspecto estriba en que la decisión judicial aplicando una norma consiste en emitir una norma singular (o, si se prefiere, una orden) para que el destinatario realice una acción o se abstenga de ella o para que otros operadores jurídicos oficiales (agentes judiciales, policía, registradores, autoridades administrativas, etc.) lleven a cabo ciertas acciones ejecutivas; todo ello significa que la decisión judicial que aplica una norma puede, ella misma, ser eficaz o ineficaz según sus destinatarios la cumplan o dejen de cumplir.

Tiene gran interés, en este aspecto, la distinción previa que plantea Oscar Correas entre efectividad «formal» y efectividad «material» en la aplicación del Derecho. Entiende Correas que si *«un funcionario A, en virtud de una norma y, estuviera obligado a producir la norma x que debe ordenar la conducta z»* y efectivamente el funcionario produce la norma x ordenando la conducta z, pero la conducta z no se produce de hecho, entonces *«diremos... que la norma y es efectiva solo formalmente porque no se produce la conducta z que era la conducta buscada por la misma»* (Correas, 1994, p. 214); en tal supuesto la norma y es eficaz porque produce la norma x pero no es eficaz porque no produce la conducta z. *«Diremos que hay efectividad material, por el contrario, en los casos en que la conducta buscada se produce»* (ibidem, p. 215). En efecto, un nivel del problema de la eficacia como aplicación es si los jueces aplican las normas que regulan el caso y otro, muy distinto, es si las decisiones judiciales que aplican la norma que regula el caso se cumplen o ejecutan, es decir: si son, ellas mismas, eficaces.

El último aspecto citado se parece mucho al de la eficacia como cumplimiento con dos diferencias. La primera es que se trata ahora del cumplimiento de normas singulares (mayoritariamente singulares y concretas); ello significa que para cada decisión judicial de este tipo la eficacia sería de ocasión única y, por tanto, que la norma singular y concreta solo sería susceptible de ser absolutamente eficaz o absolutamente no-eficaz; tal tipo de norma o decisión normativa, a su vez, puede cumplirse por los obligados por distintos motivos como el miedo a la ejecución, el respeto a la autoridad del juez, etc. La segunda es que la decisión judicial firme tiene un doble componente pues incluye, junto a la decisión, la amenaza de ejecución pero, en este nivel, la amenaza se traduce en que el juez «debe» dictar una serie de decisiones singulares encaminadas a la ejecución en el caso de que el obligado no cumpla la decisión judicial, decisiones que se dirigen —como acabamos de señalar— a diversos operadores jurídicos como los agentes judiciales, la policía, u otros órganos autorizados (administración pública, registros públicos, etc.). Todo ello significa que la eficacia de la decisión judicial no depende solo del cumplimiento/incumplimiento por parte del destinatario directo, sino del cumplimiento/incumplimiento por parte del juez mismo y del cumplimiento/incumplimiento por parte de los operadores ejecutivos obligados a satisfacer las decisiones ejecutivas del juez. Que en un sistema jurídico normal las decisiones judiciales son generalmente cumplidas o ejecutadas es un rasgo casi-definicional, pues un sistema jurídico en el que las decisiones judiciales fueran generalmente incumplidas carecería del rasgo de eficacia general que se supone garantiza su existencia como tal sistema jurídico. Nuevamente, sin embargo, arrastramos todas las incertidumbres que ya vimos respecto al cumplimiento de las normas por los ciudadanos: cuál sea el umbral de ineficacia que nos permitiría negar la existencia de un sistema jurídico por falta de cumplimiento de las decisiones judiciales es una cuestión sin solución aparente. Cabe imaginar, desde luego, un sistema jurídico (o, más plausiblemente, un sector de él) con un alto grado de eficacia-cumplimiento de sus normas por los ciudadanos y un escaso nivel de eficacia-cumplimiento de las decisiones judiciales y cabe imaginar una sistema jurídico (o, más plausiblemente, un sector de él) con un bajo nivel de eficacia-cumplimiento en el primer sentido y un alto nivel en el segundo. Cuestión distinta es la lentitud en el cumplimiento o ejecución de las decisiones judiciales, rasgo endémico en la mayor parte de los sistemas jurídicos contemporáneos, al que tanto la sociología del Derecho como la opinión pública vienen prestando una atención principal y que suele ser motivo de una situación de permanente reforma en la organización judicial y en las normas procesales.

Todo esto complica notablemente la idea de la eficacia como *cumplimiento o subsidiaria aplicación* pues introduce dos nuevas dimensiones de la eficacia dando lugar a un cuadro más complejo que podría representarse así:

Eficacia	*Ineficacia*	
1) Por cumplimiento	1′)	Por incumplimiento
2) Por demanda de aplicación	2′)	Por ausencia de demanda de aplicación
3) Por aplicación	3′)	Por inaplicación
4) Por cumplimiento de la aplicación	4′)	Por incumplimiento de la aplicación

A la hora de medir la eficacia como aplicación será necesario, por tanto, introducir no solo la variable 3/3′, sino también las variables 2/2′ y 4/4′.

1.2. *APLICACIÓN DE LAS NORMAS Y RAZONAMIENTO JUSTIFICATIVO*

A diferencia del ciudadano, que puede acomodar su conducta a la prevista en la norma, bien sea por mera correspondencia, bien sea por cumplimiento —y que puede cumplirla por una serie de motivos muy diversos— los jueces, en cuanto jueces, tienen que tomar sus decisiones sobre cada caso conforme a las normas jurídicas aplicables a ese caso; por ello en una decisión judicial los motivos extrajurídicos son, en principio, irrelevantes: que los jueces respeten el Derecho por miedo a ser expulsados de la carrera, por utilidad (obvio es decir que la aplicación de las normas jurídicas es una cómoda instancia para facilitar las decisiones), por respeto al orden jurídico en general (obvio es decir que su rol profesional es, en principio, hacer cumplir las normas jurídicas y que han prometido hacerlo), por respeto a la legitimidad del sistema (cabe recordar sin embargo que, salvo muy raras excepciones, los jueces no cambian de profesión cuando cambia la legitimidad del sistema) o por adhesión moral, es totalmente irrelevante, ya que la decisión judicial se supone que es, por definición, una aplicación del Derecho y que, por ello, lo único en ella relevante son las razones normativas que justifican la decisión, sea cual sea el motivo por el que el titular del órgano utiliza esas razones (es decir: que solo es relevante el contexto de justificación). En el ámbito de la aplicación del Derecho lo único relevante, en principio, son exclusivamente las razones justificativas.

Digo «en principio» porque obviamente hay, al menos, dos aspectos en que la motivación de los jueces para aplicar las normas jurídicas resulta relevante desde ciertos puntos de vista. El primero de ellos —de pretensiones científico-empíricas— fue el *leitmotiv* de cierto sector del realismo jurídico, en parte inspirado por Eugen Ehrlich y en parte inspirador de algunos enfoques asumidos por Alf Ross. Estriba este primer aspecto en que una actitud generalizada de los jueces ante la eventual aplicabilidad de una norma jurídica —es decir: ante la interpretación del ámbito de casos a que la norma resulta aplicable— puede dar lugar a una sobreaplicación de la norma (como fue el caso de la interpretación y aplicación de la enmienda XIV por el Tribunal Supremo de los Estados Unidos en contra de la legislación social y, en particular, de la legislación del *New Deal) o* a una infraaplicación de la norma que la convierta en lo que Ehrlich y los realistas gustaban llamar «paper rule». En este sentido es evidente que es la interpretación judicial la que define el Derecho que se aplica. Decir, como se ha dicho extrapolando esta evidencia, que los jueces «crean» el Derecho o que el Derecho es «lo que los jueces dicen que es» es una simplificación que no merece la cantidad de tinta que ha generado. El segundo aspecto tiene más interés teórico-interpretativo y estriba en decidir si la existencia de un sistema jurídico requiere que, al menos, los jueces se adhieran —es decir: acepten moralmente— las reglas últimas de reconocimiento del sistema. La tesis de Hart es negativa en el sentido de que la aceptación de las reglas últimas de reconocimiento del sistema por parte de un cierto grupo de funcionarios (típicamente los jueces) no requiere ser —según Hart— una aceptación de carácter moral (adhesión, en el sentido en que vengo utilizando el término). Es conocido que este extremo es uno de los que más discusión ha suscitado.[8] Aunque sospecho que la tesis de Hart es acertada y aunque,

---

8 Una cuestión muy debatida recientemente es si el razonamiento justificativo de las resoluciones judiciales es necesariamente de carácter moral (tesis de la unidad del razonamiento práctico) o no lo es. Como señala Cristina Redondo, la tesis de la unidad está, más o menos explícita, en multitud de autores (ellla señala: David Richards, Joseph Raz, Philip Soper, Manuel Atienza, Juan Ruiz Manero, Juan C. Bayón, Juan R. de Páramo y Carlos S. Nino [Redondo, 1999, p. 162, nota 16]). Un claro balance de la cuestión puede verse en Juan C. Bayón, 1991, Epílogo, aunque —si yo entiendo bien— Bayón no sostiene que los jueces tengan que suscribir una aceptación moral de la norma que les obliga a aplicar las normas jurídicas, sino tan solo que tienen que mantener un punto de vista o actitud «como si la aceptaran». *Vid.* Bayón, 1991, pp. 731 y 735; en particular: *«Lo más probable es que entre los jueces se reproduzca también a grandes rasgos la misma situación que entre los ciudadanos a los que el sistema se aplica: que actúen de conformidad con el conjunto de juicios de deber que componen el punto de vista jurídico, en ocasiones porque verdaderamente lo suscriben; y otras veces bien porque se aceptan razones morales dependientes del contenido coincidentes con lo que el derecho exige o bien por razones prudenciales»* (ibidem, p. 735). Redondo niega la tesis de la unidad mediante la distinción entre justificación sustantiva —que se da cuando se *acepta* una norma como premisa del razonamiento como razón sustancial y justificación formal— que se da cuando simplemente se *supone* esa norma como premisa (Redondo 1999, p. 149). Sobre la base de esta distinción Redondo sostiene que *«el hecho de que la razón que explica la aceptación de las normas jurídicas sea, a su vez, la aceptación de normas morales no convierte a las normas jurídicas en normas morales»* (ibidem, p. 151), es decir: que el razonamiento justificativo jurídico mantiene su autonomía «formal» aun cuando el motivo de seguir ese razonamiento sea un motivo moral. Añade, por otra parte, *que «no es*

nuevamente, he de recordar que la cualificada posición de los jueces y otros funcionarios en aceptar (por la razón que sea) las reglas últimas de reconocimiento se apoya en última instancia en el reconocimiento generalizado de su autoridad por parte de los ciudadanos (sea por la razón que sea, incluido el temor o el terror), lo cierto es, en todo caso, que si los jueces dejan de aplicar generalmente alguna norma regularmente establecida conforme a las reglas de reconocimiento del sistema, entonces ha de concluirse que la actitud de los jueces ha alterado las reglas de reconocimiento.[9]

Estos dos aspectos, sin embargo, no serán ahora objeto de una atención directa en cuanto no tienen incidencia en la idea de la aplicación de las normas como dimensión de su eficacia. Pero no son estos aspectos relativos a la motivación de la actitud de los jueces los que han sido normalmente objeto de la teoría del Derecho cuando habla de la eficacia como aplicación sino, precisamente, el primer aspecto, el que Correas denomina «efectividad formal»: si los jueces producen la norma *x* que deben producir en «aplicación» de la norma y, o si no lo hacen. Como hemos visto, la teoría del Derecho suele acoger, con tanto entusiasmo como ingenuidad, la tesis de que si una norma no es eficaz porque no es cumplida por sus destinatarios puede ser eficaz, en segundo plano, porque los jueces «aplican» la norma *x*, bien imponiendo coercitivamente el estado de cosas prescrito por la norma, bien, cuando ello no es posible, imponiendo la sanción coercitiva prevista sobre el incumplidor. En tal caso la norma *x* es, diríamos, subsidiariamente eficaz mediante la decisión judicial que, como solemos decir los juristas, restaura el orden jurídico quebrantado.

Una norma es eficaz, pues, en este sentido cuando se aplica porque no se ha cumplido y es ineficaz cuando, habiéndose incumplido, no se aplica. Lo que la teoría del Derecho no suele poner de relieve —y por eso he dicho que opera con cierta ingenuidad— es la enorme opa-

---

posible comprobar si los jueces aceptan o creen en las normas que invocan como razones sustantivas para la acción» (ibidem, p. 160). Habría que añadir que sí es posible —aunque pueda ser complicado— investigar los motivos de aceptación de los jueces. Considero, en definitiva, que tiene razón Bayón: al juez se le exige que razone «como si creyera» (del mismo modo que le ocurría al San Manuel Bueno Mártir, de Unamuno), aunque discrepo de Bayón en que este aspecto no sea interesante (Bayón 1991, p. 736). A una iglesia le interesaría saber si sus sacerdotes creen o solo actúan como si creyeran; al que analiza un sistema jurídico (y, con toda probabilidad, a los legisladores y a los ciudadanos mismos) le interesa saber si los jueces creen o solo actúan como si creyeran.

9 El caso paradigmático es el de los jueces (y, en particular, los tribunales supremos) que ante un golpe de estado hacen caso omiso de las normas constitucionales vigentes y proceden a prestar su aceptación a las normas emanadas de la nueva autoridad *de facto*. Que, en tal caso, han cambiado las reglas de reconocimiento del sistema, o alguna de ellas, es obvio; que el cambio se deba exclusivamente a la actitud judicial es discutible, puesto que lo más normal es que el poder *de facto* incluya la capacidad efectiva de remover a los jueces que no acepten la autoridad normativa de ese nuevo poder.

cidad que caracteriza a esta hipótesis de eficacia/ineficacia. Veamos algunos ejemplos. Pablo E. Navarro ofrece el siguiente ejemplo:

> Entre los años 1972 y 1982, en la Provincia de Córdoba, se sometieron a proceso judicial en sede penal a 411.195 casos, dictándose 11.375 sentencias de condena (3 por 100). En 1974, sobre 51.503 casos se condenaron 877 (2 por 100), y en 1975 sobre 51.193 casos se dictaron 799 sentencias de condena (2 por 100). *Los juristas pueden discrepar profundamente acerca de la eficacia de este sistema de derecho penal* (Navarro, 1990, p. 75, subrayado mío).

Cualquier jurista diría que, solo sobre la base de estos datos, no hay nada sobre lo que discrepar. El sistema fue perfectamente eficaz, pues es de suponer que el sistema penal de la Provincia de Córdoba (Argentina) solo prescribe que se condene a quien haya sido hallado culpable y es de suponer, también, que ninguna de las sentencias absolutorias declararía que el acusado era culpable pero que el juez había decidido no aplicar la norma que castiga su delito.

En todo caso, cuando los jueces no aplican una norma nunca incluyen en el razonamiento justificatorio de la sentencia que siendo la norma aplicable han decidido no aplicarla; lo que hacen es razonar demostrando que la norma no es aplicable al caso o prescindir simplemente de la hipótesis de su aplicabilidad. En términos teóricos una norma aparentemente aplicable puede resultar no aplicable porque el caso esta fuera del alcance de la norma (y, en este sentido, no es subsumible en ella) o porque, siendo subsumible en ella, está exceptuado por otra u otras normas del sistema (por ejemplo, la legítima defensa en cuanto eximente exceptúa un homicidio voluntario de la aplicación de la norma penal)[10] Cabe decir que el primer caso está fuera de la aplicabilidad interna de la norma y el segundo está fuera de la aplicabilidad externa. Pero, en ambos casos, la norma aparentemente aplicable no resulta aplicable y, por ello, no es aplicada. Ello quiere decir que, de acuerdo con sus razonamientos justificativos, los jueces aplican las normas que consideran aplicables al caso y no aplican las que no consideran aplicables por lo que, en principio, la hipótesis de que haya normas aplicables que los jueces no aplican es una hipótesis, cuando menos, bastante opaca.

No niego la posibilidad de que el caso exista. Niego, eso sí, que sea constatable en una investigación empírica —sociológica o psicológi-

10 Aunque las nociones de «alcance» y «excepción» son hoy familiares en la teoría del Derecho puede verse una formulación canónica en Joseph Raz, 1991, p. 232. *Vid.* también Ángeles Ródenas, 1998, pp. 113-115.

co-social— porque no hay ninguna constatación externa que permita establecer que siendo la norma aplicable a un universo de casos, los jueces han decidido no aplicarla, ni es previsible que una encuesta realizada entre los jueces inquiriendo sus motivaciones pudiera arrojar la evidencia de que la consideraban aplicable y no a aplicaron. La hipótesis, de ser destinada la verificarse en algún caso, requiere un razonamiento desde el punto de vista interno, paralelo al del juez, que «demuestre» que con una mejor interpretación del Derecho la norma y, que generalmente no se aplica a los casos z, debiera ser aplicada. Pero tal razonamiento se tendría que sostener sobre bases jurídico-normativas y no sobre bases meramente empíricas.

La conclusión es desoladora. La idea de que las normas son eficaces, en defecto de cumplimiento, mediante su aplicación se convierte en una tautología porque aparentemente las normas que se aplican son las que deben aplicarse y las que no se aplican son las que no deben aplicarse, por lo que todas las normas son, en este sentido, absolutamente eficaces. Intentaré, sin embargo, discutir algunas posibles objeciones.

1.3. Hipótesis de inaplicación

La anterior conclusión no significa, por supuesto, que en un cierto caso un cierto juez no deje de aplicar la norma que es aplicable y que, por ello, debió aplicar. Este es un supuesto cotidiano para cualquier jurista práctico. En ese tipo de error se apoyan los recursos que se interponen todos los días alegando infracción de ley, infracción que en nuestra tradición permitía distinguir entre «violación» (de la ley no aplicada que debió aplicarse) y «aplicación indebida» (de la ley aplicada que no debió aplicarse) (antiguo artículo 1692 de la ley de Enjuiciamiento Civil). Supongamos que ello ocurre, a veces, en casos muy claros respecto a normas muy claras; en tal caso, generalmente, el órgano superior modifica la decisión errónea y aplica la norma que es aplicable. Este supuesto no es una objeción a la conclusión.

Si pensamos en objeciones a la conclusión, hemos de pensar en hipótesis de inaplicación de una norma en forma generalizada por los tribunales supremos del sistema (típicamente, por los tribunales constitucionales o por los tribunales supremos, aunque hay normas cuya aplicación se dirime definitivamente en instancias inferiores que, respecto a tales normas, serían «supremas»). Cabe pensar en tres supuestos de inaplicación que sí se alzarían como objeciones a la conclusión. Serían el supuesto de inaplicación por desconocimiento, el supuesto de inaplicación por interpretación errónea y el supuesto de inaplicación por violación.

El supuesto de inaplicación por desconocimiento es poco plausible. Su implausibilidad no deriva de una creencia mágica en el principio «*jura novit curia*» sino de la estructura judicial y su funcionamiento. La posibilidad de discutir si una norma es o no es la norma aplicable al caso supone, generalmente, que alguien invoca la norma ante el órgano administrativo o judicial llamado a decidir sobre el caso; la discusión puede prolongarse en instancias superiores pero finalmente habrá una o varias decisiones que se habrán pronunciado sobre si el caso es subsumible en la norma o, por el contrario, queda fuera de su alcance o constituye una excepción. Solo si hipotéticamente nos encontráramos con una norma que ni los particulares ni las autoridades ni los jueces conocen, pero que es una norma válida del sistema, podríamos en efecto concluir que estamos ante un supuesto de ineficacia absoluta por incumplimiento y por inaplicación. Se trata de una hipótesis solo concebible en supuestos patológicos que, sin embargo, he traído a colación porque hay noticia de ella. En unos artículos que el fiscal Juan J. Martínez Zato publicó en el diario *Ya,* tras ser expulsado de Guinea Ecuatorial —donde desempeñó las funciones de fiscal general en los primeros momentos posteriores a la independencia (Martínez Zato 1977)— se relata la «disparatada» situación creada al continuar vigentes provisionalmente las leyes españolas y ocupar cargos relevantes personas nativas sin ninguna formación jurídica. El ministro de justicia, un antiguo alférez de la Guardia Territorial, desconocía la existencia de la Ley de Enjuiciamiento Criminal y ordenaba al fiscal dictar sentencias para corregir las sentencias judiciales que no le gustaban; el fiscal, naturalmente, se oponía y trataba de explicar al ministro las razones. Es fácil imaginar la situación cuando los jueces y fiscales españoles fueron, enseguida, abandonando la excolonia. Por supuesto se trata de un caso claro de ineficacia absoluta, aunque su reconstrucción teórica implicaría cuestiones bastante más complejas sobre cuáles eran las reglas de reconocimiento efectivas en aquel momento y, consecuentemente, cuál era el criterio de validez de las normas derivadas. La hipótesis es, por lo tanto, posible aunque muy poco plausible si pensamos en ordenamientos jurídicos normales.

El supuesto de inaplicación por interpretación errónea sería el de una situación en que la norma *N* regula claramente el caso genérico *C*, hay una serie de casos singulares c que son claramente subsumibles en *C*, pero los tribunales supremos consideran generalmente que los casos *c* no son subsumibles en *C* (no están dentro de su alcance). Un claro ejemplo es el que puede extraerse de un argumento de Ronald Dworkin. La enmienda VIII prohíbe los castigos *«crueles e inusitados»;* la pena de muerte es un castigo cruel; luego la pena de muerte no está permitida por ninguna norma válida en los Estados Unidos. El hecho de que el Tribunal Supremo —cambiando su propio punto de vista—

haya terminado por aceptar la validez de las leyes estatales que autorizan la pena de muerte es, sencillamente, una interpretación errónea de la enmienda VIII que la hace ineficaz por inaplicación.[11] Dworkin introduce esta argumentación en un contexto en el que defiende, frente a Hart, que solo es posible una teoría del Derecho «normativa» (Dworkin, 1994, p. 2). No es necesario discutir ahora esta tesis; basta poner de relieve que el argumento de Dworkin es, explícitamente, normativo y que si tratásemos de derivar de él una conclusión fáctica como la de que «la enmienda VIII es ineficaz en los casos de pena de muerte porque el Tribunal Supremo ha dejado de aplicarla», estaríamos llevando demasiado lejos su propia tesis, que más bien parece significar tan solo que «el Tribunal Supremo no debiera dejar de aplicar la enmienda VIII para prohibir la pena de muerte». Dworkin, como le ocurría a su modo a Kelsen, da buena cuenta de la forma en que piensa un jurista cuando utiliza el punto de vista interno (bajo el que puede discrepar de la interpretación que hace el Tribunal Supremo) pero, como le ocurría a su modo a Kelsen, tiene serios problemas con los hechos. Y los hechos son que, en sistemas jurídicos como los nuestros, las normas las dicta el legislador y las interpretan y aplican los jueces, de modo tal que la decisión sobre qué casos c están dentro del alcance del supuesto genérico C previsto por la norma es una decisión que corresponde a los jueces. La teoría del Derecho continúa especulando sobre las consecuencias de esta distinción —la distinción entre tener la autoridad para dictar una prescripción y tener la autoridad para aplicarla— pero ello no deja de ser sorprendente: cualquier aficionado al fútbol sabe que si un jugador, sin incurrir en una infracción, coloca el balón dentro de la portería entonces ha habido un gol; y sabe también que si el árbitro de forma claramente equivocada entiende que el jugador estaba en situación ilegal (fuera de juego) y anula el gol, entonces no ha habido un gol; y —lo que es más complejo— el aficionado sabe que no hay ninguna contradicción entre afirmar que «ha sido gol» y afirmar que «no ha sido gol» sin que ello implique utilizar dos puntos de vista distintos, el interno y el externo, sino siendo en ambos casos afirmaciones internas; la primera reconoce las normas de conducta aplicables y evalúa, aplicándolas, la jugada; la segunda reconoce las normas de adjudicación aplicables y evalúa, aplicándolas, la jugada. Ambas son afirmaciones realizadas utilizando las normas del sistema y, por ello, internas a él y ambas son, sin embargo, ciertas (o correctas) porque se refieren a dos momentos de la utilización de

---

11 El argumento textual de Dworkin es el siguiente: «*I think that no American state's law, properly understood, actually authorizes capital punishment because such punishment is unconstitutitonal under the Eighth Amendment of the United States Constitution, in spite of the fact that the Supreme Court, which once did take the same view, has since changed its mind and said that capital punishment, in some circumstances, is validly authorized by state law after all*» (Dworkin, 1994, p. 4).

las normas, el de evaluación de la conducta y el de evaluación de la decisión autorizada sobre la conducta. No hay ninguna contradicción en sostener, bajo un punto de vista jurídico, que una ley es inconstitucional y sostener al mismo tiempo que, si el Tribunal Constitucional la declara conforme con la Constitución, entonces es constitucional. No parece necesario invocar ninguna «habilitación» implícita, sino solo saber distinguir entre las normas como criterios de decisión y los órganos autorizados para tomar decisiones aplicando las normas. Precisamente en virtud de esta distinción es posible criticar las decisiones que aplican normas. Continuar sosteniendo que no me gusta la decisión actual del Tribunal Supremo de los Estados Unidos sobre la pena de muerte, y que creo que no es conforme con la mejor interpretación de la enmienda VIII (en lo que gustosamente me uno a Dworkin), no implica, por mi parte, negar que desgraciadamente la pena de muerte está hoy autorizada por normas válidas en los Estados Unidos ya que ni Ronald Dworkin ni yo tenemos la capacidad de decidir autorizadamente la interpretación y aplicación de la enmienda VIII. Carece de sentido decir que, puesto que nuestra interpretación es la correcta (lo que yo no dudo), la enmienda VIII, en este aspecto, es una norma válida que prohíbe la pena de muerte pero ineficaz por falta de aplicación.

El tercer supuesto es el de inaplicación por violación. En este caso nos encontraríamos ante jueces que, sin negar que un caso esté dentro del alcance de una norma o afirmar que constituya una excepción a su aplicación, dejan de aplicar la norma. Este supuesto se parece al primero (el de desconocimiento) en que es, aparentemente, muy poco plausible aunque resulte posible. Un caso paradigmático de norma (o sector normativo) ineficaz por violación lo ofrece en España la Ley 110/1963, de 20 de julio, de Represión de prácticas restrictivas de la competencia. La ley fue aprobada tanto por la solicitud del Gobierno de los Estados Unidos, formulada en el Convenio sobre ayuda económica de 1953, como por la apertura de negociaciones con la C.E.E. en febrero de 1962. De acuerdo con la ley —que seguía un esquema de prohibiciones similar al del artículo 85 del Tratado constitutivo de la C.E.E., inspirado a su vez por la Ley Sherman norteamericana— las prácticas colusorias y los abusos de posición de dominio quedaban prohibidos, los acuerdos colusorios eran además nulos, y el Tribunal de Defensa de la Competencia, *«declarada la existencia de prácticas prohibidas [...] resolverá: a) dirigir una intimación a los autores [...] b) proponer, en su caso, al Consejo de Ministros la aplicación de la sanción a que se refiere el artículo veintiocho...»* (artículo 15.1). Es claro que el Tribunal no estaba facultado sino obligado a proponer al Consejo de Ministros las multas previstas por el artículo veintiocho.

Una de las dimensiones en que la ley resultó casi absolutamente ineficaz —ineficacia que el propio legislador reconocía expresamente en la Exposición de Motivos de la Ley 16/1989, de 17 de julio, de Defensa de la competencia— suele atribuirse al sistema orgánico de aplicación y, en concreto, a la atribución de la instrucción de los procedimientos a un Servicio de Defensa de la Competencia dependiente del Ministerio de Economía. Se ha señalado que tal Servicio instruía pocos expedientes —lo que vendría a representar un supuesto de ineficacia por «ausencia de demanda de aplicación»— pero, además, ocurrió que el Tribunal dejó de cumplir la obligación prevista por el citado artículo 15 y de proponer sanciones al Consejo de Ministros[12] de tal modo que en el período comprendido entre 1965 y 1988 el Tribunal dictó una media anual de catorce resoluciones y, hasta 1988, no se impuso ni una sola multa. Por supuesto, podría discutirse la interpretación de lo que significa *«en su caso»* en el apartado b) del citado artículo 15.1 pero es bastante claro que no era este el motivo de la ausencia de propuesta e imposición de multas, pues las resoluciones del Tribunal ni siquiera discutían si procedía o no procedía la imposición de multa; por otra parte, todavía bajo el régimen de la misma ley de 1963, durante los años 1988, 1989, 1990 y 1991 se propusieron al Consejo de Ministros y se impusieron por este, multas por importe, respectivamente, de 31,4; 35,3; 263,9 y 600 millones de pesetas (en algún caso el Consejo de Ministros incrementó la multa propuesta por el Tribunal, llegándose a imponer, por ello, en 1991 un total de 950 millones de pesetas en multas). Lo único que cambió a partir de 1988 fue la actitud del Tribunal en el sentido de aplicar el artículo 15 en su integridad. No parece que sea muy frecuente encontrar normas que tan claramente sean objeto de inaplicación por los órganos aplicadores pero, como se ha visto, es un supuesto posible.[13]

12 Sobre todo ello me remito a Hierro, 1991, pp. 334 y 335 y 1991b, pp. 27-31 y las fuentes que allí cito.

13 El ejemplo que Theodor Geiger pone de inaplicación —la prohibición de asociaciones de trabajadores por la Loi Le Chapelier de 1791 y el Código de Napoleón, con su correspondiente sanción en el Código Penal, prohibición que dejó de perseguirse desde 1868 hasta su derogación en 1884— es en realidad un ejemplo de ineficacia por «ausencia de demanda de aplicación», tal y como él mismo explica (Geiger, 1983, p. 256-257). El ejemplo que también pone de «desuetudo» —el de no invocar la claúsula de trastorno mental *(while of unsound mind)* para no sancionar el suicidio, en Inglaterra— sería, en mi opinión, un ejemplo de inaplicación por interpretación «errónea» (errónea solo bajo un cierto punto de vista), ya que, como él mismo señala, la jurisprudencia ha terminado por aplicar la exención de manera automática sin citarla (ibidem, p. 251) de modo que solo sosteniendo una interpretación restrictiva de la cláusula se podría afirmar que la norma está siendo indebidamente aplicada.

1.4. *La medición de la aplicación*

Resultan paradójicas, aunque a estas alturas no sorprendentes, las cuatro tesis que Peter Ingram parece sostener al mismo tiempo: 1) que enfocar la eficacia como aplicación resuelve los problemas de inconmensurabilidad de la obediencia, 2) que la no aplicación de las normas jurídicas en cuestiones triviales tiene poco significado para la efectividad del sistema jurídico, 3) que las cuestiones que son significativas y no triviales han de decidirse desde el punto de vista interno, y 4) que, aun cuando hayamos decidido cuáles son las cuestiones significativas, «*todavía no podríamos llegar a una ratio fija entre aplicación y no-aplicación que fuera válida para cualquier sociedad*» (Ingram, 1983, respectivamente, pp. 500, 501, 501 y 502). La conclusión de Ingram es que si bien la eficacia reside en el grado de aplicación, «*el grado o extensión de aplicación requerido no puede, sin embargo, establecerse como un tipo de constante*» (ibidem, *p.* 502). Digo que estas conclusiones son, en cierto sentido, paradójicas porque al mismo tiempo que pretenden ofrecer una alternativa a la inconmensurabilidad —según Ingram— de la obediencia, terminan por aceptar que la medida de la aplicación (que —según Ingram— es más fácil) no permite establecer ninguna constante para concluir que una norma jurídica es efectiva y, por ello, ningún índice general que nos permita afirmar cuándo un sistema jurídico es o no es efectivo y, en consecuencia, existente.[14] Si, por un lado, tenemos que definir cuáles son las normas relevantes para la eficacia del sistema desde un punto de vista interno, que es un punto de vista normativo, y si el grado de eficacia-aplicación requerido no obedece a ninguna constante, entonces todo el artilugio teórico no parece conducir a ninguna parte.

Theodor Geiger sostuvo, frente a la Escuela de Uppsala, que la realidad de una norma consiste en su obligatoriedad; ahora bien, para mantener su tesis concebía la obligatoriedad como una propiedad empírica consistente en que la norma se cumpla o se aplique: «*Una prescripción legal promulgada, a la cual se resisten por cualquier motivo los ciudadanos y que el poder estatal no hace esfuerzo alguno por reforzar, es una proposición normativa sin fuerza de norma. El autor le ha dado un carácter obligatorio pero la norma no ha sido tomada en serio y "existe solo en el papel". Ni los ciudadanos ni los organismos del Estado la consideran ahora como provista del estigma de norma*» (Geiger, 1983, p. 61). De acuerdo con esta tesis, Geiger propone una «ecuación» de la realidad de las normas que tome en cuenta alternativamente tanto la variable cum-

14 Hay que recordar que Ingram sostiene que la efectividad o eficacia es una condición necesaria del Derecho aunque no conforme al principio de eficacia de la mayoría de las normas sino al de eficacia de ciertos tipos de normas (ibidem, pp. 484, 491 y 494).

plimiento/incumplimiento como la variable aplicación/inaplicación, que enuncia de este modo:

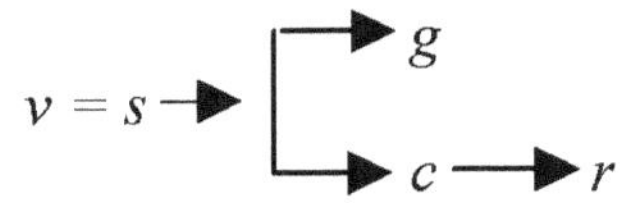

Lo que significa que el contenido real de la norma v (su realidad o existencia) consiste en que si alguien se encuentra en la situación s, prevista por la norma, o bien realiza la conducta *g* que la norma correlaciona con la situación s, o bien comete un ilícito c que da lugar a la reacción sancionadora *r* que la norma correlaciona con el incumplimiento (su ecuación, por tanto, podría leerse así: «la realidad de una norma consiste en que en las ocasiones de cumplimiento o bien se cumple, o bien se incumple y entonces se aplica»). La obligatoriedad es una cualidad empírica porque, según Geiger, consiste en una magnitud numérica que expresa, respecto al pasado, una estadística y, respecto al futuro, una probabilidad. El coeficiente de efectividad de una norma es, en consecuencia, la suma de los casos de cumplimiento y los casos de reacción ante el incumplimiento; siendo *b* el número de cumplimientos y c el número de incumplimientos,

$$e = (s \rightarrow bg) + [(s \rightarrow c) \rightarrow r]$$

El coeficiente de inefectividad es, a su vez, el número de ocasiones menos el número de cumplimientos más el número de aplicaciones:

$$i = s - [b + (c \rightarrow r)]$$

Geiger es consciente del corolario que se deriva de su tesis: «*Con ello se llega a un resultado que suscita el escándalo de los fetichistas de la norma: me refiero al hecho de que la llamada "validez" u obligatoriedad de la norma sea una magnitud mensurable. Una norma no es sencillamente válida o no válida, sino obligatoria en mayor o menor grado [...] esta cuantificación del concepto de obligatoriedad por medio de la expresión numérica de su intensidad, es algo totalmente distinto a decir que la norma es válida en tantos casos, y no válida en tantos otros. En todos los casos la norma es obligatoria en un grado numéricamente delimitado*» (ibidem, p. 63; las fórmulas en p. 62).

No hace falta ser fetichista de las normas para tener serias dudas de que su obligatoriedad pueda ser una dimensión mensurable dependiente del cumplimiento y la aplicación lo que conduciría a sostener, por ejemplo, que está más prohibido robar en unos grandes almacenes con muchos vigilantes que en una tienda escasamente vigilada; salvo que lo único que se pretenda es decir que mi motivación-por-temor-al-castigo es menor en esta que en aquéllos, lo que es obviamente cierto pero, como ya sabemos, implica una reducción de los motivos (posibles y reales) de obediencia a las leyes a solo uno de ellos.[15] En todo caso, no es mi objeto ahora discutir la tesis «realista» con la que Geiger pretende responder al «realismo» de Uppsala, sino poner de relieve que aun uniendo en una ecuación con dos variables la idea de eficacia, seguimos moviéndonos en la misma indeterminación; si aceptáramos la propuesta de Geiger nuestro único avance consistiría en constatar que no solo la eficacia es una propiedad gradual, que una norma tiene en mayor o menor grado (sea como cumplimiento sea como aplicación, sea como combinación de ambas dimensiones), sino que la obligatoriedad de la norma también es una propiedad gradual. Pero seguimos sin saber cuál es el coeficiente *e* (de efectividad), o el coeficiente *i* (de inefectividad),[16] que permiten afirmar que una norma existe o no existe, es válida o no es válida, es eficaz o no es eficaz. Geiger respondería —según entiendo— que la existencia, la validez o la eficacia son mera cuestión de grado y que solo necesitamos un grado relativo para garantizar «*la relativa seguridad jurídica que necesita la vida civil*» (ibidem p. 260). Sostener que la eficacia es una propiedad gradual no plantea ningún problema; sostener que la validez es una propiedad gradual supone utilizar un peculiar concepto de validez, pero cabría admitirlo si entendemos por validez u obligatoriedad la «específica» capacidad motivadora; sostener que la realidad o existencia de algo es una propiedad gradual implica algún tipo de ontología ininteligible. Aunque probablemente es cierto que para vivir me basta un cierto y modesto grado de certeza o previsibilidad jurídica, como también me basta un cierto y modesto grado de salud, ello no resuelve, sino que elude, los problemas que la teoría del Derecho se ha planteado en relación con la eficacia, como no resuelve los problemas que la medicina se ha planteado respecto a la curación de las enfermedades.

Traigo a colación esta comparación con la medicina porque el análisis que hasta ahora he venido realizando sobre la eficacia como correspondencia, como cumplimiento y como aplicación, y sus respectivas medidas, nos conducen a un mismo punto: podemos medir la corres-

---

15 Geiger, sin embargo, no niega la pluralidad de motivaciones (ibidem, p. 193).

16 Geiger señala que, como es obvio, ambos coeficientes son complementarios, es decir: $s = e + i$. O lo que es igual: el número de ocasiones de aplicación de una norma es igual al número de veces que se cumple o aplica más el número de veces que no se cumple y no se aplica (ibidem, p. 63).

pondencia, el cumplimiento y —quizá con más dificultades— la aplicación de las normas jurídicas, pero carecemos de un estándar que nos diga cuál es el grado de eficacia, en cualquiera de esas dimensiones, que nos permita extraer conclusiones teóricas sobre la existencia, la validez o la suficiencia de la eficacia de las normas a efectos de sostener la eficacia del sistema. Es como si un médico hubiese demostrado que era más fácil y más exacto medir la temperatura del cuerpo que el número de pulsaciones por minuto, pero que no era posible establecer cuál era la temperatura normal ni el número de pulsaciones normal cuya presencia sería un indicador de la salud y cuya ausencia sería un indicador de la enfermedad.

Provisionalmente, la conclusión sería:

3) El grado de eficacia como aplicación de una norma jurídica «sí» es un indicador de la eficacia de la norma en defecto de cumplimiento.

2. LA EFICACIA COMO ÉXITO

Es comúnmente admitido que hay otra dimensión u otro sentido de la eficacia de las normas jurídicas que consiste en que sirvan instrumentalmente para alcanzar el estado de cosas que el edictor de la norma se propone.[17] Un padre y una madre que obligan a sus hijos a permanecer en casa fuera del horario escolar de lunes a viernes pueden proponerse que los hijos alcancen un gran aprecio a la vida familiar o que los hijos obtengan un brillante resultado escolar. Es posible que los hijos se escapen habitualmente y, a pesar de ello, alcancen un alto aprecio por la vida familiar o un brillante resultado escolar. En tal caso, el estado de cosas pretendido por los padres se consigue,

---

17 Denomino a este aspecto «eficacia como éxito», como ya anticipé en la Introducción. La terminología sigue siendo diversa: Juan R. Capella denomina «efectividad» al cumplimiento o aplicación y «eficacia» a la obtención del resultado pretendido por el legislador (Capella, 1968, p. 105, en especial nota 2); Rafael Hernández Marín utiliza ambos términos pero invertidos, definiendo «efectividad» como *«cuando la creación del mismo* [de un enunciado jurídico] *tiene como resultado o efecto (causal) una situación que corresponde aproximadamente al objetivo o finalidad perseguida»* (Hernández, 1989, p. 300); Leticia Bonifaz distingue entre eficacia como obediencia, como aplicación y como *«cumplimiento de fines o realización de efectos»* (Bonifaz, 1993, pp. 10 y 67); Romano Bettini distingue entre eficacia-efectividad como obediencia y eficacia-funcionalidad como *«control de los resultados»* (Bettini, 1984, pp. 212-213); Lawrence M. Friedman distingue entre el objetivo directo de la norma (que es la conducta regulada) y el objetivo indirecto (que es el efecto o finalidad pretendida *[purpose]*) (Friedman, 1987, pp. 48-49). No es raro encontrar referencias a la eficacia del Derecho entendida exclusivamente en este sentido (Summers, 1993, p. 422: *«A particular judgement that a use of law was not sufficiently effective could not be made unless its goals could be identified and formulated).*

pero no se consigue mediante la eficacia de la norma (es decir: no es el cumplimiento o aplicación de la norma el que induce el resultado); es posible, también, que los hijos cumplan la norma o que, habiéndola incumplido algunas veces, se vean rigurosamente sometidos a sanciones y medidas de control que les mantienen luego en casa y, sin embargo, que no lleguen a apreciar la vida familiar o a obtener un resultado brillante; en tal caso la norma, cumplida o aplicada, no ha resultado tampoco eficaz para el fin pretendido. Ello quiere decir que para calibrar la eficacia como el «éxito» de la norma en servir de instrumento para alcanzar un estado de cosas deseable es necesario tomar en cuenta 1) el estado de cosas previo, 2) los propósitos del legislador, 3) la eficacia como cumplimiento o —en su defecto— aplicación, y 4) el estado de cosas resultante.

2.1. Los propósitos del legislador

Establecer cuáles son los propósitos del edictor de una norma no es siempre fácil; a veces se encuentran explícitos en las exposiciones de motivos que preceden a los textos normativos y a veces no; a veces aquellas explicaciones son honestas y a veces no; con la mayor frecuencia son parciales e «ideológicas», esto es: el legislador explicita los propósitos que juzga confesables y calla los que juzga inconfesables (afirma, por ejemplo, que la norma se propone mejorar la calidad de un servicio público y calla que se propone poner fin a una huelga). Naturalmente, una investigación empírica que pretenda contrastar el éxito de la norma tiene que asumir una determinada descripción de los propósitos del legislador, ya sea apoyándose en los propósitos explícitos, los antecedentes sociopolíticos, la interpretación de las intenciones u otros factores cualesquiera que sirvan de fundamento a la pretendida veracidad de la descripción. Una vez descrito el propósito como estado de cosas que el legislador se proponía alcanzar (por ejemplo, el incremento del empleo, la erradicación de la mendicidad, etc.), la investigación empírica de la eficacia consiste en comparar el estado de cosas alcanzado mediante el cumplimiento o aplicación de la norma y aquel propósito. El propósito del legislador, en este sentido, no debe ser confundido ni con lo que la doctrina clásica de la interpretación llamaba «voluntas legislatoris» ni con las causas que han podido motivar la decisión legislativa. Lo que se entendía como «voluntas legislatoris» era el fin directo, utilizando los términos de Friedman, es decir la «voluntad» del legislador sobre la conducta regulada. La llamada teoría subjetiva de la interpretación predominó hasta bien entrado el siglo XX en la doctrina continental, sobre todo la de influencia germánica, y encontraba un claro refuerzo en disposiciones explícitas como la del artículo 133 del Código Civil alemán o la del artículo 6 del Código Civil austriaco en los que, respectivamente, se mencionaba la *«voluntad del legislador expresada en la ley» y* la *«intención patente del legislador»* (Enneccerus, 1934, I, pp. 204205); tanto la voluntad como la intención se entendían bajo este punto de vista como el factor más relevante para averiguar el sentido de la norma y, si era necesario, para corregir el sentido literal de la expresión en favor de la «voluntad real», pero en absoluto se referían al propósito político o fin indirecto que el legislador pretendiese alcanzar.[18] También deben distinguirse las causas o motivos de una decisión legislativa del propósito del legislador; es claro, recurriendo a un ejemplo antes citado, que los motivos para aprobar la Ley 110/1963, de 20 de julio, de Represión de prácticas restrictivas de la competencia fueron principalmente, de un lado, la solicitud norteamericana contenida en el Convenio sobre ayuda económica de 1953 y, de otro, la apertura de negociaciones con la C.E.E. que España formuló en febrero de 1962, pero sus propósitos —asumiendo la honestidad de la Exposición de Motivos— serían *«crear las condiciones que permitan el máximo despliegue de la libertad de empresa [...] defender al consumidor contra los abusos derivados de restricciones intencionadas a la competencia [...] el mantenimiento y la consolidación de un sistema económico basado en la empresa privada y el mercado [...] alcanzar un nivel razonable de competencia dentro de nuestro mercado interior» y* cosas similares. Una catástrofe accidental puede ser el motivo de una legislación que introduzca ciertas obligaciones y prohibiciones en las instalaciones de «camping» con el propósito de obtener una alta seguridad para los excursionistas; puede ocurrir que, aun cumplidas o aplicadas, el conjunto de obligaciones y prohibiciones resulte insuficiente a los efectos pretendidos.

El primer problema que plantea la comparación entre el estado de cosas alcanzado mediante el cumplimiento o aplicación de la norma y los propósitos del legislador reside en que, con la mayor frecuencia, las normas no obedecen a propósitos únicos ni a varios propósitos consistentes. En cuanto su contenido regulativo o constitutivo (obligaciones, prohibiciones, permisos, atribución de competencias, modificación de procedimientos, aprobación de incentivos, etc.) refleja el resultado de presiones, discusiones, acuerdos y equilibrios políticos una misma norma puede tener al mismo tiempo el propósito de incrementar el empleo y de disminuir los costes sociales sobre los empresarios, o de disminuir la producción en un sector y de mantener los precios, o de descentralizar la prestación de un servicio público y de mejorar su calidad, e incluso propósitos abiertamente contradictorios entre sí, como en las tan frecuentes reformas que pretenden aumentar la cele-

18 Aunque estos propósitos (expresados en las exposiciones de motivos, me morías o materiales prelegislativos) sean generalmente admitidos como instrumentos para averiguar, en casos dudosos, aquella voluntad del legislador.

ridad de los procesos y aumentar las garantías procesales.[19] En tales casos el análisis se complica inevitablemente pues bien puede resultar que la norma tenga éxito con relación a uno de sus propósitos (disminuya los costes sociales) pero no al otro (no se incremente el empleo neto). A pesar de esta dificultad es concebible, en principio, introducir una medición de la eficacia como éxito, como luego veremos.

Hay, al menos, otros dos problemas relacionados con el éxito de las normas. Uno es el de que el cumplimiento o aplicación de una norma puede generar en mayor o menor grado el estado de cosas deseado pero, al mismo tiempo, generar otros estados de cosas, lo que se denomina *«efectos laterales»* (Jones, *1969, p. 42;* Podgórecki, 1974, p. 249; Friedman, 1987, p. 50). Otro es el de que la norma, aun no siendo ni cumplida ni aplicada (es decir, aun no siendo eficaz en estos sentidos), puede generar ciertos efectos, bien en sus destinatarios, bien en la sociedad o en alguna parte de ella, incluido el propio grupo que ejerce la autoridad; suele hablarse, en este supuesto, de *«normas simbólicas»* (Gusfield, 1969). Ambos merecen alguna particular atención.

2.2. *LOS EFECTOS COLATERALES*

Los efectos colaterales del cumplimiento o de la aplicación de las normas pueden ser previsibles o no previsibles, y pueden ser también positivos o negativos. La previsibilidad depende, por supuesto, de los esfuerzos que el legislador haga y de los medios de que disponga para hacerlo. El carácter positivo o negativo dependerá, por supuesto, del punto de vista que se adopte sobre cuál es el estado de cosas deseable (alguien puede estimar deseable la absoluta falta de cumplimiento y aplicación de una norma que reputa injusta) pero, bajo el punto de vista del éxito, han de entenderse como positivos los efectos que son confluyentes con el estado de cosas propuesto por el legislador y como negativos los que son contradictorios con él.[20] La combinación de las dos variables permite distinguir cuatro tipos de efectos colaterales: 1) previsibles positivos, 2) previsibles negativos, 3) imprevisibles positivos, y imprevisibles negativos. Obvio es concluir que una legislación consistente, en el sentido de que pretende ser eficaz, debe procurar imputar todos los efectos que puedan preverse para estruc-

19 Un lugar clásico contra la idea de «voluntad del legislador», que resulta extensible a la idea de «propósitos del legislador», se encuentra en Karl Olivecrona, 1980, pp. 93-97.

20 En las investigaciones sectoriales se llegan a identificar nominalmente algunos de los efectos negativos como, por ejemplo, el «efecto sustitución», el «efecto desplazamiento» o el «efecto búsqueda» en las políticas activas de empleo, o el «efecto llamada» de las normas de regularización de inmigrantes. A veces estos efectos se denominan, genéricamente, «efectos perversos» y se asocian a la idea de normas perversas. Aquí utilizaré, más adelante, una noción mucho más restringida de «norma perversa»

turar las normas (delimitar su ámbito, incluir excepciones, decidir las sanciones, los procedimientos de aplicación, etc.) o complementarlas con otras normas en la forma adecuada para promover los efectos laterales previsibles positivos y para contrarrestar los efectos laterales previsibles negativos. Los propiamente imprevisibles son, por definición, aquellos sobre los que el legislador no puede operar *ex ante*.

Un ejemplo paradigmático se encuentra en la legislación sobre arrendamientos urbanos en España. «*El problema de la escasez de habitaciones, hijo de la aglomeración de gente en las ciudades y muy agudizado durante los años de la primera guerra mundial y de la postguerra, provocó en casi todos los países la publicación de disposiciones extraordinarias encaminadas a proteger a los inquilinos contra el despido y contra el aumento abusivo del alquiler*» (Castán, 1962, IV, p. 318). En España la situación fue grave como consecuencia de la Guerra Civil y el régimen del general Franco trató de dar una respuesta normativa «*con carácter de permanencia*» (ibidem) que llegó a considerarse como un éxito del sector más «social» de la Falange. El texto articulado aprobado por Orden de 21 de marzo de 1947, autorizado por la Ley de 31 de diciembre de 1946, estableció un sistema fuertemente proteccionista del inquilino que fue reformado en gran parte, aunque bajo los mismos principios, por el texto articulado aprobado por Decreto de 13 de abril de 1956. La introducción del derecho de prórroga forzosa del inquilino junto a un rígido control de la revisión de las rentas por parte del Gobierno produjeron el estado de cosas deseado: una mantenimiento de las rentas en niveles muy bajos y una gran estabilidad de los inquilinos existentes. El efecto lateral más inmediato fue el de la disminución de la oferta por un doble motivo: la poca afición de los propietarios a alquilar los pisos que se quedaban desocupados y la nula afición de las entidades financieras y los promotores industriales a invertir en viviendas para alquiler.[21] Este efecto se puede juzgar negativo porque era contradictorio con la pretensión de resolver el problema de escasez. El segundo efecto lateral se produjo poco después y consistió en el aumento de la oferta de pisos en propiedad (despegó con especial intensidad en la década de los 60, los años del «desarrollo»). Esto tuvo a su vez un claro efecto en que una gran parte de las familias jóvenes dedicase en España, en las décadas siguientes, un porcentaje muy alto de sus ingresos a la adquisición de vivienda, efecto que también puede fácilmente reputarse negativo pues contradecía el propósito de mantener asequible el precio de la vivienda. Finalmente se produjo un cuarto efecto: la creación de un altísimo número de pequeños propietarios, efecto que en general se ha juzgado socialmente positivo tanto

---

21 Un ejemplo paralelo en relación a la ciudad de Nueva York después de la Segunda Guerra Mundial puede verse en Jones, 1969, pp. 51-54.

desde el punto de vista de la creación de riqueza como desde el punto de vista de la estabilidad y cuidado de los barrios, aunque este último efecto es neutral desde el punto de vista del éxito de la norma.[22]

2.3. *LAS LEYES SIMBÓLICAS*

El otro problema asociado al éxito de las normas consiste en la posibilidad de que una norma tenga éxito (en alcanzar el resultado propuesto) sin necesidad de ser eficaz en la dimensión de cumplimiento o aplicación. En el ejemplo que acabo de poner sobre los padres he señalado un supuesto en que el estado de cosas pretendido por los padres se consigue, pero no se consigue *mediante la eficacia* de la norma (es decir: no es el cumplimiento o aplicación de la norma el que induce el resultado). Aparentemente la norma no ha tenido éxito. Sin embargo, bien pudo ocurrir que los hijos, aun no dispuestos a satisfacer la prohibición de salir de casa, percibieran claramente la importancia que su padres atribuían al afecto familiar y al buen resultado en los estudios y decidiesen al mismo tiempo desobedecer con franca rebeldía y demostrar a sus padres que eran capaces, aun desobedeciendo, de tener una alto aprecio a la familia y de conseguir un brillante resultado en los estudios. Si damos por supuesto que los hijos se escaparon habitualmente y que los padres no se enteraron, la norma no ha sido cumplida ni aplicada, pero su edición ha sido el motivo de que los destinatarios alcanzaran el estado de cosas que se deseaba alcanzar mediante la regulación. Lo que Gusfield denomina función *«simbólica»*, a diferencia de la *«instrumental»*, consiste en la función de *«la aprobación, promulgación o anuncio de la ley sin relación con su función de influir la conducta mediante la aplicación»* (Gusfield, 1969, p. 309).[23]

---

22 En 1989, *«...solo el 11,8 por 100 del total de viviendas destinadas a vivienda habitual en España eran de alquiler, lo que contrasta con porcentajes tales como el 38 por 100 correspondiente a Francia, el 58 por 100 de Alemania Occidental y el 37 por 100 del Reino Unido»* (*Julio* Rodríguez, 1990, p. 247). Allí mismo se indica cómo desde 1970 en que el porcentaje era del 30 por 100 se había producido constantemente una tendencia decreciente, al 20,8 por 100 en 1981 y al 11,8 por 100 en 1989, es decir de prácticamente diez puntos en cada década. Es evidente que *«el largo período de tiempo transcurrido en España con una situación de alquileres congelados ha impedido que se desarrolle una cultura de viviendas en alquiler»* (ibidem, p. 249).

23 Aparte del trabajo seminal de Thurman Arnold, 1935, el análisis clásico sobre legislación simbólica es el de Vilhelm Aubert, 1966, sobre la ley noruega de 1948 sobre el trabajo de las amas de casa. Friedman, 1987, pp. 48-51, critica la distinción de Gusfield y propone volver a un modelo simple de impacto según el cual, *«cualquier conducta causalmente relacionada con un acto jurídico es un impacto, con independencia del significado o propósito del acto»*. Me parece, por el contrario, que la distinción entre función instrumental y función simbólica es enormemente útil para analizar los efectos sociales que, en algunos casos, se producen por la mera aprobación de normas jurídicas, aun cuando no sean cumplidas ni aplicadas.

Uno de los ejemplos más frecuentes es la generalizada tendencia a incrementar las penas de ciertos delitos cuando se produce un suceso de gran repercusión pública con ocasión de su comisión o cuando se produce un aumento coyuntural de cierto tipo de delincuencia. Al margen de que no haya ninguna evidencia empírica seria que apoye la idea de que la mayor severidad del castigo tenga, por sí sola, una mayor capacidad disuasoria, e incluso al margen de que se haya demostrado en algunos supuestos justamente lo contrario, esa reacción legislativa suele ser común. Algunos autores sostienen que ello no expresa ninguna estupidez del legislador, pues la aprobación de un incremento de las penas tiene serios efectos simbólicos sobre la sociedad en general, a la que ofrece un medio colectivo de expresar su reproche por lo sucedido, e incluso sobre la propia autoridad, que satisface de esta forma su necesidad de responder, es decir: su «responsabilidad» en la dirección de los asuntos públicos. Esta es la tesis, bastante plausible, que William J. Bowers y Richard G. Salem extrajeron de su investigación en un campus universitario: el incremento de la severidad de las sanciones no tenía ningún efecto disuasorio sobre las conductas desviadas pero sí tenía efectos muy relevantes tanto sobre el clima normativo como sobre la posición y los intereses de las autoridades (*«un signo de que las autoridades se preocupan y trabajan en el control de la desviación»*). Generalizando los resultados, Bowers y Salem proponían un modelo explicativo que sustituyera al dominante; según el modelo dominante (el de la «disuasión directa») la severidad de las sanciones es la causa que induce el clima normativo y el volumen de conducta desviada, mientras que según el modelo de la «respuesta represiva», que ellos proponen, son el clima normativo y el volumen de la conducta desviada los que inducen la severidad de las sanciones (Bowers y Salem, 1972, *passim;* cita en p. 439):

SF = sanciones formales; *CN* = clima normativo; *CD* = conducta desviada (ibídem, p. 431).[24]

SF = sanciones formales; *CN* = clima normativo; *CD* = conducta desviada (ibidem, p. r31)[24].

Como señala Gusfield, la función simbólica puede producirse por el mero anuncio de la norma: cuando en España se empezó a anunciar la preparación de una norma regulando la «pasantía» —alguna forma de preparación profesional práctica como requisito para ingresar en los colegios de abogados[25]— se tenía la pretensión de restringir el acceso a la practica profesional y probablemente mejorar la calidad de los servicios profesionales; el efecto real fue que una inmensa cantidad de licenciados en Derecho se inscribieron, y continúan inscribiéndose, en los colegios de abogados para obtener un «derecho adquirido»; esto es: el anuncio generó el efecto justamente opuesto al deseado.

Si admitimos la categoría de «normas simbólicas» y tenemos en cuenta el último ejemplo citado, hemos de concluir que no cabe descartar que existan normas simbólicas negativas, es decir: aquellas normas cuyo anuncio o promulgación produce por sí misma, incluso en el caso de que no lleguen a ser cumplidas ni aplicadas, un efecto contrario al propuesto.

2.4. *LA MEDICIÓN DEL ÉXITO*

Es claramente posible medir el éxito de las normas aun cuando ello implique superar las dificultades que hemos visto:[26] seleccionar una descripción adecuada de los propósitos del legislador y reconstruir

---

24 También Oren Bar-Gill y Alon Harel concluyen, utilizando un análisis más estrictamente económico, que —contra la generalizada suposición de que a mayor sanción esperada (severidad x probabilidad) menor tasa de criminalidad— se puede constatar la relación inversa según la cual el aumento de la tasa de criminalidad puede, según los casos, inducir una mayor o una menor probabilidad del castigo e inducir una mayor o menor severidad de la sanción (Bar-Gill y Harel, 2001, *passim),* lo que confirmaría la tesis de Bowers y Salem.

25 Todavía no se ha aprobado ninguna norma en tal sentido. No parece necesario, salvo para un lector extranjero, recordar que en España el título académico de licenciado en Derecho confiere el derecho a ingresar en cualquier colegio de abogados sin más requisitos que los de abonar las tasas de colegiación y el alta en la licencia fiscal, y que la colegiación capacita para ejercer en cualquier nivel de la jurisdicción. incluidos el Tribunal Supremo y el Tribunal Constitucional.

26 Bettini señala, siguiendo a Friedman, que «*1'ambiguità dei fini stessi, la complessità dei comportamenti, l'incertezza delle relazioni causa-effetto rendano in genere difficili le misurazioni*» (Bettini, 1984, p. 213). El trabajo publicado en España por María Jesús Montoro (Montoro, 1989) distingue entre control ex ante y control ex post del éxito de las normas y, dentro del control ex ante, entre los métodos de test y los métodos de verificación. Los métodos de test —de acuerdo con la propuesta de W. Hugger y C. Bohret que la autora sigue— incluyen el control mediante leyes temporales (*Zeitgesetz*), el ensayo por modelos (*Modellversuch*), el test práctico (*Praxistest*) y la representación planificada (*Planspiel*). Lo que

el estado de cosas previo a la edición de la norma y el alcanzado mediante el cumplimiento o la aplicación de la norma. El resultado de esa comparación arrojará un índice de obtención de resultados entre 0 y 1. Para la discusión que aquí vengo manteniendo la ventaja de las investigaciones sociológicas sobre el éxito de las normas es que pueden limitarse a ofrecer a la consideración del legislador y al conocimiento del público un resultado determinado sin que ello suscite ningún problema teórico, ya que no hay ninguna demanda teórica que haga depender la existencia o validez de las normas o la existencia de un sistema jurídico de que el legislador consiga alcanzar mejor o peor sus propósitos.

Puesto que tanto desde un punto de vista meramente sociológico-descriptivo como desde un punto de vista político-legislativo resultaría ingenuo sostener que una norma ha tenido éxito si ha conseguido el propósito pretendido (por ejemplo, erradicar el consumo de heroína o mantener bajos los precios de los alquileres) pero ha generado efectos negativos previsibles o imprevisibles (por ejemplo, incrementar el consumo de drogas de diseño o disminuir radicalmente la oferta de viviendas en alquiler), se hace necesario refinar la idea de éxito de una norma: la medida del éxito deberá descontar de los efectos positivos, ya sean generados por el impacto real del cumplimiento o de la aplicación o sean generados por influencia simbólica, los efectos negativos, previsibles o no previsibles y generados de una u otra forma. Las variables que, por lo tanto, han de tenerse en cuenta para medir el éxito podrían representarse en la siguiente forma:

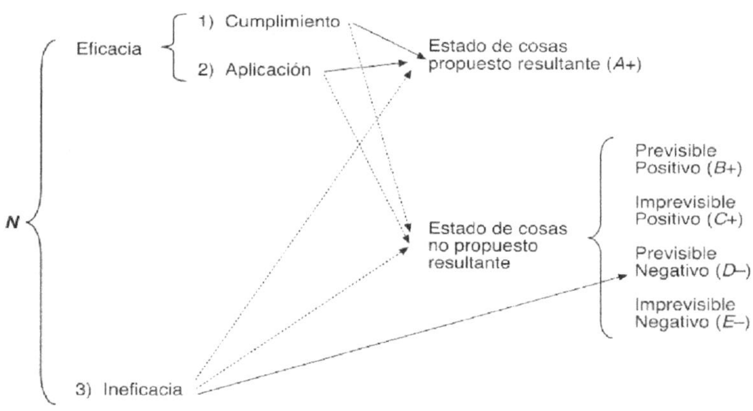

allí se propone me parece poco claro y no distingue adecuadamente, en mi opinión, entre cumplimiento, aplicación, éxito y eficiencia.

Las líneas continuas representan los efectos directos y las líneas de puntos los efectos laterales, de modo que la eficacia de la norma como cumplimiento o aplicación se encamina directamente hacia el estado de cosas propuesto pero puede generar efectos laterales positivos o negativos; la ineficacia de la norma por incumplimiento e inaplicación se encamina directamente hacia un estado de cosas no propuesto pero puede tener efectos laterales, como consecuencia de su función simbólica, tanto hacia el estado de cosas propuesto como hacia estados de cosas no propuestos positivos o negativos.[27]

De modo que un índice del éxito de la norma debería ser del siguiente tipo.[28]

$$Ie = (A + B + C) - (D + E)$$

Un problema adicional, y nada desdeñable, es el de saber si es posible una cuantificación de las variables *A, B, C, D y E*. Una característica de los análisis económicos aplicados al Derecho es la de ofrecer algún tipo de cuantificación que, en la forma más habitual, se traduce a términos monetarios. Si la suma de *A, B y C* es mayor que la de *D y E* podríamos afirmar que la norma ha tenido, a fin de cuentas, éxito. Una ulterior cuestión relevante tanto para el análisis sociológico como

---

27 Manuel Atienza ha distinguido cinco posibles niveles de «racionalidad legislativa»: (R1) la racionalidad comunicativa o lingüística, (R2) la racionalidad jurídico formal o sistemática, (R3) la racionalidad pragmática, (R4) la racionalidad teleológica y (R5) la racionalidad ética. Los niveles R3 y R4 ponen la norma en relación, respectivamente, con el hecho de que la conducta de los destinatarios se conforme a lo prescrito en la ley y con el hecho de que se alcancen los fines sociales perseguidos por la ley. Una ley es irracional en el nivel R3 si —ya sea por motivos subjetivos, como la falta de motivación al cumplimiento, ya sea por motivos objetivos, como la falta de cobertura financiera— no consigue influir en el comportamiento de sus destinatarios; una ley es irracional en el nivel R4 si no produce los efectos previstos o produce efectos imprevistos no deseables (Atienza, 1997, pp. 27, 37 y 38). Sobre estas bases propone Atienza un esquema complejo de análisis de la eficacia (en sentido de cumplimiento) y de los efectos sociales (en sentido de éxito) de las leyes en el que se integran, por sucesivos escalones, el análisis del cumplimiento o incumplimiento, de su deseabilidad o indeseabilidad y de los motivos de cumplimiento/incumplimiento, y el análisis de los efectos, distinguiendo si son apreciables o inapreciables, si son pretendidos o no pretendidos, si son previstos o no previstos y, finalmente, si son deseables (o positivos) o indeseables (o negativos) (ibidem, *p. 43).* En el esquema de Atienza aparece integrado, por razones lógicas, el doble supuesto de que el legislador no desee el cumplimiento o desee el incumplimiento, supuestos que —en mi opinión— son patológicos, aunque no descartables. Creo que, a pesar de las diferencias formales de presentación, hay una gran coincidencia entre la propuesta de análisis de Atienza y la que aquí propongo.

28 *Vid.* Adam Podgórecki, *1974, p. 250. «The degree of effectiveness of a normative act is thus the proportion of losses to intended effects».* Para Podgórecki, las pérdidas son tanto los efectos negativos no pretendidos como los efectos secundar*ios «expected... but not accepted... but allowed as indispensable conditions», lo* que viene a coincidir con lo que aquí denomino imprevisibles y previsibles.

para la política legislativa es la de establecer si, para conseguir un cierto estado de cosas propuesto, una norma (por ejemplo, una prohibición asociada a ciertas sanciones negativas) obtiene mayor o menor éxito que otra u otras normas alternativas (por ejemplo, un permiso asociando ciertas sanciones positivas a uno de sus cuernos). Si una norma *N* tiene más éxito que una norma *N'* diremos que la primera es más eficiente que la segunda:

> *N* es más eficiente que *N'*, *si* y solo si
> $IeN > IeN'$
> es decir, si y solo si
> $[(A+B+C)-(D+E)] > [(A'+B'+C') - (D'+E')]$

En el sentido más técnico, en el que los economistas hablan de eficiencia, diríamos que una norma *N* es eficiente si no existe ninguna otra norma que pueda tener más éxito. En este aspecto el estudio del éxito de las normas se convierte en un estudio de su eficiencia.[29]

2.5. LA EFICACIA COMO EFICIENCIA

La forma más simple, y más insignificante, de enunciar la eficiencia de las normas sería la que propone que la diferencia entre el estado de cosas previo a la introducción de la norma y el estado de cosas resultante se divida por los costes de aplicación[30] de la norma:

$$c = (a-b)/k$$

Esta es la fórmula que propusieron A. E. Paskoe y L. S. Javic en un trabajo de 1970 (según refiere Romano Bettini, 1984, p. 217, nota 22). El coeficiente «*c*» indica la «eficacia» de la norma —aunque entiendo que en un sentido equivalente al que estoy denominando «eficiencia»—

29 Una dificultad específica, y muy intensa, en un análisis de este tipo deriva de la escasa posibilidad «por principio» de experimentar con normas: «*The formidable difficulties confronted in the experimental analysis of legal institutions are directly connected with the principle of citizen's equality before the law. In the case of experimental legal institutions, that principle would be glaringly violated*» (Podgórecki, *1991, p. 228*).

30 Los costes de aplicación pueden considerarse efectos previsibles negativos en la medida en que en el estado de cosas precedente a la edición de la norma tales costes no existirían. Sin embargo, la individualización de estos costes es, con la mayor frecuencia, sumamente compleja —cuando no imposible— en la medida en que los aparatos de adjudicación y ejecución (subsistema judicial, subsistema policial, subsistema penitenciario, subsistema registral, etc.) tienen un acusado carácter de bienes públicos.

mientras que «*a*» designa el resultado de la aplicación, «*b*» la situación de partida y «*k*» *los* costes de aplicación. Es fácil notar que si bien los costes de aplicación de una norma son eventualmente cuantificables (en dinero), la diferencia entre los estados de cosas anterior y posterior a su aplicación solo resultarían cuantificables para algunos tipos de normas. Imaginemos, por ejemplo, que cuantificamos el estado de cosas «está permitido producir, distribuir y consumir tabaco» como la aportación económica del tabaco al PIB de la que habría que restar los costes sanitarios que el consumo de tabaco produce y los costes de acortamiento de vidas (supuesto que estos fueran cuantificables); cuantificamos asimismo el estado de cosas resultante de un norma que prohíbe la producción, distribución y consumo de tabaco eliminando los dos primeros factores y contabilizando en el activo los beneficios del alargamiento de vidas humanas (supuesto que estos fueran cuantificables), restándoles los costes de los efectos laterales negativos (por ejemplo, costes sanitarios y de acortamiento de vidas originados por el número de ciudadanos que como consecuencia de la prohibición se desvían al consumo de otro tipo de drogas), y dividimos el resultado de la nueva situación por los costes de control, persecución y ejecución de las condenas para los productores, traficantes y consumidores de tabaco; tendríamos, entonces, una posible cuantificación de «*c*».[31]

Pero si los estados de cosas alternativos son tales como la permisión y la prohibición de la esclavitud, la prohibición y la permisión del divorcio, el derecho a la educación gratuita hasta los 14 o hasta los 16 años, etc., la posibilidad de cuantificarlos es simplemente ridícula.

Parece casi innecesario aclarar que al hablar de «eficiencia» en relación con el éxito de las normas utilizamos la noción de eficiencia en un sentido puramente instrumental, es decir: no en el sentido, o en los sentidos, en que ha sido utilizada por la economía del bienestar y desde la que ha penetrado con fuertes pretensiones explicativas y normativas en la teoría del Derecho[32] en cuanto pretendido valor social que, de algún modo, hay que conjugar con la justicia o con la equidad, sino en el sentido más sencillo y corriente en el que se entiende que un medio, un procedimiento o una estrategia para alcanzar un determinado fin es más eficiente que otro si ambos son aptos para alcanzar el fin propuesto y el primero tiene menos costes en esfuerzo, tiempo, desgaste de los recursos empleados o, simplemente, dinero que el segundo.

---

31 Hay una interesante y muy amplia presentación de aplicaciones del cálculo eficientista a sectores del ordenamiento jurídico español en los capítulos V a IX de Santos Pastor, 1989.

32 Un excelente recorrido sobre la evolución del concepto de eficiencia en la economía del bienestar puede verse en Juan C. Bayón, 2002, pp. 244-259. He discutido las relaciones entre justicia y eficiencia en Hierro, 2002.

Como señala Alistair M. MacLeod, un juicio de eficiencia, en este sentido corriente, presupone un fin y tres condiciones: la *condición de efectividad*, que exige que el medio o estrategia evaluado bajo el punto de vista de su eficiencia sea apto o efectivo para alcanzar el fin propuesto; la *condición de economía*, que exige que el medio o estrategia optimice el ahorro de recursos utilizados para alcanzar el fin; y la *condición de las restricciones (constraints condition)*, que exige que el medio o estrategia utilizado no esté en contradicción con otros fines que el agente también se propone o con principios con los que el agente está comprometido (MacLeod, 1998, pp. 113-114). Aplicando este esquema a la eficiencia de las normas cabe concluir que una norma es eficiente para alcanzar un estado de cosas propuesto si, siendo su cumplimiento o aplicación un medio adecuado para obtener tal estado de cosas y no contradiciendo ningún principio del sistema, es la norma que menos costes de aplicación tiene y la que produce menores efectos laterales negativos.

En definitiva, la noción de eficiencia de las normas viene a completar la noción de eficacia como «éxito» al incluir, junto a los efectos positivos y negativos, los costes de aplicación (costes que es conveniente entender en un sentido amplio que incluya no solo el valor económico de los medios personales y materiales de persecución, enjuiciamiento y aplicación de las medidas y sanciones, sino también factores como el tiempo, el esfuerzo social, el desgaste de recursos, etc.).

Lo más interesante del esquema de MacLeod es, sin embargo, la inclusión de la condición de las restricciones. Las restricciones limitan las estrategias elegibles y dejan fuera del cálculo de su eficiencia a todas las que no satisfacen la condición (ibidem, p. 114). Ello significa, por ejemplo, que para muchos de nosotros —como es mi caso— la noticia de que no se haya confirmado empíricamente, a pesar de los muchos esfuerzos invertidos en hacerlo, que la pena de muerte tenga un efecto disuasorio superior a la privación de libertad es, en el fondo, una noticia irrelevante; es irrelevante porque, para quienes consideramos que la pena de muerte es una pena cruel e inhumana que no se ajusta a los principios de justificación de las penas, la pena de muerte queda fuera de cualquier cálculo de éxito o de eficiencia.

La conclusión es que la medida de la eficiencia de las normas solo puede aplicarse a aquellas que satisfacen la condición de efectividad y la condición de las restricciones y solo cuando y en la medida en que la condición de economía resulte posible, es decir: cuando entre el estado de cosas de partida y el estado de cosas propuesto solo existan diferencias económicamente mensurables. Si, como es más frecuente, entre un estado de cosas y otro la diferencia es solo, o es también, una diferencia de valor (menor/mayor libertad, menor/mayor igualdad, menor/mayor seguridad, menor/mayor protección de los menos favorecidos, menor/mayor respeto a los animales, menor/mayor protección del medio ambiente, etc.), el cálculo de eficiencia no se hace solo menos significativo o menos influyente, simplemente se hace imposible.[33]

2.6. *LA EFICACIA DE LOS PREMIOS*

Señalé, al hablar de la correspondencia, que la eficacia de las normas permisivas suscitaba algunos problemas particulares. Si entendemos los permisos como permisos completos —lo que algunos llaman «facultades»— es obvio que una norma permisiva autoriza al destinatario a realizar o no realizar la acción. En consecuencia, la conducta del destinatario siempre se corresponde con la norma y el destinatario siempre cumple la norma. No cabe, pues, hablar de correspondencia ni de cumplimiento de los permisos. Tampoco cabe hablar de aplicación, pues lo único que es susceptible de aplicación son las normas que, en protección de los permisos, prohíben a otros terceros interferir en la libertad de acción del destinatario del permiso, pero el permiso, como tal, no es susceptible de aplicación como no es posible pensar en sanciones al incumplimiento de los permisos, ya que no pueden incumplirse. Sí es posible, sin embargo, pensar en sanciones positivas que fomentan o promueven la conducta que es uno de los cuernos del permiso. Podríamos, por tanto, plantearnos la aplicación/inaplicación de la sanción premial pero, como es obvio, ello tampoco implica aplicar el permiso sino aplicar la norma que obliga a otro —por ejemplo, a una autoridad dar determinado premio (subvención, exención, etc.)

---

33 El informe Runciman, elaborado por la Royal Commission on Criminal Justice (creada en 1991 bajo la presidencia de Lord Runciman), propuso entre otras cosas sustituir en muchos casos el juicio por jurado por el juicio de los magistrados sobre la base de su menor coste. Para muchos críticos la propuesta no era admisible, ya que el juicio por jurado ofrece más garantías, por lo que su sustitución suponía alterar las prioridades que el proceso penal *debe* satisfacer entre las cuales la exculpación del inocente es la primera (Stewart Field y Philip A. Thomas, 1994, especialmente p. 9). Si se adopta este punto de vista, la comparación entre el esta do anterior y el posterior no puede hacerse en términos de eficiencia porque lo que está en juego es un valor Es decir, aun suponiendo que se satisfaga la condición de las restricciones porque no existe en el sistema jurídico ningún principio que impida el juicio sin jurado, para quien considere que ofrece mayores garantías de la realización de un valor un estado de cosas que otro la comparación en términos económicos nunca será aceptable. En el caso al que me refiero se pone claramente de relieve la imposibilidad de comparar en términos de eficiencia estados de cosas sobre los que se mantienen distintas valoraciones: mientras Michael Zander, el único profesor miembro de la Comisión Runciman, afirmó que la Comisión había actuado priorizando la exculpación del inocente sobre la condena del culpable y esta sobre la utilización eficiente de los recursos, el ministro del Interior Michael Howard presentaba en 1993, año de publicación del informe, un paquete de medidas que *«corregirán los 30 años de prejuicio estructural en el sistema de la justicia criminal a favor del criminal y en contra de la protección del público»* (ibidem, pp. 9 y 7). Se trata, como es obvio, de dos valoraciones incompatibles.

al que ha seguido una cierta conducta permitida, siempre y cuando exista tal obligación para la autoridad.

Sin embargo, los permisos pueden ser eficaces o ineficaces en el preciso sentido de que pueden tener o no tener éxito. Los permisos se dan para algo; el legislador que introduce una norma permisiva deroga una obligación o una prohibición existente, o aclara la inexistencia de una obligación o una prohibición supuesta. Tomemos como ejemplo la norma (el conjunto de normas) que introdujeron en España, el año 1981, el divorcio (Ley 30/1981, de 7 de julio). Se trata claramente de una institución normativa permisiva: permite, pero no obliga, a un cónyuge o a ambos a instar la disolución de su matrimonio dadas ciertas condiciones. La norma era necesaria porque en España, durante las décadas de dictadura, el matrimonio era legalmente considerado indisoluble, esto es: el divorcio estaba prohibido (o, mejor dicho, era imposible en cuanto no había normas que hicieran posible constituir esta situación jurídica). La Secretaría Técnica de la Presidencia del Tribunal Supremo realizó un seguimiento de la aplicación de la ley y comprobó —sin ocultar una cierta sorpresa y una cierta satisfacción— que entre el primer cuatrimestre de aplicación en el año 1981 y el año 1982 se había producido un notable descenso de los litigios en demanda de separación y divorcio (respectivamente, un −15,44 % y un −26,22 %), así como un fuerte incremento de las separaciones de mutuo acuerdo (un 33,64 %) (Tribunal Supremo [sin fecha], p. 17). La lectura que la institución hacía de estos datos indicaba que «*superado un primer período en el que se practicó la regularización judicial de situaciones de separación de hecho antiguas, el índice de conflictividad matrimonial parece mantenerse en un nivel inferior al esperado...*». Aunque nada nos dice sobre el nivel esperado y sus razones para esperarlo, podemos asumir —a los efectos de mero ejemplo— la conclusión citada. Pues bien, si fuera así (si en el primer período se habían regularizado las situaciones pendientes) y si luego se alcanza una situación «normal», cabría afirmar que la ley tuvo éxito. Un ejemplo contrario sería el de la posibilidad de celebrar contratos de trabajo a tiempo parcial; el Real Decreto Ley 15/1998, de 27 de noviembre, pretendía «*una regulación que, permitiendo una adecuada flexibilidad en este tipo de trabajo [...] se ofrezcan nuevas respuestas a las cada vez más diversificadas necesidades de carácter personal, familiar, formativo y profesional de los trabajadores y trabajadoras, además de atender de forma adecuada a las exigencias de adaptabilidad de las empresas*»; lo que ocurrió, sin embargo, fue que el porcentaje de contratos a tiempo parcial bajó del 20,3 en 1998 al 18,7 en 1999 (José A. Griñán, 2000, p. 287). Cabe afirmar que la ley no tuvo éxito, al menos en ese primer año.

3. INCUMPLIMIENTO, INAPLICACIÓN Y FRACASO: LA TEORÍA DE LAS NORMAS PERVERSAS

Harry Jones sugería que, del mismo modo que habían hecho muchos autores para abordar el problema de la justicia y del mismo modo que hacen muchos científicos al invalidar hipótesis, la mejor aproximación al problema de la eficacia era acercarse *«por la puerta de atrás»*: *«Por tanto, en lugar de intentar la tarea hoy por hoy imposible de enumerar las condiciones y las fuerzas que garantizarán la eficacia de un precepto legal, dediquemos una atenta mirada a algunos fracasos corrientes de la ley y veamos si hay categorías significativas de ineficacia en las que quepan algunos o todos ellos»* (Jones, 1969, p. 13). Jones propone, a continuación, una clasificación de los fracasos de las normas jurídicas en cinco tipos: 1) fracasos de comunicación de la norma a sus destinatarios, 2) fracasos en conseguir la acción de apoyo de la norma, 3) fracasos en prevenir la evasión, 4) fracasos en la aplicación y 5) fracasos en la obligación. Todo su libro (que contiene sus tres conferencias Rosenthal de 1968) es un desarrollo brillante y entretenido de los cinco tipos, pero estos son, en mi opinión, heterogéneos y no exhaustivos; en definitiva se reducen, respectivamente, a uno de los posibles motivos de incumplimiento (la ignorancia), a la ausencia de la demanda de aplicación, a la aparición de un efecto colateral (el «efecto sustitución»), al incumplimiento de la aplicación y, por último, a otro posible motivo de incumplimiento (la falta de respeto al orden jurídico).[34] La sugerencia de Jones resulta, pues, meramente intuitiva y no permite concluir que haya ninguna razón metodológica que permita esperar mejores resultados de investigar la ineficacia que la eficacia.[35] Pero, además, aun suponiendo que en algunos casos fuera efectivamente más fácil investigar la ineficacia y sus causas, la investigación se limitaría a ofrecernos un índice de ineficacia igual de indiferente a efectos de resolver aquellos problemas que, como hemos visto, la teoría del Derecho se plantea. Ello no

---

34 Me parecen, también, heterogéneos y no exhaustivos los *«factores de ineficacia»* que enumera Ramón Soriano distinguiendo entre internos (incompletud, contradicción, indeterminación, anacronismo, ilegitimidad e inaccesibilidad) y externos (jurídicos, sociales, culturales y psicológicos) (Soriano, 1997, pp. 44-45 y 412414). Creo que hay que distinguir entre las dimensiones o niveles de la ineficacia *vid. supra* gráfico en p. 146 y los factores que pueden influir en que esta se produzca. Allí se incluía, en primer lugar, la ineficacia por incumplimiento que obviamente se produce cuando fallan todos los motivos de cumplimiento, esto es: cuando los motivos de cumplimiento presentes no vencen a los motivos irracionales, autointeresados o morales que inclinan al incumplimiento.

35 En este mismo sentido, Ingram, 1983, p. 485: *«It may also seem that the relationship of ineffectiveness to law, being more readily appreciable, could provide a better approach to understanding effectiveness itself Yet when followed through, an analysis of the concept of ineffectiveness seems to be as unclear in connection with law as the concept of effectiveness... Both effectiveness and ineffectiveness are a matter of degree of obedience.»*

obstante, conviene prestar alguna atención a ciertas evidencias que la investigación de la ineficacia de las normas ha ofrecido y que ponen de manifiesto los efectos peculiares que se producen cuando una norma jurídica generalmente incumplida y generalmente inaplicada se aplica. Esto es lo que podemos entender, en un sentido estricto, por una «norma perversa».

3.1. *El concepto de normas perversas*

Utilizando un método de análisis similar al que sirvió a Stanley Milgram para llevar a cabo su famoso experimento en la Universidad de Yale,[36] José M. Fernández Dols ha venido investigando diversos supuestos en que normas formalmente vigentes pero generalmente incumplidas e inaplicadas eran objeto de aplicación. Sobre la base de los resultados experimentales Fernández Dols define la «norma perversa» como *«una norma explícita e incumplible que un grupo asume o sufre por iniciativa de otro grupo o por propia iniciativa»* (Fernández Dols, 1992, p. 252 y 1993, p. 95), aunque en otros lugares se añade la característica de que la norma esté sujeta a sanciones (ibidem, p. 91). Creo que, a la vista de sus propios estudios, la definición que ofrece debería matizarse en tres aspectos. De un lado, la calificación de «incumplible» parece excesiva, ya que él mismo maneja numerosos ejemplos de normas que sí son susceptibles de cumplimiento (como la de respetar el límite de velocidad) por lo que parece coherente con su definición sustituir «incumplible» por «generalmente incumplida». De otro lado, todos los experimentos realizados se refieren a casos en que la norma en cuestión era generalmente inaplicada pero resultaba eventualmente aplicada; como enseguida veremos, los efectos de la norma perversa se despliegan precisamente en el momento en que se pretende aplicarla. Algunos de los experimentos de referencia tienen por objeto, precisamente, la norma jurídica que establece un límite máximo de velocidad, norma que —podemos asumir por experiencia— no es totalmente incumplida, aunque lo sea muy frecuentemente, y no es totalmente inaplicada, aunque su aplicación sea un tanto aleatoria y cuantitativamente mínima en relación con las infracciones.[37] La califi-

36 Milgram, 1963 y 1974; una temprana exposición y crítica, en España, puede verse en José F. Tezanos, 1976. El método, básicamente, consiste en contrastar las previsiones sobre un determinado comportamiento que hace un «grupo lector» con lo que luego se experimenta en un «grupo de control». En el experimento de Milgram el grupo lector predijo que no superarían el 2 % los sujetos capaces de obedecer hasta el final las órdenes de torturar que eran objeto del experimento; el grupo de control demostró que un 62,5 % fueron capaces de llegar hasta el final.

37 Fernández Dols sostiene que está empíricamente demostrado que *«prácticamente el 100 por ciento de los conductores no respetan los límites establecidos»* (Fernández Dols, 1992, p. 253). Es claro que ello no equivale a un cumplimiento 0 porque no significa que no los respeten

cación de que la norma es asumida por el grupo por iniciativa de otro o por iniciativa propia me parece innecesaria por exhaustiva. Por lo tanto, me parece que, tratando de ser fiel a sus propias conclusiones, la norma perversa quedaría mejor definida así:

> Una norma perversa es una norma generalmente incumplida y generalmente inaplicada que eventualmente se aplica.

Así entendida, la perversidad de la norma es un carácter relativo y las normas pueden ser más o menos perversas en la medida en que el suceso de su aplicación se produce más o menos y en la medida en que se desplieguen más o menos intensamente sus efectos típicos.

Lo que, de acuerdo con Fernández Dols, la norma perversa pone de manifiesto es un divorcio entre la deseabilidad de la norma y su aplicabilidad (Fernández Dols, 1993, p. 100), divorcio que puede tener su origen en 1) el desuso o la práctica en contrario, 2) la incompetencia legislativa o 3) la afirmación social de un valor (legitimidad) a pesar de las consecuencias de la imposición de la norma.[38] Claramente los tres factores pueden interpretarse extensivamente cualquiera que sea la causa que ha provocado el que una norma jurídica sea generalmente incumplida (como la falta de respeto por el Derecho, la falta de respeto por la autoridad, el conflicto de la norma con la moralidad positiva, la insuficiente capacidad disuasoria del castigo, etc.) y generalmente inaplicada (la ausencia de demanda de aplicación, la pérdida de reconocimiento por los jueces, la falta de medios de aplicación suficientes, etc.), si la norma en esta situación puede ser eventualmente aplicada, despliega los efectos de una norma perversa.

3.2. *Efectos de las normas perversas*

Las investigaciones a las que me estoy refiriendo han puesto de relieve algunos efectos típicos de las normas perversas.[39] No se trata ahora de efectos colaterales (previsibles o no previsibles, positivos o

---

en todas las ocasiones, sino solo que «todos» los conductores dejan de respetarlos en algunas o muchas ocasiones.

38 Traduzco a mis propios términos las afirmaciones de Fernández Dols que habla, en el primer caso, de *«normas que fueron respetadas en algún momento... [y] comienzan a ser desobedecidas sistemáticamente» y,* en el tercero, de una mayor preocupación *«por la legitimidad que por la validez de las normas»,* aunque obviamente entiende por «validez» su aplicabilidad (Fernández Dols, 1992, p. 254).

39 Las investigaciones que he consultado abarcan una docena de experimentos. *Vid.* Luis V Oceja y José M. Fernández Dols, 1992; José M. Fernández Dols y Luis V. Oceja, 1994 y José M. Fernández Dols y otros, 1994.

negativos) que puedan derivarse —como ya vimos— del cumplimiento o aplicación de una norma jurídica, sino de *efectos negativos típicos* que se producen cuando una norma de este tipo eventualmente se aplica. Creo que los efectos constatados pueden clasificarse en cuatro grupos: 1) efectos sobre el destinatario de la aplicación, 2) efectos sobre la autoridad que aplica la norma, 3) efectos sobre el sistema normativo, y 4) efectos sobre el grupo social.[40]

Se ha demostrado que el destinatario de la aplicación de la norma, en estos casos, experimenta la decisión que recae sobre él como un agravio comparativo; habitualmente no percibirá la aplicación como un riesgo calculado ni mucho menos como un acto de justicia, sino como una consecuencia de la arbitrariedad o, en el mejor de los casos, de la mala suerte. Su actitud es, consecuentemente, una crítica a la decisión del juez (juez, en el mismo sentido amplio que ya he utilizado). En la medida en que la norma perversa provoca esta actitud en el destinatario de su eventual aplicación, su efecto disuasorio es escaso o nulo y, por el contrario, le convierte en lo que Gusfield denominaba un «desviado enemigo», es decir: el destinatario tiende a considerar que su conducta se ha ajustado a otra norma vigente que él puede oponer frente a la norma perversa que le aplican (es típicamente la actitud del que aparca en doble fila en un lugar donde hay multitud de coches aparcados en doble fila cuando la policía municipal retira su vehículo con una grúa).

Respecto a la autoridad que aplica la norma, la situación de una norma perversa implica necesariamente una gran discrecionalidad *de facto* y una notable desmoralización. En el ejemplo que antes utilicé de la antigua Ley de Prácticas restrictivas de la competencia podríamos reproducir así la situación: el Tribunal de Defensa de la Competencia, durante un largo período de tiempo, no propuso las multas que, conforme a la ley, debía proponer; existe prueba documental de que el propio Tribunal (al menos en cierto momento) estaba desmoralizado y era consciente de su ineficacia; la decisión de proponer multas cuantiosas que, finalmente, se adoptó se tomó en un contexto de gran discrecionalidad *de facto* pues, aunque la ley preveía su imposición, nadie se hubiese extrañado si el Tribunal hubiese mantenido la indolente actitud anterior. La discrecionalidad *de facto,* como toda discrecionalidad, es susceptible de generar una aplicación selectiva movida por el favoritismo o incluso la corrupción.

---

40 En el trabajo de Luis V Oceja y José M. Fernández Dols, 1992, p. 228, se establecen como hipótesis tres efectos: 1) la pérdida de confianza en el aplicador, 2) la relajación de otros criterios normativos, y 3) la atribución de poder al ganador de la situación perversa. Una vez más, me permito reconstruir con mis propias palabras los resultados de sus investigaciones.

La norma perversa no limita sus efectos al hecho mismo de su aplicación eventual y a los sujetos en ella implicados sino que, y esto tiene una particular importancia, se proyecta tanto sobre el sistema normativo como sobre el grupo social. Se ha demostrado que la norma perversa tiene un efecto contagio respecto a otras normas del sistema, más acentuado en relación con las normas más cercanas a la norma perversa. Es notorio que el cumplimiento de las normas de aparcamiento en el centro de las grandes ciudades resulta prácticamente imposible y que el incumplimiento es tan general que hace asimismo inviable una aplicación generalizada de las medidas y sanciones previstas. Es fácil observar, en mi propio campus universitario, que los estudiantes y no pocos profesores aparcan los coches en los pasos de cebra o en las aceras aun cuando existan a quince metros múltiples sitios para aparcar debidamente y es fácil observar que la obligación de ponerse el cinturón de seguridad es generalmente incumplida en las grandes ciudades españolas. Se trata simplemente de la deslegitimación por contagio que sufren las normas de aparcamiento y, por extensión, las relativas al tráfico en las grandes ciudades.

El grupo social, por su parte, tiende a reaccionar ante la aplicación eventual de la norma perversa solidarizándose con el incumplidor y criticando a la autoridad. El incumplidor es percibido por el grupo como víctima, si es sancionado, y como héroe, si es capaz de eludir la sanción, mientras que la autoridad es percibida como arbitraria, autoritaria o simplemente corrupta (la espontánea «solidaridad» que despierta el «pobre» conductor cuyo vehículo aparcado en doble fila va a ser aupado a una grúa por orden de un «arbitrario» agente municipal es buen ejemplo del «prestigio» del incumplidor y el descrédito de la autoridad). La norma perversa tiende a establecer, además, una polarización entre la autoridad y los subordinados llegando a generar, con frecuencia, la aparición entre estos últimos de grupos estables que generan pautas o normas alternativas a la norma perversa. Son buenos ejemplos de estas es trategias alternativas la aparición, con gran aparato publicitario, de organizaciones comerciales dedicadas a recurrir las multas de tráfico, o los guardacoches de los restaurantes de lujo que, en connivencia con los agentes municipales, controlan zonas de aparcamiento ilegal, así como instituciones tales como el «enchufe», la «recomendación» o el «amiguismo», fenómenos todos ellos que —como señala Fernández Dols— no son tanto las causas como los síntomas de la presencia de normas perversas.

Luis V Oceja, un colaborador de Fernández Dols, sostenía muy gráficamente en su tesis doctoral que *«cuando una norma no se cumple no solo deja de cumplirse»*. Aunque las investigaciones de referencia se encuentran en desarrollo y el propio método utilizado hace difícil la generalización,[41] la teoría de las normas perversas ofrece una panorámica muy iluminadora de las consecuencias que la relación incumplimiento-inaplicación-aplicación puede tener sobre las actitudes o motivaciones «normativas» de los destinatarios y operadores de las normas jurídicas, consecuencias que pueden suponer no solo la ineficacia o algun efecto colateral negativo de una norma jurídica, sino su auténtica perversión al generar casi exclusivamente efectos negativos encadenados, algo que —como vimos— ya intuyó Suárez cuando preveía que, en caso de general incumplimiento, se produce escándalo si se castiga a todos y también si solo se castiga a algunos *(supra, p. 42).* La perversidad de la norma generalmente incumplida e inaplicada es —señala Fernández Dols— doble: «*no solo no genera los comportamientos deseados sino que, además, promueve otros comportamientos totalmente indeseados que, sin embargo, poseen una gran robustez normativa en su contexto social*» (Fernández Dols, 1993, p. 94).

41 Me parece particularmente interesante investigarlos supuestos de contagio «subjetivo» (en los que el destinatario de una norma perversa pierde respeto por otras o todas las normas) y de contagio «objetivo» (en que la norma perversa relaja el cumplimiento por otros miembros del grupo de otras o todas las normas) pues de ello depende el alcance de la hipotética *«relajación de otros criterios normativos».*

CAPÍTULO 4

LA EFICACIA DE LAS NORMAS, LA EFICACIA DE LOS SISTEMAS Y LA TEORÍA DEL DERECHO

1. INTRODUCCIÓN: BREVE RECAPITULACIÓN DE LOS CAPÍTULOS 2 Y 3 Y REGRESO AL CAPÍTULO 1

El análisis de las diferentes dimensiones de la eficacia de las normas jurídicas —coincidencia, cumplimiento, aplicación, éxito y eficiencia— ha puesto de relieve que, en todas ellas, es posible una comprobación empírica y su traducción en ciertos índices o coeficientes que expresarían la magnitud relativa de la eficacia/ineficacia de una norma en la determinada dimensión que sea objeto de estudio. Ha puesto de relieve, al mismo tiempo, que la coincidencia o mera correspondencia no es una dimensión significativa a ningún efecto, que la aplicación es una dimensión enormemente opaca, que el éxito plantea problemas nada sencillos de reconstrucción descriptiva de propósitos con frecuencia inconsistentes y de evaluación de estados de cosas complejos y, finalmente, que la eficiencia es significativa en supuestos muy restringidos y generalmente controvertibles. Ha puesto de relieve, también, que los coeficientes que podríamos aplicar en cada caso solo nos indicarán que una norma (o un sector o institución normativos) alcanzan algún grado de eficacia entre 0 y 1 pero que, en ningún modo, nos permitirán resolver los problemas a los que la teoría del Derecho había asociado una cierta relevancia de la eficacia: el problema de la validez o de la existencia de las normas jurídicas y el problema de la existencia de un sistema jurídico. Con la metáfora que ya he utilizado, cabría decir que el análisis de la eficacia nos puede dar cierta medida de la temperatura o de las pulsaciones pero que, en nuestro caso, carecemos de la más mínima idea de cuál es la temperatura o cuáles son las pulsaciones normales. Como dice Peter Ingram (tras optar, como vimos, por entender la eficacia como aplicación):

> El problema cuantitativo continúa siendo un fastidio: ¿qué tipo de ratio entre aplicación real y aplicación requerida es necesaria para que hablemos de efectividad o inefectividad? Y también hay

> que afrontar el significado de las diferentes áreas de aplicación del Derecho: ¿qué tipo de infracciones o de conducta no conforme son más significativas para la eficacia de un sistema como totalidad y son, por ello, las que un sistema supuestamente efectivo nunca debería ignorar? (Ingram, 1983, p. 501).

Tenemos, por tanto, un fastidioso problema cuantitativo, pero solo tenemos el problema si nos planteamos extraer alguna consecuencia teórica del grado de eficacia o ineficacia de una norma. Tal y como hemos ido viendo la consecuencia pretendida puede ser una de estas tres: 1) que una norma que no es eficaz en un cierto grado no es válida; 2) que una norma que no es eficaz en un cierto grado no existe; o 3) que un sistema jurídico que no es eficaz en un cierto grado no existe. Tenemos, también, un problema cualitativo, pero solo tenemos el problema si suponemos que la existencia de un sistema jurídico requiere un cierto grado de eficacia de un determinado tipo de normas.

Ambos problemas se plantean exclusivamente en relación con la eficacia entendida como cumplimiento y, en su defecto, aplicación. De un lado porque, como acabo de recordar, la mera correspondencia no es significativa y, de otro, porque del éxito de las normas nadie (en el paradigma positivista) pretende extraer ninguna consecuencia teórica, aunque resulte de gran interés para el legislador y para la sociedad en su conjunto saber si las normas jurídicas tienen más o menos éxito, pero ello no requiere establecer ningún grado determinado de éxito; respecto a la eficiencia parece racional que, si no hay en juego otras consideraciones, sea siempre preferible la norma más eficiente.

Si las normas no se cumplen y, no habiéndose cumplido, no se aplican, ello solo se puede deber a dos causas: que el destinatario y el aplicador *no quieran* cumplirla y aplicarla o que el destinatario y el aplicador *no sepan* que tienen que cumplir y aplicar esa norma. El primer supuesto da lugar al desuso, el segundo es el de la ignorancia. Como vimos en el primer capítulo, la Codificación resolvió ambos problemas a favor de la norma legislada y en perjuicio de la realidad; ni el desuso priva a la norma de su validez (que suele entenderse como equivalente a su existencia y/o su obligatoriedad) ni la ignorancia exime del cumplimiento. La teoría del Derecho, sin embargo, nunca encajó del todo estas soluciones.

2. La relación entre eficacia y validez de una norma jurídica en la teoría del Derecho

Decía Harry Jones, en las palabras que elegí para encabezar este estudio, que por cada frase escrita sobre la eficacia de las normas jurídicas hay al menos un centenar dedicado a la validez. Esto es sumamente cierto —yo creo— pero cabe añadir que no hay estudio sobre la validez donde no aparezca de una u otra forma alguna referencia a la eficacia. Con el propósito de situar a grandes rasgos el estado de la cuestión, tal y como ha quedado planteado en la teoría del Derecho del siglo XX, me parece suficiente repasar tres posiciones teóricas entre las cuales existe un claro avance o «progreso» teórico, y contrastarlas con los resultados (o la falta de resultados) a que en los capítulos 2 y 3 he llegado. La primera sería la que sostiene que la validez es la forma de existir las normas jurídicas y que la eficacia como cumplimiento y aplicación es condición necesaria de la validez (Hans Kelsen); la segunda, la que sostiene que la eficacia como aplicación es la forma de existir las normas jurídicas y que la validez es condición necesaria de la eficacia (Alf Ross); la tercera, la que sostiene que la validez y la eficacia son dos dimensiones independientes de las normas jurídicas (Herbert L. A. Hart). Las tres coinciden en que la eficacia general del sistema jurídico es, en algún modo, condición de la validez, de la vigencia o de la existencia de las normas jurídicas.

2.1. *La validez como existencia y la eficacia como condición de la validez: la Teoría Pura del Derecho*

La eficacia de las normas jurídicas constituye un escollo para la Teoría Pura del Derecho.[1] Es probablemente el aspecto más débil de la teoría o, dicho de otro modo, el aspecto en que la Teoría Pura pierde más claramente su pretendida pureza. Kelsen asume que *«la eficacia del derecho quiere decir que los hombres se comportan en la forma en que, de acuerdo con las normas jurídicas, deben comportarse; o sea, que las normas son realmente aplicadas y obedecidas»* (Kelsen [1945], 1979, p. 46)[2] para aclarar enseguida que mientras la validez es una cualidad del Derecho, la eficacia es una cualidad de la conducta real de los hombres y no del Derecho mismo (ibidem, p. 46). De este modo la validez permanece en el ámbito de la ciencia jurídica mientras que la eficacia queda proyectada al ámbito de la sociología. Ambas cualidades son distintas y, en principio, independientes entre sí pero se dan entre

---

1 *Vid.* Albert Calsamiglia, 1977, pp. 133, 139 y, sobre todo, p. 147, donde señala que la relación entre validez y eficacia en Kelsen implica una *«infidelidad»* o una *«inconsistencia metodológica»*.

2 En el mismo sentido, Kelsen [1953], 1970, pp. 25, 52-53 y 142.

ellas dos relaciones peculiares. La primera relación, que Kelsen calificaba como *«muy importante»*, estriba en que una norma solo puede ser considerada válida cuando pertenece a un sistema normativo que, en su conjunto, sea eficaz; la eficacia del sistema es así condición de la validez del propio sistema y de la validez de sus normas, aunque no es la razón de esa validez. Es —como Kelsen subrayó una y otra vez— una *«conditio sine qua non»* pero no la *«conditio per quam»* (Kelsen [1953], 1970, pp. 142-143). Esta primera relación «muy importante» suscita un par de problemas. El primero, más sencillo de resolver, es que pone de relieve que la Teoría Pura del Derecho no puede prescindir de la sociología a la hora de delimitar su objeto, pues el objeto que puede ser «jurídicamente» conocido por la Teoría Pura ha de ser un ordenamiento jurídico eficaz y la eficacia no es «jurídicamente» establecida por la Teoría Pura.[3] Se trata de una vieja objeción que a lo sumo solo requiere reinterpretar la Teoría Pura como una teoría del Derecho desde el punto de vista interno y, por ello, menos «pura» de lo que pretende. El segundo, más difícil de resolver, es que implica una clara circularidad. Una norma es válida (existe) si y solo si pertenece a un ordenamiento eficaz en su conjunto, pero un ordenamiento solo puede ser eficaz en su conjunto si un gran número de sus normas son eficaces, de tal modo que para saber que una norma existe tenemos que saber cuál es el ordenamiento eficaz al que pertenece pero para saber que el ordenamiento es eficaz tenemos que saber cuáles son, al menos, una buena parte de sus normas.

Más problemática todavía resulta la segunda relación que Kelsen establece entre la validez y la eficacia de cada norma jurídica. Conforme a los postulados de la Teoría Pura parecería que para cualquier norma jurídica, singularmente considerada, su validez y su eficacia serían dos cualidades independientes entre sí. Una norma jurídica válida podría ser o no ser eficaz dependiendo de que fuese o no fuese *«realmente aplicada y obedecida»*. Este es precisamente, como hemos visto, el punto de vista normativo sobre la relación entre validez y eficacia en los sistemas de Derecho codificado (y no solo en ellos). Si la Teoría Pura no describe lo que ocurre sino lo que, conforme al Derecho, debe ocurrir, entonces la Teoría Pura debiera concluir que, en estos sistemas, una norma válida siempre debe ser obedecida y aplicada aunque de hecho no lo sea, es decir debería repetir en forma de proposición científica lo que el antiguo artículo 6 del Código Civil

3 Como señaló Alf Ross, «a esta altura la cuestión de la relación de la norma con la realidad se hace inevitablemente urgente. Si el sistema ha de tener sentido, resulta claro que la hipótesis inicial no puede ser arbitrariamente elegida. El propio Kelsen dice que tiene que ser elegida de tal manera que comprenda el sistema que está efectivamente en vigor. Pero entonces resulta claro que, en realidad, la efectividad es el criterio del derecho positivo...» (Ross, 1963, pp. 68-69, subrayado mío).

español establecía en forma prescriptiva. Pero sorprendentemente no es así. En primer lugar, para Kelsen, la obediencia o desobediencia de una norma por su destinatario es algo que solo puede ocurrir respecto a la norma *«secundaria»*. Cuando el destinatario desobedece la norma secundaria (la norma de conducta, según la terminología kelseniana), entonces el órgano judicial aplica o no aplica la norma, es decir la norma sancionadora (la norma primaria, según la misma terminología). La norma jurídica, que es propiamente la norma primaria, solo resulta eficaz o ineficaz *«cuando el súbdito desobedece»* (Kelsen [1945] 1979, p. 72). Así que la primera conclusión de la teoría resulta ser que la norma propiamente jurídica solo puede probar su eventual eficacia si la norma de conducta que ella implica ha sido desobedecida. La obediencia a las normas jurídicas por sus destinatarios muestra la eficacia de la norma secundaria (que no es la norma jurídica en sentido propio) y hace inútil a la norma primaria que no puede desplegar su eventual eficacia. La conclusión es llamativa para el uso ordinario del lenguaje, pero queda perfectamente explicada si se acepta la concepción del Derecho de Kelsen y su consecuente terminología.[4] Pero Kelsen no se queda aquí. También en este caso encuentra *«una cierta conexión entre la obediencia y la aplicación efectivas del derecho»* (ibidem), que se traduce en una inesperada conexión entre la validez y la eficacia de cualquier norma. *«Si una norma jurídica es permanentemente desobedecida por los particulares, probablemente dejará de ser aplicada también por lo órganos del Estado»* (ibidem). Nótese que Kelsen, para quien los enunciados de probabilidad s on propios de la sociología pero ajenos a la ciencia del Derecho, introduce aquí sin mayor explicación un juicio de probabilidad cuyas consecuencias «jurídicas» va a desarrollar a continuación. Un hecho, la permanente desobediencia, se convierte en base de una predicción, la probable inaplicación, y esta predicción se convierte en base de una proposición jurídica: la norma ha quedado privada de validez (que es tanto como decir: «la norma x no debe ser aplicada»). Esta sorprendente conclusión se sustenta sobre la utilización de la idea del desuso *(«desuetudo»)* que, según Kelsen, *«es el efecto jurídico negativo de la costumbre»* (ibidem p. *140): «Si la norma permanece indefinidamente ineficaz, se dice que ha sido privada de su validez por desuso. "Desuetudo" es el efecto jurídico negativo de la costumbre. Una norma puede ser derogada consuetudinariamente, es decir, por una costumbre contraria a*

---

4 Cabe anticipar que cuando Alf Ross trata de reinterpretar la existencia de las normas, en términos empíricos, como «vigencia» se ve obligado a traducirla por aplicabilidad llegando a similar conclusión: si una norma es generalmente seguida por los destinatarios de tal modo que los tribunales no tienen posibilidad de pronunciarse sobre su aplicación, entonces una «ciencia realista» del Derecho no puede establecer la verdad del enunciado de que esa norma está vigente (Ross, 1963, p. 35).

ella...» (ibidem).[5] Hasta aquí Kelsen insiste en que ese desuso con efectos normativos ha de ser permanente o indefinido: *«Únicamente una falta permanente de eficacia puede extinguir su fuerza obligatoria»* (ibidem, p. 141).[6] Obviamente, cualquier órgano judicial podría en cualquier momento aplicar una norma jurídica válida generalmente desobedecida y hasta entonces no aplicada rompiendo así la indefinición o la permanencia del desuso y sus efectos normativos.[7] Manteniéndonos fieles al requisito de la permanencia podríamos mantener separados el discurso sociológico y el científico-jurídico; podríamos afirmar jurídicamente que una norma es válida y sigue siendo válida y afirmar sociológicamente que no es eficaz (y que probablemente no va a ser aplicada por los órganos judiciales). Pero Kelsen no admite que dos conocimientos científicos puedan sostener afirmaciones tan distintas y, para mayor sorpresa del lector, termina por afirmar que *«tan pronto como una consideración sociológica del comportamiento real de los órganos jurisdiccionales nos autoriza a creer que en lo futuro probablemente no aplicarán un precepto legal, la jurisprudencia normativa se encuentra forzada a reconocer que la desuetudo ha privado a la ley de su validez y que, por consiguiente, los tribunales no están obligados a aplicarla»* (ibidem p. 206).[8] La conclusión resulta absurda sobre las propias bases de la Teoría Pura del Derecho. Además de que la teoría no establece qué grado de probabilidad autoriza a sostener una creencia con tan graves consecuencias normativas, tampoco explica cómo una mera constatación fáctica en términos de probabilidad se traduce en la derogación de un deber (si es probable que los tribunales no aplicarán la norma N [...] entonces no están obligados a aplicarla). El alcance del absurdo se pone de

---

5 En el mismo sentido, Kelsen [1960], 1981, p. 224. La explicación más clara de Kelsen es aquella en que compara la cadena acto de creación-eficacia-validez de una norma jurídica con la cadena nacimiento-alimentación-vida de un ser humano. La alimentación no es la causa de la vida ni la vida misma, pero es una condición necesaria para que el que ha nacido siga viviendo (Kelsen [1960], 1981, p. 223); del mismo modo la eficacia es condición necesaria para que la norma que nació válidamente siga siendo válida.

6 En el mismo sentido, Kelsen [1960], 1981, p. 224.

7 No es fácil encontrar ejemplos. Friedman cita la norma del Derecho medieval inglés que obligaba a absolver al demandado que juraba su inocencia con apoyo en el juramento de otros a favor de su veracidad *(«oath-helpers»);* desusada durante siglos, la norma fue invocada y aplicada en 1824, lo que condujo, finalmente, a que el Parlamento la derogase formalmente en 1833 (Friedman, 1987, p. 272).

8 En otro lugar de la misma obra (pp. 143-144) Kelsen sostiene, sin embargo, que la validez de una norma aislada no depende de su efectividad y que *«la norma jurídica aislada permanece válida mientras forma parte de un orden válido»*. María José Fariñas afirma, por ello, que aquí, así como en la primera edición de la Teoría Pura del Derecho, Kelsen *«solo admite que la eficacia es condición de la validez de un orden jurídico en su conjunto, pero no de cada una de las normas...»* (Fariñas, 1991, p. 90) y que posteriormente extiende la condición de eficacia a cada norma. Creo que es claro que hay, ya en la Teoría General del Derecho y del Estado, afirmaciones, claramente contradictorias, en ambos sentidos.

manifiesto claramente si pensamos en un tribunal que se enfrenta a una norma válida generalmente desobedecida y hace tiempo inaplicada. Si el tribunal recurre a la Teoría Pura, la Teoría Pura del Derecho le indica: si decides aplicar la norma, entonces la norma no habrá estado permanentemente inaplicada por lo que es una norma válida y debes aplicarla; si decides no aplicarla, entonces la norma continuará permanentemente inaplicada (hasta la fecha) por lo que no es una norma válida y no tienes el deber de aplicarla.[9] La Teoría Pura se limita aquí a idealizar jurídicamente los hechos.

Hay, sin embargo, un pasaje de la edición francesa de la Teoría Pura del Derecho de *1953* que sugiere una interpretación distinta: «*El principio de efectividad [...] puede también formar parte de las normas positivas de un orden jurídico nacional en la medida en que este haga depender la validez de ciertas normas de su eficacia. Tal sucede, especialmente, cuando la Constitución escrita establece o admite la costumbre como fuente del derecho junto a la legislación [...] Pero aun si la Constitución escrita no reconoce la costumbre como fuente de derecho, puede suceder que los tribunales se rehúsen a aplicar una ley que ha caído en desuso. A menos de considerar tal falta de aplicación como ilícita, es necesario admitir que una norma constitucional de origen consuetudinario permite la derogación de una ley por una costumbre opuesta*» (Kelsen *[1953], 1970, p. 145;* subrayados míos). Me parece que cabe interpretar el texto en el sentido de que el desuso solo opera contingentemente cuando o bien está expresamente autorizado o bien, no estándolo, no existe una sanción para el juez que no aplica una ley en desuso (esto es: no está esta decisión configurada como ilícita). Sin embargo, la posterior edición alemana de *1960* sostiene tajantemente que «*el derecho consuetudinario tiene efecto derogatorio también con respecto de una norma constitucional formal, hasta con respecto de la norma constitucional que expresamente excluya la aplicación del derecho consuetudinario*» (Kelsen *[1960], 1981, p. 237) y,* de forma un poco más confusa, que «*la norma jurídica, al ser duraderamente inaplicada o no acatada, puede perder su validez mediante la llamada desuetudo, o desuso [...] la función productora de derecho de la costumbre no puede ser excluida por la legislación escrita, por lo menos en la medida en que se tome en cuenta la función negativa de la desuetudo*» (ibidem, p. *224;* subrayados míos).

---

9 Juan Ruiz Manero ha señalado que Kelsen, a pesar de intentar un punto intermedio entre *aplicativistas y decisionistas,* termina por caer en el «*decisionismo judicialista más radical*» (Ruiz Manero, 1990, pp. 11 y 95). Por mi parte, apliqué un argumento similar al que ahora utilizo respecto al desuso a la tesis de Kelsen sobre la «habilitación» contenida en la norma fundamental que da validez a las normas inconstitucionales no invalidadas; dije allí, igual que digo ahora, que «*la Teoría Pura le indica al juez algo que él ya sabía: que tiene que decidir. Fuera de ello, se limita a elevar al reino del deber-ser objetivo lo que el juez decida*» (Hierro, 1981, p. 276; allí mismo [p. 274] comenté que el argumento de Kelsen sobre el desuso «*raya en la ciencia-ficción, pues si el desuso ha de ser indefinido o permanente no existe la posibilidad de formular un juicio de invalidez con base en el desuso*»).

Todo esto es sumamente incoherente en un autor que, como Kelsen, afirmaba que *«el derecho californiano no consiste en que el hurto por regla general se castigue con prisión, sino en que el hurto siempre y sin excepción debe ser castigado. En este debe-ser castigado consiste el derecho, no en el ser castigado de hecho»* (Kelsen, *1969, p. 19).*

Por otra parte, como es sobradamente sabido, la validez, según Kelsen, no es una propiedad de las normas sino su forma específica de existencia (Kelsen *[1945], 1979, p. 35), lo* que quiere decir que la eficacia, en cuanto condición necesaria de la validez, es condición necesaria de la existencia. Kelsen es consciente de que para sostener esta tesis sería necesario establecer qué grado de eficacia es el requerido aunque se limita a decir, de forma nuevamente confusa, que *«se puede representar esta relación* [la relación entre validez y efectividad de un orden jurídico] *como una tensión entre la norma y el hecho, pero para definirla es preciso limitarse a indicar un tope superior y otro inferior, diciendo que la posibilidad de concordancia no debe sobrepasar un máximo ni descender por debajo de un mínimo»* (Kelsen *[1953], 1970, p. 142).* Aparte de que no se entiende por qué la concordancia no puede sobrepasar un máximo, ya que lo que el sentido de una norma requiere es que «pueda ser» incumplida pero no que lo sea, Kelsen —que yo sepa— nunca intentó fijar cuál era el tope inferior de concordancia que sería, según él mismo dice, requerido para poder hablar de validez del orden jurídico, ni tampoco cuál sería el tope inferior de eficacia requerido para poder hablar de validez de una norma. Está claro que no se requiere, ni para la validez de un orden jurídico ni para la validez de una norma jurídica, un índice de eficacia 1 (Kelsen [1960], 1981, p. 224), pero no tenemos la menor indicación en la Teoría Pura del Derecho sobre cuál es el índice menor que 1 que se requiere; y ello a pesar de que de ese índice depende ni más ni menos que la propia existencia «específica» (o validez) del orden jurídico y de la notita jurídica.

2.2. *La eficacia como existencia y la validez como condición de la eficacia: la posición de Alf Ross*

Un tópico muy familiar en nuestro contexto atribuye al denominado «realismo jurídico» la reducción de la validez a la eficacia.[10] Como

10 *Vid.*, por ejemplo, Norberto Bobbio, 1991, p. 40 y Giuseppe Lumia, 1978, p. 50. Probablemente estas opiniones se encuentran influidas por el ejercicio más sofisticado para interpretar en este sentido (como reducción de la «validez» a «eficacia») las posiciones de Alf Ross, ejercicio que llevó a cabo Hans Kelsen en Eine «Realistische» **and die Reine** Rechtslehere. Bemerkungen zu Alf Ross: *On Law and Justice* (Kelsen [1959], 1969, pp. 7-46). La interpretación kelseniana de Ross fue contestada por el mismo Ross en 1961 (Ross, 1969 pp. 9-46). Suele asociarse a este tópico la idea de que los realistas despreciaban el «derecho en los libros» o las «reglas de papel» a favor del «derecho en acción» o del «derecho vivo»

dije hace años, *«si esta supuesta reducción fuese cierta, significaría que, para los realistas, una norma que es eficaz –esto es, socialmente aceptada y cumplida por sus destinatarios y/o generalmente aplicada por los funcionarios correspondientes– sería, por esta misma razón, moralmente obligatoria o lógicamente obligatoria, objetivamente hablando [...] Pero el problema está en que los realistas, y en concreto los escandinavos, no han dicho nunca semejante cosa, ni siquiera –me atrevo a sostener– han dado pie para que tal conclusión pueda ser deducida de sus planteamientos»* (Hierro, 1981, p. 277).

Para los realistas escandinavos, en general, esa precisa noción de validez, como existencia y obligatoriedad a un mismo tiempo, era una herencia de la ontología metafísica del iusnaturalismo que convertía al positivismo en *«derecho natural encubierto»*, *«criptoiusnaturalismo»* o *«cuasi-positivismo»*. Lo que Karl Olivecrona y Alf Ross sostienen es que la «validez» de las normas jurídicas, entendida como obligatoriedad, es una categoría moral ya que solo puede significar que «es obligatorio *moralmente* obedecer la norma», es decir: que es obligatorio moralmente hacer lo que una norma jurídica dice que es obligatorio (jurídicamente) hacer. Si la categoría de «validez» no significa esto, entonces no significa nada (es tautológica), ya que el sentido mismo de la norma es que es obligatorio hacer X (Ross, 1969, pp. 18-19). En consecuencia sostienen que la «validez» es solo un sentimiento psicológico de obligatoriedad o compulsión moral y no una propiedad de las normas jurídicas que pueda ser constatada científicamente (Ross, 1971, p. 100). Lo único que un conocimiento científico puede constatar descriptivamente es que la gente, o los jueces, experimentan (o no experimentan) ese sentimiento ante una norma jurídica y que, si lo experimentan, ello les motiva a cumplirla o aplicarla. En este preciso sentido la «validez», como sentimiento psicológico de obligatoriedad, resulta ser solo un motivo para el cumplimiento y aplicación de las normas pero, además, un motivo cualificado, pues cuando no se da no

---

y de que promovían el papel creador de los jueces en perjuicio de la función legislativa. Aunque algunas de estas afirmaciones puedan encontrar cierto apoyo en la llamada Escuela del Derecho Libre, habría que matizar mucho si se pretenden referir al realismo norteamericano o al realismo escandinavo. Los norteamericanos *«constataban»* la diferencia entre el «derecho en los libros» y el «derecho en acción» precisamente para criticar este último; para criticar el activismo conservador judicial, para promover un conocimiento «realista» de lo que era el Derecho efectivamente aplicado y para promover su reforma. Baste recordar el trabajo fundacional de Roscoe Pound, Law in Books and Law in Action, dedicado a criticar la jurisprudencia que declaraba inconstitucional la legislación social mientras que «el Derecho en los libros» sostenía como un dogma que *«[...] toda duda debe resolverse a favor de la constitucionalidad de una Ley»* así como la práctica de obtener pruebas en los procesos criminales mediante el *«tercer grado»*, mientras que «el Derecho en los libros» sostenía la regla contraria. Su conclusión era contundente: *«Let us not be afraid of egislation, and let us welcome new principies, introduced by legislation, which express the spirit of the time. Let us look the facts of human conduct in the face»* (Pound [1910], 1993 pp. 39, 40, 44, respectivamente; subrayados míos).

podemos hablar de que la norma existe: una norma «existe» cuando se cumple o aplica porque se siente como obligatoria.[11] Cuando Ross trata de superar el riesgo de atomismo psicológico en que puede incidir la idea de que la existencia de las normas consiste en que sean sentidas como obligatorias por los ciudadanos (lo que él denomina «realismo psicológico») recurre a una mezcla de la noción kelseniana del Derecho y de la orientación norteamericana hacia la conducta efectiva de los jueces para concluir que la existencia de una norma jurídica, como hecho empíricamente constatable, consiste en que la norma efectivamente se aplique por los jueces porque ellos la consideran obligatoria. Ross considera que, de este modo, se unen el elemento psicológico y el elemento conductista; en el elemento psicológico distingue Ross entre la actitud de conducta interesada (básicamente, por temor a la sanción) y la actitud de conducta desinteresada (que es, precisamente, la que se conceptualiza como «validez») y, en el elemento conductista, la conducta efectiva motivada por tales actitudes y la efectiva aplicación de las sanciones. La interacción entre unos y otros se pone de manifiesto en el siguiente gráfico:[12]

---

11 Dice Ross: «... *un orden jurídico nacional, considerado como un sistema vigente de normas, puede ser definido como el conjunto de normas que efectivamente operan en el espíritu del juez, porque este las vive como socialmente obligatorias y por eso las obedece*» (Ross, 1963, p. 34). Ross, anticipándose a la larga discusión que luego se ha producido en torno a Hart, matizaba, en esta obra, que el sentimiento de «validez» del juez no es necesariamente un sentimiento de identificación moral en sentido fuerte o «material», sino que basta con que sea un sentimiento de identificación institucional *(«el derecho es el derecho y debe ser observado»)* al que propone denominar «conciencia jurídica formal» (ibidem, p. 54). Un claro resumen de la posición de Ross se encuentra en Ross, 1971, pp. 82-90, donde, por cierto, abraza el «principio de mayoría» *(«condición fundamental para la existencia de una norma debe ser que la forma de conducta presentada en el directivo [...] sea seguida por los miembros de la sociedad en la mayoría de los casos»)* (ibidem, p. 82) para reconocer a renglón seguido *su «vaguedad»;* sin embargo, no basta esta primera condición, sino que se requiere una segunda condición consistente en que la norma sea seguida *«con conciencia de seguir una regla y de la obligación de hacerlo así»* (ibidem); por lo tanto la existencia de una norma requiere su eficacia (seguimiento efectivo) y requiere, como condición de esta, la *«experiencia de validez»* (que sea sentida como obligatoria) (ibidem, p. 90), Dejo ahora al margen los argumentos, nada concluyentes, por los que Ross considera que *«la existencia de una norma jurídica tendría que derivarse de la regularidad observada en las decisiones de los tribunales»* (ibidem, p. 86).

12 El gráfico aparece en Ross, 1961, p. 101. El gráfico es cerrado para reflejar que, en la realidad, no suele darse nunca un sistema de pura compulsión que engendre una ideología de obediencia ni una pura ideología de obediencia que engendre un sistema de compulsión (José M. Rodríguez Paniagua, 1974, p. 99). La diagonal indica que en ciertos casos (como el derecho consuetudinario) el establecimiento formal de normas «válidas» no se produce.

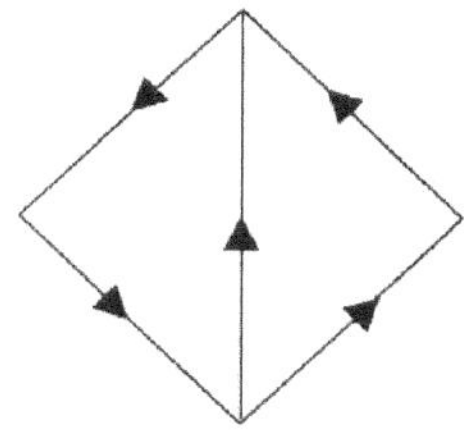

Admitiendo, pese a sus ambiguedades,[13] el argumento del mismo Ross para distinguir «validez» de «vigencia», la conclusión sería que, para Ross, la existencia de una norma jurídica, como hecho empírico científicamente constatable, estriba en su «vigencia» y esta vigencia estriba en que los jueces aplican regularmente la norma porque la consideran una norma obligatoria (válida). Lo que de aquí se deduce es que la vigencia de una norma jurídica (y no su «validez») es una propiedad relativa, que se puede tener en mayor o menor grado (Ross, 1963, p. 44) y, derivadamente, que permite hacer predicciones más o menos fundadas sobre las decisiones de los tribunales (ibidem, p. 45).

Cabe admitir, por tanto, que Ross no incurre en una reducción de la validez (como propiedad normativa) a la eficacia (como propiedad empírica), pero no cabe eludir la conclusión de que la existencia de una norma jurídica consiste —para él— en su vigencia y que esta es una propiedad relativa. Esto evita pronunciarse sobre cuál es el grado de eficacia necesario para decir que una norma está vigente o existe, pero hace falta sostener una ontología muy peculiar para sostener que algo, aunque sea una norma jurídica, existe relativamente.

13 En la discusión con Kelsen y Hart, Ross alegó un defecto de traducción al inglés de su Om ret og retfaerdighed (On Law and Justice). Es cierto que sus tesis cambian si se sustituye «validez» por «vigencia» en ciertos casos, como hizo Genaro R. Carrió en la versión española bajo revisión del mismo Ross. Por ejemplo: *«para hallar los hechos que condicionan la vigencia de las normas...»* frente a *«La eficacia que condiciona la validez de las normas»; o «Una regla puede ser derecho vigente en un grado mayor o menor...»* frente a *«Una regla de derecho puede ser derecho válido en un grado mayor o menor»* (Ross, 1963, pp. 35 y 44 y Kelsen, 1969, pp. 33 y 39, citando a Ross). A pesar de ello sigue habiendo cierta indeterminación conceptual en Ross, como ya indiqué en Hierro, 1981 (en particular, p. 295, nota 802).

2.3. *LA INDEPENDENCIA ENTRE VALIDEZ Y EFICACIA: LA POSICIÓN DE HERBERT L. A. HART*

La discusión entre el positivismo y el realismo en torno al concepto de «validez» fue el contexto que permitió a Hart formular su distinción entre el punto de vista interno y el punto de vista externo.[14] Cabría decir que el acierto de Hart fue reformular adecuadamente las tesis contrapuestas del positivismo y del realismo rebajando sus correspondientes pretensiones epistemológicas y ontológicas. La validez se limita ahora a constituir una propiedad de las normas (y de otros actos institucionales) que solo tiene sentido predicar desde el punto de vista interno, es decir: desde el punto de vista de quien utiliza otras normas (norma(s) de reconocimiento) para identificar una norma como parte de un sistema normativo. *«Decir que una regla es válida es reconocer que ella satisface todos los requisitos establecidos en la regla de reconocimiento y, por lo tanto, que es una regla del sistema»* (Hart, *1977, p. 129).* Hart cree que al tomar en cuenta la peculiaridad de los enunciados internos se puede disolver el dilema entre considerar la validez como una propiedad *«misteriosa» o* considerarla como una predicción de lo que harán los tribunales (ibidem, *p. 131)* porque en los sistemas normativos que —como los sistemas jurídicos desarrollados— incluyen una regla de reconocimiento que establece los criterios que una norma ha de satisfacer para ser una norma del sistema lo que ocurre es que surge *«una nueva aplicación de la palabra existe».* La afirmación de que una norma existe designa un hecho cuando se refiere, por ejemplo, a una norma consuetudinaria (el hecho complejo de que una pauta de conducta es seguida por una serie de personas porque la consideran obligatoria) pero la misma afirmación tiene un sentido completamente distinto cuando, como es habitual en el lenguaje jurídico, se hace por alguien para significar que una norma satisface los criterios de validez de la norma de reconocimiento; en tal caso, la afirmación —dice Hart— solo quiere decir *«que la regla es válida según los criterios de validez del sistema»* (ibidem, *p. 137).* Como consecuencia *«una regla subordinada del sistema puede ser válida y, en este sentido, "existir" aún cuando sea generalmente desobedecida...»* (ibidem).

Bajo este punto de vista la validez es una categoría normativa que tiene sentido en un lenguaje que utiliza o aplica normas, y no fuera de él. Pero lo que ello implica es que no hay ninguna contradicción en afirmar a un mismo tiempo que una norma es válida en el sistema jurídico S y afirmar que no es generalmente cumplida ni aplicada. La razón de que no haya contradicción es que *«una de las afirmaciones es un enunciado de hecho y la otra una proposición de derecho»*, como dice

14 Hice un estudio más detallado de la discusión en Hierro 1981, pp. 263-301.

Hart en referencia a otro supuesto (el de la independencia colonial) (ibidem, *p. 151). Y,* cabe añadir, no hay contradicción alguna entre decir que la norma *N* es una norma válida del sistema jurídico S y que, por ello, debe ser aplicada por el tribunal si se ha incumplido, y predecir al mismo tiempo que la norma *N* probablemente no será aplicada puesto que eso es lo que ha venido ocurriendo en la práctica judicial precedente. Esto es algo, por cierto, que cualquier jurista práctico sabe, e incluso cualquier ciudadano: que hay normas que no se cumplen y no se aplican, aunque —de acuerdo con el sistema— deberían cumplirse o, en caso contrario, aplicarse.

En cierta medida la idea de Hart de que bajo el punto de vista interno afirmar que una norma existe supone una nueva aplicación de la palabra «existe» viene a coincidir con la idea de Kelsen de la validez como «existencia específica», aunque sin arrastrar la exigente ontología kelseniana sobre el mundo del deber-ser; al mismo tiempo, viene a coincidir con la idea de Ross de que la validez expresa un juicio (una experiencia, diría Ross) que solo puede hacerse cuando se acepta de algún modo el sistema como obligatorio (que es lo mismo que decir que se acepta de algún modo la regla de reconocimiento de un sistema), aunque sin arrastrar la exigente epistemología empirista rossiana sobre la reducción del conocimiento al de hechos espaciotemporales. La validez y la eficacia son dos propiedades que pueden predicarse de las normas jurídicas y que son distintas. La primera solo puede predicarse desde el punto de vista interno para calificar la conformidad de la norma con los criterios requeridos por otras normas y, en última instancia, por la regla de reconocimiento; la segunda solo puede predicarse desde el punto de vista externo para calificar la norma por su grado de cumplimiento o aplicación. La validez, en cuanto consiste en satisfacer exhaustivamente un conjunto de requisitos, es una propiedad que la norma tiene o no tiene; si los requisitos o criterios de validez son cinco y la norma reúne cuatro, la norma no es válida en un grado 0,8 sino que es inválida. La eficacia es una propiedad que la norma alcanza en un grado menor o mayor entre 0 y 1. Ni la una ni la otra son equivalentes a la «existencia», pues la existencia no es una propiedad. Como hace mucho tiempo dijo Alfred J. Ayer siguiendo a George E. Moore, «*quienes plantean cuestiones acerca del Ser, basadas en el supuesto de que la existencia es un atributo, son culpables de seguir la gramática más allá de los límites del sentido*» (Ayer, 1971, p. 48).[15] Cuando discutimos la validez o invalidez de una norma necesariamente damos por supuesto que la norma, en algún sentido, existe; que ha sido aprobada por una autoridad, que ha sido enunciada por alguien como derivada de otras normas, etc. Lo que discutimos es si ese enunciado

15 Cita allí el conocido trabajo de George E. Moore, Is Existence a Predicate? (Moore, 1936).

normativo, propuesto por alguien, ha de contar o no contar como una norma del sistema jurídico. Cuando discutimos si una norma jurídica es eficaz damos por supuesto que esa norma (válida en cuanto norma jurídica) existe en algún sentido; si, en otros casos, medimos la eficacia de una norma que no forma parte de un sistema jurídico (por ejemplo, de una norma declarada inválida o de una norma derogada) en realidad solo discutimos la eficacia de una práctica social.[16]

Si la validez y la eficacia son dos propiedades independientes —podría decirse, incluso, que son ontológicamente distintas— un sistema jurídico puede introducir una norma (o apoyarse en una regla de reconocimiento) que establezca la eficacia como criterio de validez. Es el caso de los sistemas jurídicos que admitan el «desuso». Una norma jurídica perderá entonces su validez por falta de aplicación. No es de extrañar que, en tal caso, los juristas discutieran —como ya vimos— cuáles eran los requisitos y los plazos para que ese desuso con fuerza normativa se produjese. La opción de la Codificación fue otra: que las disposiciones no pierden su validez por el desuso. Pese a las dudas del señor Portalis y pese a la reconstrucción teórica de Kelsen hay sistemas jurídicos, tanto el nuestro como el anglosajón, en los que el desuso no está reconocido ni por normas explícitas ni por la regla de reconocimiento como condición para la pérdida de validez de una norma legislada.

¿Qué ocurre, entonces, cuando una norma válida es, de forma general y por largo tiempo, incumplida e inaplicada? Ocurre, simplemente, que nos encontramos ante una norma válida e ineficaz. Esto solo resulta un esperpento para quien asocia a la idea de validez connotaciones ontológicas muy pretenciosas. Para quien asume que la idea de validez es técnicamente muy importante, pero solo técnicamente importante, una norma ineficaz es una norma sobre la que cabe predicar muy escasa o nula capacidad motivadora en sus destinatarios (incluso sobre uno mismo, si es su destinatario), sobre la que cabe predecir que no será probablemente aplicada, y sobre la que cabe predecir que, de ser aplicada, tendrá probablemente algunos efectos perversos. Pero no hay ninguna necesidad de afirmar que ha dejado de ser válida o que no debe-ser aplicada.

Creo que hay que hacer frente, finalmente, a una objeción a esta tesis que podría derivarse de un comentario de Enrico Pattaro coincidente, en buena medida, con una previa observación de Carlos S. Nino. Lo que dijo Nino es que *«se admite que determinadas normas lega-*

16 En el verano de 1964 estuve en un aldea gallega en que la mayoría de la gente todavía pagaba el diezmo al párroco (al menos simbólicamente) mediante la entrega de productos agrícolas o ganaderos. Aunque obviamente ya no existía obligación jurídica alguna de hacerlo, pude comprobar que no lo hacían por convicción religiosa sino porque la consideraban una pauta de comportamiento (costumbre) en algún modo obligatoria.

les (como las del Código Penal que reprimen el duelo),han quedado derogadas por vía de una costumbre contraria. Esto implicaría que, paradójicamente, el artículo 17 del Código Civil ha resultado derogado ¡por la costumbre!» (Nino, 1983, p. 152). Lo que dice Pattaro es que *«no hace falta observar (lo que creo que Hart no hace explícitamente) que el hecho mismo de que una ley deje de ser aplicada por los tribunales demuestra que la desuetudo forma parte de la norma de reconocimiento efectivamente operante en la sociedad»* (Pattaro, 1991, p. 156).

La objeción diría, por tanto, que Portalis o Kelsen llevan necesariamente razón porque, aunque el legislador establezca que las leyes no se derogan por el desuso, cuando los tribunales dejan de aplicar una ley están derogando por el desuso tanto la ley que no aplican como la ley que dice que las leyes no se derogan por el desuso. No deja de ser curioso que se trate de un viejo argumento que —como vimos— ya se utilizó en la escolástica respecto al «decretum irritans» *(vid. supra,* capítulo 1, sección 5). No sé si en Argentina se ha dejado de castigar el duelo aunque la norma penal siga siendo una norma válida del sistema, pero ello significaría a lo sumo que la norma que castiga el duelo es una norma ineficaz. Para que los jueces hubieran conseguido derogar (y no meramente incumplir) el artículo 17 del Código Civil argentino haría falta que una jurisprudencia estable de los tribunales más altos del sistema hubiera afirmado que los jueces no tienen que castigar el duelo *porque* la norma penal ha sido derogada por desuso *porque* el artículo 17 del Código Civil ha sido derogado por desuso. Si esto último ocurriera y nada más ocurriera (es decir, los magistrados no fueran a continuación procesados o desposeídos por prevaricación o por incompetencia) habría que admitir, desde luego, que el sistema se habría transformado pero —como ya señaló Hart— *«el hecho de que tales transformaciones sean posibles no demuestra que el sistema ya es lo que sería si la transformación tuviera lugar»* (Hart, 1977, p. 181). Que los jueces pudieran llegar a modificar el sistema de fuentes es tan probable, aunque menos plausible, como que el legislador modifique el artículo 17 y, con ello, el sistema de fuentes. Pero mientras esa modificación no ocurre los jueces que dejan de aplicar una norma, dejan de aplicarla pero no modifican el sistema de fuentes aunque, al no aplicar esa norma, incumplan en ese caso la obligación de respetar el sistema de fuentes.

El error de todas las posiciones que se empeñan en asociar, de algún modo, la validez con la eficacia es —según creo— que sostienen una ontología de la validez (o una ontología de las normas) muy pretenciosa. Una norma jurídica válida que no sirve para nada porque ni se cumple ni se aplica les parece una contradicción tan inadmisible como les parecía a los iusnaturalistas la de una norma jurídica válida pero injusta. La pertenencia de una norma a un sistema normativo, aun constituyendo un fenómeno normativo, tiene que tener —bajo ese punto de vista— alguna proyección o manifestación en el mundo de los hechos. Lo que me parece más interesante es analizar las implicaciones ocultas en estas tesis.

El precio que el iusnaturalismo habitualmente ha pagado por asociar la validez (y/o existencia) de las normas jurídicas a su justicia ha sido el de justificar las normas jurídicas por defecto. Lo que llamo «justificación por defecto» estriba en que siempre que no haya una evidencia de que la ley positiva contradice a la ley natural, siempre que no haya una rotunda razón moral para negar a una norma jurídica su carácter de Derecho válido, entonces —por defecto— resulta que la tal ley o la tal norma jurídica resultan automáticamente dotadas, en cuanto Derecho positivo, de obligatoriedad moral.[17] Pues bien, algo parecido sucede con la habitual pretensión de que la pérdida de eficacia se traduce en la pérdida de validez y/o de existencia de las normas jurídicas:[18] que siempre que no haya una evidencia de que una norma positiva ha sido general, indefinida y permanente mente incumplida e inaplicada, entonces —por defecto— resulta que la tal norma jurídica es una norma jurídica válida y, por definición, suficientemente eficaz. La conclusión es que la teoría del Derecho puede ocuparse de ella, en cuanto norma realmente existente, prescindiendo de cuánta sea su eficacia; de este modo el positivismo conceptualista paga gustoso el

17 Dworkin, por ejemplo (vid. supra, capítulo 3, nota 11), dedica una expresa atención a demostrar que la autorización de la pena de muerte por la legislación de algunos estados de la Unión no es Derecho válido conforme a la mejor interpretación de la Constitución de los Estados Unidos (Dworkin, 1994, p. 4). Dejando ahora al margen los problemas que ello suscita desde el punto de vista de la «identificación», lo que ahora me interesa es señalar que, a falta de un similar escrutinio, se deriva «por defecto» que la libertad de comercio, la propiedad privada de medios de producción o el derecho a portar armas están revestidos de autoridad moral.

18 Aparte de construcciones teóricas como las de Kelsen y Ross, ya comentadas, es frecuente encontrar afirmaciones de este tenor; Theodor Geiger, por ejemplo, dice: «Una prescripción legal promulgada, a la cual se resisten por cualquier motivo los ciudadanos y que el poder estatal no hace esfuerzo alguno por reforzar, es una proposición normativa sin fuerza de norma. El autor le ha dado un carácter obligatorio pero la norma no ha sido tomada en serio y "existe solo en el papel". Ni los ciudadanos ni los organismos del Estado la consideran ahora como provista del estigma de norma» (Geiger 1983, p. 56; subrayado mío); Joseph Raz, en términos parecidos: «Una disposición jurídica, cuya existencia es desconocida, que no es ejecutada por el gendarme ni aplicada por los jueces o jurados, no guía el comportamiento de la mayor parte de la gente, ni aun el comportamiento de los obedientes. De forma que parece no haber razón para considerarla como parte del sistema jurídico: su completa ineficacia le ha privado de la característica esencial de un disposición jurídica, la de guiar el comportamiento» (Raz, 1982, p. 115; subrayado mío). Mi argumento es que, a sensu contrario, algún grado de eficacia —da igual cuál sea— dota a la norma de su «estigma» o «característica esencial» y permite a la ciencia jurídica tratarla qua norma prescindiendo de su mayor o menor eficacia. Como ya vimos, Geiger se salva de este riesgo pero lo hace al precio de sostener una extraña idea de «obligatoriedad relativa».

tributo de situar a la eficacia de las normas en un trono tan elevado como para perderla de vista.

Del mismo modo que la gran virtualidad de la tesis de la separación entre el Derecho y la moral no estriba, ni solo ni principalmente, en la dudosa posibilidad de construir una Ciencia del Derecho meramente descriptiva y libre de valoraciones, sino en la posibilidad de mantener un punto de vista moral frente al Derecho positivo libre de determinaciones fácticas, la gran virtualidad de la tesis de la separación entre validez y eficacia no estriba, ni solo ni principalmente, en mantener una idea de validez independiente de la realidad sino, por el contrario, en dejar claro que la validez es solo una propiedad intrasistemática de las normas jurídicas pero que una vez que nos encontramos con una norma o un conjunto de normas válidas lo que nos interesa es saber en qué grado y por qué motivos se cumplen y se aplican o dejan de cumplirse y aplicarse. Lo atractivo de un punto de vista realista en la teoría del Derecho no es construir una ontología particular que permita distinguir entre las «normas de papel» y las «normas en acción» para negar la validez y/o la existencia de las primeras y concedérsela a las segundas; lo atractivo es conseguir que la teoría del Derecho se ocupe tanto de los aspectos formales y sistemáticos de las normas como de su cumplimiento y aplicación, es decir: tanto de las normas en el papel como de las normas en acción. Ni siquiera me parece que sea necesaria un ontología dual de las normas, como la que de algún modo sostienen Neil MacCormick y Ota Weinberger. De acuerdo con su propuesta de «Teoría institucional del Derecho», las normas son entidades ideales u objetos-pensados y, en cuanto tales, tienen una existencia ideal pero se las puede adscribir también una existencia real (en el sentido, de realidad espacio-temporal) «*sin deslizarse en especulaciones metafísicas fantásticas*» cuando existen en la conciencia humana (como experiencia de obligatoriedad) y funcionan como elemento motivacional (MacCormick-Weinberger 1986, pp. 15 y 33-41).[19] Por supuesto: cualquiera puede sostener que una novela que fue escrita manualmente por su autor pero que nunca llegó a ser publicada ni leída por nadie tuvo un tipo de existencia «ideal» y no tuvo otro tipo de existencia «social» o «real» (añado conscientemente un elemento empírico en el ejemplo —el de que la novela fue manuscrita y no solo pensada— para hacerlo más paralelo al de una norma jurídica formulada); pero esta distinción aparentemente ontológica no

---

19 *«...I wish to show how my interpretation of the two aspects of the norm, its ideal existence as a thought structure and its real existence as a social phenomenon, determines both the essential nature and the field of the questions posed by the legal sciences. Legal knowledge is a matter both of "norm-logical" analysis of the legal «ought» and of recognition of its sociological reality»* (Ota Weinberger en MacCormick-Weinberger, *1986, p. 32).*

añade nada —me parece— a la aserción de que se escribió una novela que nunca fue publicada ni leída.[20]

3. La existencia y la eficacia de un sistema jurídico

3.1. *El «Principio de eficacia»*

Lo que recientemente se suele enunciar como «principio de eficacia» se refiere a la existencia de un sistema jurídico: «... *la existencia de un sistema jurídico depende solo de su eficacia, de la obediencia a sus leyes*» (Raz, 1970, p. 203).[21] Pablo E. Navarro enuncia el mismo principio en forma coincidente: «*la eficacia de las normas constituye una condición necesaria de la existencia de los sistemas jurídicos*» (Navarro, 1990, p. 71).[22] De acuerdo con ellos podríamos enunciar el principio de eficacia, en esta primera dimensión, así:

> PE^1. La existencia de un sistema jurídico depende de la eficacia de sus normas.

Me parece, sin embargo, que hay otra tesis —como ya hemos visto, frecuentemente sostenida— que podría incluirse en el principio de eficacia o, al menos, denominarse de la misma forma. Se trata de la que sostienen tanto Kelsen como Hart, según la cual, la validez de una norma jurídica requiere la eficacia general del sistema al que pertenece; como la validez es para Kelsen la forma específica de existencia de las normas jurídicas y Hart admite que la validez permite *una nueva aplicación de la palabra «existe»*, podríamos enunciar el principio, en esta segunda dimensión, así:

> PE^2. La existencia de las normas jurídicas depende de la eficacia del sistema al que pertenecen.

---

20 Sobre cómo, en la discusión sobre la «existencia» de las normas jurídicas, se disfrazan de cuestiones «ontológicas» meros desacuerdos conceptuales, *vid.* Ricardo Caracciolo *1996, passim y,* en particular, pp. *224 y 242.*

21 Raz atribuye el principio a Kelsen cuya tesis —dice— puede enunciarse así: «*Un sistema jurídico existe si, y solo si, alcanza un cierto grado mínimo de eficacia*» (Raz, *1970, p. 93).* Raz indica a continuación que Kelsen no dice nada sobre el grado de eficacia necesario ni sobre si la eficacia requerida es de obediencia o de aplicación.

22 *José J.* Moreso asocia el principio de eficacia con la tesis social de las fuentes —una de las tesis consideradas hoy definitorias del positivismo jurídico— pero lo enuncia de una forma que nos remitiría a la discusión sostenida en la sección anterior: «*La eficacia es condición necesaria de la existencia de las normas jurídicas*» (Casanovas-Moreso, *1994, p. 354).*

Una teoría que, como parecen hacerlo la de Kelsen y la de Hart, admita al mismo tiempo ambos postulados resultaría, en principio, claramente circular:[23]

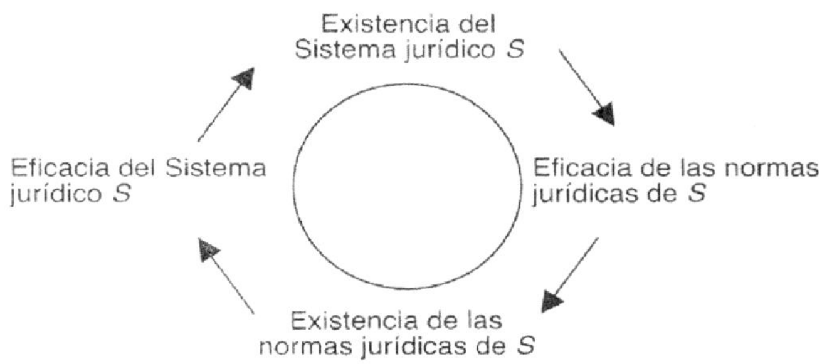

Esto es, en efecto, lo que se afirma explícitamente en la teoría de Kelsen y de forma más matizada en la teoría de Hart. Para Hart, la eficacia general del sistema es el contexto o trasfondo normal para formular enunciados internos (Hart, 1977, pp. 129, 130 y 135). Los enunciados internos son aquellos mediante los que identificamos una norma N como perteneciente a, o existente en, el sistema jurídico S (porque satisface los criterios de validez establecidos en su(s) regla(s) de reconocimiento), pero la existencia de un sistema jurídico S requiere dos condiciones *«necesarias y suficientes mínimas»* (ibidem, p. 145): que las normas de conducta pertenecientes a S sean *«generalmente obedecidas»* y que las reglas de reconocimiento, cambio y adjudicación pertenecientes a S sean *«efectivamente aceptadas por sus funcionarios como pautas o modelos públicos y comunes de conducta oficial»* (ibidem). La circularidad no parece, desde luego, resolverse con esta formulación conforme a la cual

23 El riesgo de circularidad es también advertido por Pablo E. Navarro; utilizando la distinción entre ordenamiento jurídico y sistema jurídico momentáneo, afirma: *«Por consiguiente, parece ser que para establecer la eficacia de un sistema momentáneo, previamente, se presupone que el orden jurídico es eficaz; y esto significa que los sistemas momentáneos que conforman OJ son eficaces. Para evitar circularidad, hay que argumentar que solo se exige la eficacia de algunos sistemas momentáneos»* (Navarro, 1990, pp. 77-78). Como enseguida se verá, no comparto en absoluto la conclusión a la que él llega (*«Al nivel de relaciones de conformidad entre normas y conductas, la eficacia no es un dato central ni distintivo para la existencia de los órdenes jurídicos»* [ibidem, subrayado mío]).

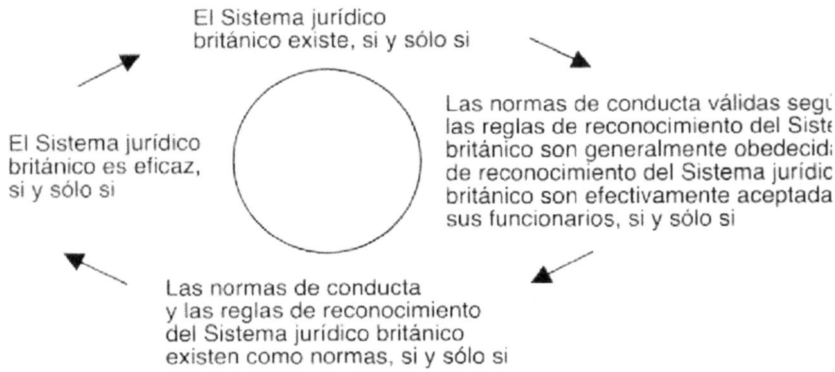

Sin embargo, la circularidad podría destruirse si tenemos en cuenta que, para Hart, «*mientras que una regla subordinada de un sistema puede ser válida y, en este sentido, "existir" aún cuando sea generalmente desobedecida, la regla de reconocimiento solo existe como una práctica compleja... Su existencia es una cuestión de hecho*» (ibidem, p. 137). La regla de reconocimiento última «*no puede ser válida ni inválida*» (ibidem, p. 135) y por ello no cabe formular sobre ella enunciados internos; su existencia es un hecho, el hecho que se da por supuesto como contexto o trasfondo cuando se hacen enunciados de validez. En tal caso, la circularidad se romperia pues tendríamos una afirmación fáctica como punto de partida, afirmación cuya verdad no dependería de la verdad de las afirmaciones que se derivan de ella:

Existe una regla seguida por los jueces británicos con aquiescencia de los ciudadanos según la cual es Derecho lo que la Reina sanciona en el Parlamento	Existe un Sistema jurídico británico	Son normas válidas del Sistema jurídico británico las que satisfacen tos criterios requeridos por su regla de reconocimiento	Las normas válidas del Sistema jurídico británico son generalmente obedecidas	El sistema jurídico británico es eficaz

Pero Hart reconoce que la afirmación de que un sistema jurídico existe adolece, sin embargo, de una gran vaguedad (ibidem, p. 139) por lo que su verificación no puede referirse a lapsos de tiempo breves del mismo modo que no puede determinarse con exactitud cuándo un sistema que existía ha dejado de existir (ibidem, p. 147). Por lo tanto, aun tomando como punto de partida para establecer la existencia de un sistema jurídico el *hecho* de que se acepte por los funcionarios (jueces) una cierta regla de reconocimiento y de que se acepte por la población esa forma de identificar *«lo que ha de entenderse por derecho»* (ibidem, p. 135), esta situación fáctica se describe, en términos muy vagos, como general y duradera. Con seguridad Hart era consciente de que el problema, entonces, presenta los contornos paradójicos de un «sorites», pues la regla de reconocimiento última no es, al fin y al cabo, más que una regla social compleja y cuando él se refiere, en general, a la existencia de una regla[24] afirma: *«el problema de saber cuántos miembros del grupo tienen que tratar como criterio o pauta de crítica, de estos modos diversos, la manera regular de conducta, y el de saber con qué frecuencia y durante cuánto tiempo deben hacerlo así para que tenga apoyo la afirmación de que el grupo posee una regla, no son cuestiones definidas. Ellas no deben preocuparnos más que la cuestión de saber cuántos cabellos hay que tener para no ser calvo»* (ibidem, p. 70), y —como es sabido— la paradoja del calvo («falakros») es, como la del montón de trigo («sorites»), una de las que planteó Eubulides de Mileto.[25]

Admitiendo, como yo admito, el enfoque de Hart destruimos la circularidad pero la primera conclusión que de ello se deriva es que el principio de eficacia tal y como lo enuncian Joseph Raz y Pablo E. Navarro (el PE[1]) es falso y que, en consecuencia, deberíamos sustituir la tesis de que *la existencia de un sistema jurídico depende de la eficacia de sus normas* por la de que *la existencia de un sistema jurídico depende de la eficacia de una(s) regla(s) de reconocimiento*. Esta tesis es perfectamente compatible con el segundo postulado del principio de eficacia (el PE[2]) y admitir ambos postulados no implica incurrir en circularidad en cuanto la(s) regla(s) última(s) de reconocimiento no son normas jurídicas sino reglas sociales, por lo que el principio de eficacia podría formularse así:

> PE[1]. La existencia de un sistema jurídico depende de la eficacia de una(s) regla(s) de reconocimiento.
>
> PE[2]. La existencia de las normas jurídicas depende de la eficacia del sistema al que pertenecen.

Antes de ocuparme del problema de vaguedad que ha quedado pendiente, me parece necesario discutir, y descartar, el enunciado que

---

24 Joseph Raz indica expresamente que el análisis de Hart sobre la existencia de una regla social *«tiene el claro propósito de aplicarse a la regla de reconocimiento»* (Raz, 1982, p. 122).

25 Eubulides de Mileto (siglo IV a.C.) perteneció a la escuela de Megara. Las paradojas o sofismas que se le atribuyen incluyen las del mentiroso, el oscuro, el encapuchado, el cornudo, el sorites y el calvo.

acabo de proponer de PE[1]. Una simetría argumental nos ha conducido a esa formulación a partir de las de Raz y Navarro (*«la existencia... depende...»; «...constituye una condición necesaria de la existencia...»)* pero realmente está más allá de los límites del sentido —como dijo Moore— formular como condición para que algo tenga el supuesto atributo de la «existencia» lo que no es más que parte del contenido de su definición. Carece de sentido decir que es una condición necesaria de la existencia de una escalera el hecho de que un conjunto de escalones se encuentren unidos formando una serie si «escalera» significa precisamente «serie de escalones para subir o bajar». Del mismo modo carece de sentido decir que la eficacia (el seguimiento efectivo por los jueces con aquiescencia de la población) de unas reglas-de-reconocimiento-de-normas-de-conducta es una condición necesaria de la existencia de un sistema jurídico si «sistema jurídico» significa precisamente «conjunto de reglas-de-reconocimiento-de-normas-de-conducta efectivamente seguidas por los jueces con aquiescencia de la población», como parece significar según Hart.[26]

En este sentido, el principio de eficacia es, en su primer postulado (PE[1]) una mera tautología; algo, por cierto, que ya señaló Pablo E. Navarro: *«Afirmar que el sistema eminentemente total —lo* que él entiende como el "Derecho argentino" o el "Derecho romano" *es eficaz puede ser interpretado como una propiedad holística de los sistemas jurídicos. Pero si el criterio para reconocer tal propiedad es solamente que el sistema existe, entonces el principio de eficacia expresa una irremediable tautología»* (Navarro, 1990, p. 77).

3.2. *LA EXISTENCIA DE UN SISTEMA JURÍDICO: UN PROBLEMA DE VAGUEDAD Y CÓMO DISOLVERLO*

El problema que ha quedado pendiente es un problema de vaguedad del que —como repetidamente hemos tenido ocasión de comprobar a lo largo de estas páginas— son muy conscientes los autores que recientemente se han aproximado al tema como Joseph Raz, Pablo E. Navarro y el mismo Herbert L. A. Hart. Limitándonos a la(s) regla(s) de reconocimiento el problema podría enunciarse así: ¿cuántos funcionarios (jueces) tienen que seguir una regla de reconocimiento de normas

26 Aunque Hart advierte expresamente en El concepto de Derecho (Hart, 1977, pp. 20-21) que no se propone ofrecer una definición de Derecho, la que propongo se ajustaría bastante a lo que él sostiene (ibidem, p. 125). En todo caso no es mi propósito aquí discutir sobre la definición más adecuada de Derecho, ni dar por supuesto que sea mejor una definición hartiana que, por ejemplo, la que ofrece Alf Ross (Ross, 1963, p. 34) o cualquier otra; simplemente trato ahora de sostener que es un resabio metafísico reformular los caracteres genéricos y diferenciales contenidos en una definición como condiciones de «existencia» de lo definido.

de conducta y en cuántas ocasiones tienen que hacerlo, cuántos ciudadanos tienen que prestar su aquiescencia a esa práctica y en cuántas ocasiones tienen que hacerlo, para que podamos decir que existe un sistema jurídico apoyado en esa(s) regla(s) de reconocimiento?

La paradoja del «sorites» o del argumento «poco a poco» tiene una cierta estructura lógica que es la siguiente:

1) Un grano de trigo no constituye un montón de trigo
2) Si un grano de trigo no constituye un montón de trigo, entonces dos granos de trigo no constituyen un montón de trigo
3) Si dos granos de trigo no constituyen un montón de trigo, entonces tres granos de trigo no constituyen un montón de trigo

N) Si 9.999 granos de trigo no constituyen un montón de trigo, entonces 10.000 granos de trigo no constituyen un montón de trigo Luego, 10.000 granos de trigo no constituyen un montón de trigo.

De acuerdo con la lógica de un argumento mediante *modus ponens,* como es este, la conclusión es irrefutable. Los lógicos contemporáneos han dedicado una notable atención a intentar solucionar la paradoja; las soluciones propuestas van desde la defensa de lenguajes ideales (en los que no se admiten términos vagos) por lo que en ellos la paradoja desaparece, pasando por soluciones epistémicas y semánticas (que incluyen la propuesta de lógicas polivalentes), hasta la aceptación lisa y llana de la paradoja (ninguna cantidad de granos constituye un montón).[27] No es mi intención discutir los aspectos lógicos de la paradoja sino tan solo señalar que, para los juristas, este tipo de paradojas constituye un problema resuelto hace mucho tiempo. Todos los plazos se basan en la necesidad de cortar, mediante una decisión normativa (convencional, al fin y al cabo), la insuperable vaguedad del transcurso del tiempo. Sea la mayoría de edad, la prescripción adquisitiva, la caducidad de una acción o el plazo de interposición de un recurso, el problema se resuelve conviniendo un momento en que el transcurso del tiempo se corta y la cantidad se convierte en calidad. Esta solución se parece mucho a la que propone el superevaluacionismo y que consiste en ampliar la extensión positiva y la extensión negativa del predicado para establecer, en la zona de penumbra, una frontera definida (Hyde, 2002, p. 6); porque lo característico de la va-

27 *Vid.* Dominic Hyde, Sorites Paradox, en la Stanford Encyclopedia of Philosophy, disponible en *http://plato.stanford. edu/entries/sorites-paradox/.* Disponemos también de una excelente bibliografía en http://homepage.ntlworld.com/falakros/va-gue/articles.htm mantenida por Justin Needle (última actualización del 14 de julio de 2002).

guedad es que hay una zona de casos en los que el término vago resulta claramente aplicable (es claro que hoy en Gran Bretaña existe un sistema jurídico británico), hay una zona de casos en los que el término resulta claramente inaplicable (es claro que hoy en Andalucía no existe un sistema jurídico musulmán) y hay zonas de penumbra (sigue siendo dudoso que hoy exista un sistema jurídico internacional y es dudoso que hoy exista un sistema jurídico palestino). Si tuviéramos que tomar decisiones sobre los sistemas jurídicos que existen y los que no existen, sin duda que estableceríamos una convención internacional eliminando la zona de penumbra. En gran medida esto lo hemos hecho ya en el ámbito internacional equiparando sistema jurídico con Estado y aplicando las sucesivas doctrinas Tobar-Wilson-Estrada-Lauterpacht, relativas al reconocimiento de gobiernos, para identificar como regla última de reconocimiento de cada sistema jurídico a la que refleja el poder de hecho, aun cuando en muchos casos esos sistemas tengan muy escasa eficacia (lo que Pablo E. Navarro llamaría «sistemas de baja intensidad»), y negándosela a las que no corresponden a un Estado previamente reconocido[28] incluso aunque tengan una mayor eficacia cuantitativa en un grupo social.[29]

En un plano teórico no parece haber ninguna necesidad de resolver la vaguedad decidiendo a partir de qué grado de eficacia o ineficacia de la(s) regla(s) de reconocimiento existe o no existe un sistema jurídico. Lo que sí sería relevante en un plano teórico es la investigación de la genealogía, la patología y la desaparición de los sistemas jurídicos para completar aquel breve examen que el mismo Hart, al hacerlo, calificaba de «*tosco*» (Hart 1977, p. 151). Una tarea que corresponde, ciertamente, a una teoría filosófica del Derecho que quiera ocuparse de la realidad.

---

28 Como Joseph Raz ha señalado, el problema de la identidad de los sistemas jurídicos queda oscuramente resuelto con la regla de reconocimiento de Hart precisamente porque Hart «*pasa por alto no solo parte de la respuesta sino toda una cuestión: la relación entre derecho y Estado*» (Raz, 1982, p. 130).

29 Las normas de Derecho internacional privado que contienen los artículos 8 al 12 del Código Civil español remiten, por ejemplo, la ley personal correspondiente a las personas físicas a la determinada por su nacionalidad o la forma y solemnidad de los contratos y testamentos a la ley del país en que se otorguen. La comunidad jurídica entiende, sin mayor dificultad, que esto significa que la mayoría de edad de un colombiano o la validez de un testamento de un kurdo de nacionalidad turca se rigen por la ley colombiana y turca, respectivamente, con total independencia de que el colombiano o el kurdo hayan nacido o vivan en zonas ocupadas por la guerrilla y donde las citadas leyes puedan ser totalmente ineficaces. Incluso la remisión que el artículo 12.5 hace a los Estados en los que coexistan diferentes sistemas jurídicos es una remisión estrictamente jurídico-formal, pues la determinación de la ley aplicable se hará conforme a la legislación de dicho Estado, prescindiendo de su mayor o menor eficacia.

4. CONCLUSIÓN

Lo que, en definitiva, cabe concluir de estas páginas es que no solo es innecesario buscar alguna peculiar conexión ontológica entre la validez de las normas jurídicas —entendida esta como su pertenencia a un sistema jurídico o, si se quiere insistir en la terminología kelseniana, su «forma específica de existencia» en cuanto normas jurídicas y, tautológicamente, su obligatoriedad «jurídica»— y su eficacia. Además de innecesario es inconveniente. A fin de cuentas, la tesis explícita de que una norma jurídica ineficaz es inválida o no existe como norma se convierte en la tesis implícita de que las normas jurídicas válidas o existentes son, por definición, suficientemente eficaces; y la teoría del Derecho puede trabajar sobre ellas, bajo un punto de vista jurídico, prescindiendo de su mayor o menor eficacia. De este modo la teoría del Derecho y las ciencias jurídicas particulares pueden continuar sosteniendo, como ya vimos que lo hacía Kelsen, que *«el Derecho californiano no consiste en que el hurto por regla general se castigue con prisión, sino en que el hurto siempre y sin excepción debe ser castigado. En este deber-ser castigado consiste el Derecho, no en el ser castigado de hecho»* (Kelsen, 1969, p. 19) y pueden hacerlo con la aparente garantía de que se mueven en un terreno real, y no en una pura abstracción formal, pues si en California la gente, por regla general, hurtase y la gente, por regla general, no fuese castigada con prisión lo que ocurriría, de acuerdo con este punto de vista, es que la prohibición del hurto habría sido derogada por desuso no existiendo ya como norma válida del Derecho californiano, y no que se trataría de una norma ineficaz.

Frente a este enfoque, que todavía me parece dominante en la ciencia jurídica europea, suscribo firmemente la idea defendida por Neil MacCormick y Ota Weinberger de que *«la ciencia jurídica sin consideración de la realidad social —que corresponde al aspecto existencial de la norma— resulta inconcebible [...] el jurista tiene que plantearse también cuestiones que se refieren a la existencia social del Derecho, su forma de operar en la sociedad y las relaciones entre el Derecho y la sociedad [...] todas estas son cuestiones propias de juristas»* (MacCormick-Weinberger, 1986, pp. 44, 45-46).[30] Y suscribo, también con ellos, que este es un punto de vista propio de un positivismo normativista bien entendido (ibidem, pp. 6-7).

30 Las citas corresponden a un trabajo de Ota Weinberger. Las tesis son asumidas por ambos; *vid.* ibidem p. 5.

EPÍLOGO

SOBRE EL ALCANCE Y JUSTIFICACIÓN DEL MODESTO PRINCIPIO DE LA IGNORANCIA

Terminaba el siglo XIX cuando unos albañiles se encontraban trabajando en una casa en construcción y tuvieron la buena fortuna de encontrar un tesoro. El artículo 351 del Código Civil español establecía —y sigue estableciendo— que el tesoro oculto pertenece al dueño del terreno en que se halle, si bien cuando el descubrimiento se hace en propiedad ajena y por casualidad, la mitad se aplicará al descubridor. Los albañiles —obvio es decirlo— no tenían la menor idea de lo que establecía el artículo 351 del Código Civil y es fácil de suponer que tampoco tenían la menor idea de lo que por aquel entonces establecía el artículo 2 del mismo, es decir: que la ignorancia de las leyes, y entre ellas del artículo 351 del Código Civil, no excusaba de su cumplimiento. Así que los albañiles se repartieron el tesoro y, con la normal discreción, no dijeron nada a nadie. Pero de algún modo fueron descubiertos y, a continuación, fueron procesados y condenados por hurto. El Tribunal Supremo, en sentencia de su Sala Segunda del 13 de mayo de 1896, confirmó que eran reos de hurto y que no podía excusarles su ignorancia del artículo 351. La misma posición mantuvo el Tribunal Supremo en sentencias del 14 de abril de 1900 y 5 de julio de 1901, en casos muy similares. Sin embargo, el Tribunal Supremo no lo tenía nada claro, puesto que en sentencias del 18 de enero y del 7 de febrero de 1899 declaró que no habían cometido el delito de hurto una legataria y una inquilina que habían hecho exactamente lo mismo con el tesoro encontrado en un mueble legado y en el edificio, respectivamente. La diferencia no estaba en el sigilo, en la ocultación de su descubrimiento, circunstancia que concurría en todos estos casos, pues en las primeras sentencias se afirma que precisamente el sigilo es lo que muestra la malicia, mientras que en las segundas se dice que el sigilo es comprensible por el temor a compromisos y reclamaciones. La diferencia estaba en que, en las segundas, se considera que la legataria y la inquilina tenían la equivocada creencia de que tenían derecho al tesoro. José M. Manresa afirmaba en 1918 de forma un tanto críptica que, a pesar de que hubiera dos tendencias jurisprudenciales, las sentencias de 1900 y 1901 *«no puede decirse que rectifican»* a las de 1899, *«pues los casos son distintos, no tienen aquella amplitud»* (Manresa, 1918, p. 169). Parece, sin embargo, que el Tribunal Supremo tenía serias dudas sobre si la ignorancia del artículo 351 del Código Civil era o no era una excusa o —dicho de otro modo— sobre cuál era el alcance del principio *«la ignorancia del Derecho no excusa de su cumplimiento»*.

Desde entonces hasta ahora la teoría del Derecho se ha enriquecido de forma notable y por ello, antes de examinar cuál pueda ser la justificación de este incómodo principio de la ignorancia —si es que la tiene—, conviene examinar cuál es exactamente su alcance. Creo que hay tres esquemas teóricos que delimitan el alcance del principio y facilitan, gradualmente, su justificación. Los ordenaré en una secuencia que me parece lógica, es decir: de mayor a menor, en la medida en que ofrecen sucesivamente respuestas a aspectos cada vez menos generales del problema. De acuerdo con el primero podríamos distinguir entre normas con sanción restitutiva y normas con sanción represiva, vinculando el alcance y justificación del principio con la función restitutiva de las normas jurídicas. De acuerdo con el segundo, y enfrentados ya solo con normas represivas, podríamos utilizar la distinción entre acciones *«mala in se» y* acciones *«mala prohibita»*, vinculando el alcance y justificación del principio con las acciones *mala in se*. De acuerdo con el tercero, y enfrentados ya solo con las acciones *mala prohibita,* podríamos recurrir al concepto de «error de prohibición», reduciendo entonces de forma notable el alcance del principio. El análisis demostrará que, si se admiten las tres respuestas anteriores, el alcance del principio queda tan restringido que su justificación resulta, en efecto, fácilmente razonable.

1. Normas con sanción restitutiva y normas con sanción represiva

Es claro que en un supuesto como el del ejemplo de los albañiles las reacciones jurídicas posibles manifiestan aquella distinción a la que Emile Durkheim atribuía tanta importancia —en mi opinión, con toda razón— entre reglas jurídicas con sanción restitutiva, que realizan la solidaridad positiva orgánica, y reglas jurídicas con sanción represiva, que realizan la solidaridad positiva mecánica (Durkheim, 1967, pp. 34, 96-98 y 393), porque una cosa es sostener que los albañiles cometieron un delito de hurto y deben ser castigados y otra, muy distinta, sostener que, aunque no lo cometieran, deben entregar la mitad del tesoro al dueño del terreno.

Si nos atenemos solo al efecto restitutivo, propio de la solidaridad orgánica, no parece haber inconveniente alguno en justificar razonablemente el principio de ignorancia. En realidad el principio lo que establece, en este nivel, es que la ignorancia de las leyes no excusa de sufrir sus consecuencias restitutivas. Resulta adecuada, en este nivel, la justificación que defendió Federico de Castro:

> El cumplimiento general de la ley no se basa en la suposición de su conocimiento por todos; son falsas, por ello, las afirmaciones de que la regla contenida en el artículo 2.° del Código sea una presunción iuris tantum, contra la cual quepa aducir prueba en contrario, que sea una ficción y hasta la de que sea una presunción iuris et de iure. Nuestro Derecho no acoge, ni tiene por qué acudir, a la farsa gigantesca y monstruosa de suponer en toda persona una sabiduría inasequible hasta a los mejores juristas: la de no ignorar nada del Derecho. El artículo 2.° *tiene razones claras de justicia y se basa en el deber de cooperación de todos en la realización del Derecho;* una manifestación de esta colaboración es respetar las leyes, incluso las que no se conocen, *aceptando y reconociendo sus consecuencias»* (Castro, 1949, p. 529; subrayados míos).[1]

José Castán, siguiendo a De Castro, sostiene que el fundamento del principio de ignorancia es un fundamento objetivo (la *necesidad social)* y no un fundamento subjetivo (la posibilidad y el deber de conocer las leyes) (Castán, 1982, p. 582). La misma interpretación de Federico de Castro sostiene hoy, entre otros muchos, Antonio Gullón: «*Las leyes han de ser cumplidas por sus destinatarios aunque las ignoren, es decir, si no observan la conducta prescrita en ellas se desencadenarán las consecuencias jurídicas previstas sin que para evitarlo puedan alegar su desconocimiento*» (Gullón, 1991, p. 33; subrayado mío). Si entendemos por «consecuencias jurídicas previstas» solo las consecuencias restitutivas, no veo inconveniente alguno en admitir que está justificado reponer los estados de cosas al diseño establecido en las normas con independencia de que el destinatario lo conociera o lo desconociera. La acción restitutiva del Derecho obedece, al fin y al cabo, a un esquema del tipo «no

---

1 Federico de Castro sostuvo también que esta es una concepción *«propiamente española»* (Castro, 1949, p. 528) que procede desde el Fuero Juzgo y el Fuero Real y llega hasta la Nueva y Novísima Recopilación, para ser finalmente asumida por el Código Civil. La concepción alternativa —según él— sería la romanista que se manifestó en Las Partidas, la cual, al pretender imponer el deber de conocer las leyes, se ve obligada a eximir a mujeres, rústicos, menores, etc. Es también propio de la concepción romanista distinguir entre error de Derecho (que no excusa) y error de hecho (que sí excusa), mientras que la concepción asumida en el Código Civil español prescinde de esta distinción para determinar caso por caso los efectos especiales que puede tener el error. Ya señalé *(supra, p.* 56, nota 50) que esta distinción de concepciones resulta discutible, al menos en cuanto el Fuero Juzgo incluye textualmente el deber de conocer las leyes.

lo hizo, pues hágalo ahora»[2] y, para el caso de ignorancia, basta añadir en el esquema: «no lo hizo porque no lo sabía; pues ahora ya lo sabe, hágalo ahora». Para el caso de los albañiles resulta claro: «No dieron la mitad del tesoro al dueño del terreno porque no conocían la ley; ahora ya la conocen, entreguen esa mitad.»

No es ocioso recordar que el régimen de la responsabilidad civil, contractual o extracontractual, no exige otra cosa que el cumplimiento de la obligación o la reparación del daño. Los intereses que el artículo 1.108 del Código Civil asocia al retraso en el cumplimiento de las obligaciones de pagar cantidades en dinero son fácilmente justificables como actualizaciones del valor de la obligación. Incluso la responsabilidad extracontractual que exige el artículo 1.902 del Código Civil no exige otra cosa que *«reparar el daño causado»*. Si uno lo repara sin generar mayores discusiones no hay castigo alguno asociado a la responsabilidad. No sería exagerado decir que la responsabilidad civil no implica reproche alguno por el incumplimiento y, por eso mismo, es indiferente que la obligación originaria se haya incumplido por mala fe, por desidia, o por mera ignorancia. El Derecho solo obliga a reponer las cosas al estado jurídicamente previsto. La ignorancia anterior es irrelevante, en estos casos, porque desde que se requiere al agente a reponer las cosas al estado jurídicamente previsto, el agente deja de ser ignorante de lo que la ley le exige y, en la medida en que solo se le exige eso, la ignorancia deja de ser una excusa posible por inexistente. Quizá se podría reformular el artículo 6 del Código Civil para decir que, en estos casos, «la ignorancia anterior de las leyes no excusa de su cumplimiento desde que este es requerido conforme a la ley». La interpretación de Federico de Castro parece perfectamente asumible porque, en realidad, el artículo 6 del Código Civil, en este aspecto, no exige ni presume el conocimiento de las leyes. Pero esto solo resuelve una parte, aunque sea un parte extensa, del problema: el de las normas con sanción meramente restitutiva.

2. «Mala in se» y «Mala prohibita»

En un excelente trabajo sobre los presupuestos de la responsabilidad jurídica, afirma Fernando Molina que, mientras la reparación civil no suscita problemas, *«muchos más problemas plantea la justificación de medidas sancionadoras que, aparentemente, solo añaden mal sobre mal ya causado [...] tanto si su justificación se busca en la retribución del hecho cometido, como en la prevención de futuros hechos, el requisito del merecimiento resulta insoslayable»* (Molina, 2001, p. 80). Aunque el grueso

2 Por ejemplo: «No reparó el daño, repárelo ahora», «No pagó la cantidad, páguela ahora», «No abandonó el inmueble, abandónelo ahora», etc.

de la discusión sobre el fundamento de la responsabilidad penal se refiera al problema del libre albedrío o, lo que es lo mismo, a la capacidad de actuar de modo distinto, hay una parte, probablemente una parte menor, en esta discusión que afecta al principio de la ignorancia. La doctrina penal clásica distinguía, a estos efectos, entre las acciones malas en sí mismas y las acciones malas en cuanto prohibidas. Las primeras estaban prohibidas y castigadas porque eran malas; las segundas eran malas solo en cuanto estaban prohibidas y castigadas. Kelsen insistió en que, desde el punto de vista de una teoría pura del Derecho, la distinción era irrelevante: aunque el legislador pueda y tenga que resolver desde un punto de vista político-moral qué es y qué no es malo, desde un punto de vista jurídico —decía Kelsen— *«no hay mala in se, solo hay mala prohibita, pues un comportamiento es má-um solo cuando es prohibitum»* (Kelsen [1945], 1979, p. 61). Sin embargo, en el terreno de las justificaciones, la distinción se muestra enormemente útil para sostener, al menos en parte, el principio de ignorancia. Sea que entendamos la idea de acciones *mala in se* en un sentido aristotélico, como lo que es naturalmente malo conforme a alguna noción normativa de la naturaleza[3], sea que la entendamos en referencia a los valores morales medios de un determinado grupo social —como proponía Raffaele Garofalo en su concepto del «delito natural»[4], lo cierto es que tendríamos un buen expediente para fundamentar el principio de la ignorancia. No es difícil admitir que si uno de los albañiles de nuestro ejemplo hubiese decidido abandonar a su hijo recién nacido en un cubo de la basura y, siendo procesado, hubiese alegado en su defensa desconocer que el (entonces) artículo 155 del Código Civil obligaba a los padres a alimentar, tener en su compañía, educar e instruir a sus hijos (y desconocer la correspondiente norma penal), cualquiera hubiera podido oponerle con sentido que las convicciones morales operantes en la sociedad española de entonces y notorias para el común de las gentes sostenían esa obligación de los padres y que el Derecho se limitaba, en realidad, a sancionar semejante convicción. Muchos hubieran añadido, desde luego, que semejante convicción expresaba una ley natural grabada en el corazón de los hombres.

No es mi intención ahora discutir la noción de *«mala in se» o* la de «delito natural» y mucho menos el delicado problema del alcance que cualquiera de ellas pudiera tener, aunque sí me parece insoslayable admitir que alguna parte importante de las normas con sanción represiva (típicamente, las normas penales) se corresponden con reglas de

3 El mismo Kelsen, tras citar a Jerome Hall, establece el paralelismo entre esta distinción y la distinción de Aristóteles entre lo justo natural y lo justo legal (Kelsen [1945], 1979, p. 60, nota 25).

4 La noción de «delito natural» ha sido frecuentemente utilizada por el Tribunal Supremo español frente a la alegación del error o la ignorancia. *Vid.* Adán Nieto, 1999, p. 82, notas.

la moral positiva del grupo. Lo que, ello no obstante, ha de añadirse es que, aun admitiendo la plausibilidad de cualquiera de aquellas nociones para justificar el principio de la ignorancia en relación a las normas represivas, su alcance es limitado. No sirven, en todo caso, para justificar el principio si —por continuar con este ejemplo tan sencillo como claro— lo que discutimos es si el albañil era responsable penal de un delito de hurto, porque se concederá que no está inscrito en el corazón de los hombres ni es parte de las convicciones morales medias el que precisamente un 50 % del tesoro corresponda al dueño del terreno y otro 50 % al descubridor y esto solo si el tesoro se descubre por casualidad. Pero los albañiles de nuestro ejemplo podrían estar un tanto más tranquilos si su problema con la ley se hubiese producido hoy en lugar de hace ciento y pico años, ya que la doctrina jurídica, primero, y el legislador, después, han refinado la idea de la responsabilidad penal en relación con la ignorancia.

3. EL «ERROR DE PROHIBICIÓN»

Fue precisamente el hecho de que las normas penales, como las demás normas jurídicas, se hubieran extendido y tecnificado separándose de las convicciones morales generalizadas el primer argumento en que se apoyó el Gran Senado del Tribunal Supremo Federal alemán (el *Bundesgerichtshof*) para acoger la figura del «error de prohibición» (*Verbotsirrtum*) en una bien famosa sentencia del 18 de marzo de 1952 a la que Antonio Quintano calificó como «*sensacional cambio de rumbo*» de la jurisprudencia alemana (Quintano, 1962, p. 292).[5] La teoría del dolo había sido dominante en la doctrina y la jurisprudencia, tanto en Alemania e Italia como en España, hasta después de la Segunda Guerra Mundial. Conforme a ella, el principio general era el de la inexcusabilidad de la ignorancia del Derecho salvo que la ignorancia o error de Derecho llegase a implicar una falta de intención de delinquir excluyendo, por tanto, el dolo. Aunque con dificultades, ésa es la línea que seguía la jurisprudencia del Tribunal Supremo español a principios de siglo para confirmar unas veces la presencia de la intención maliciosa, a pesar de la ignorancia, y negarla otras constatando, por el contrario y gracias a la ignorancia, bien que «*a causa de su rusticidad se hallaban en la explicable creencia de que en su totalidad les correspondía el tesoro*» (sentencia de 28 de noviembre de 1906) o bien que «*lo hizo sin intención o malicia [...] dadas sus cualidades subjetivas y derivadas de su*

5 El tópico del error y sus diferentes modalidades es clásico en la dogmática penal y la bibliografía es consecuentemente muy extensa. Entre las monografías españolas más recientes (Teresa Manso, 1999; Francisco Muñoz Conde, 1989; Adán Nieto, 1999) me parece destacable por su claridad la de David Felip i Saborit, 2000, a la que básicamente sigo en este apretado resumen.

absoluta incultura y completa ignorancia» (sentencia de 18 de marzo de 1931). El error «iuris» no era, en principio, una causa de exclusión del dolo salvo que, en determinadas circunstancias, pudiese asimilarse al error esencial de hecho como, por ejemplo, declaraba la sentencia de 31 de diciembre de 1924: «*La creencia de ejercitar un derecho constituye error esencial, invalidante del dolo, pero ha de mediar para ello la condición de que la creencia aparezca debidamente fundada y el error, por tanto, pueda considerarse invencible*».

El gran cambio se había producido en la dogmática penal cuando la relevancia del error de Derecho se trasladó desde la teoría del dolo a la teoría de la culpabilidad. El autor más representativo de este giro fue Hans Welzel que encabezó la denominada «teoría finalista de la pena». De acuerdo con la teoría de la culpabilidad el error de Derecho, aun siendo irrelevante para el dolo, es relevante para la culpabilidad y ello exige distinguir entre el error sobre el tipo (que excluye el dolo) y el error de prohibición que, si bien no excluye el dolo, sí permite graduar la culpabilidad.[6] La teoría de la culpabilidad y, con ella, la distinción entre error de tipo y error de prohibición fue acogida por el Tribunal Supremo alemán en 1952, como acabamos de ver, y terminó por ser incorporada a la legislación penal en 1975, en el & 17 del Código Penal de la República Federal Alemana *(Strafgesetzbuch)* que, por cierto, fue objeto de una cuestión de inconstitucionalidad resuelta favorablemente al texto legal. En España fue la reforma del Código Penal por la Ley Orgánica 8/1983, de 25 de junio, la que introdujo un artículo 6 bis cuyo apartado (a) acogía la distinción entre el error de tipo, invencible y vencible, y el error de prohibición, invencible y vencible; el error-de-tipo invencible excluye la responsabilidad o, si es sobre una agravante, su apreciación; el error-de-tipo vencible permite castigar la infracción como culposa; el error-de-prohibición invencible excluye la responsabilidad; y el error-de-prohibición vencible atenúa en uno o dos grados la pena. Este cambio —señala Felip i Saborit— «*fue saludado como una confirmación legislativa de la teoría de la culpabilidad, visión que rápidamente se convirtió en mayoritaria entre la doctrina*». El Código Penal vigente, aprobado por Ley Orgánica 10/1995, de 23 de noviembre, en su artículo 14 introduce algunas modificaciones formales pero mantiene las mismas distinciones con los mismos efectos.

De esta forma, en el ámbito de las normas con sanción represiva la ignorancia del Derecho ha terminado por ser admitida, bien con un

---

6 *«... cuando el desconocimiento o error de prohibición sea reprochable, se recomienda únicamente una atenuación de la pena en relación a la disminución de la posibilidad concreta de actuar conforme a Derecho. Finalmente, si el desconocimiento es plenamente disculpable, al no existir posibilidades de conocer el mandato o la prohibición, desaparece la culpabilidad y la pena»* (Felip i Saborit, 2000, pp. 41-42).

total efecto exculpatorio si la ignorancia es invencible, bien con un efecto solo atenuante si la ignorancia es vencible.

4. El alcance residual del principio de ignorancia

El principio de ignorancia, en su formulación legislativa,[7] aparece como un principio muy general en su alcance y muy estricto en sus consecuencias. Su justificación clásica parece estar asociada a una obligación general subjetiva de conocer las leyes; su justificación ilustrada parece trasladarse a una necesidad colectiva de aplicar las leyes establecidas previa garantía de que los destinatarios puedan haberlas conocido. Sin embargo, tanto el análisis histórico *(supra,* págs. 56-61) como el análisis actual muestran que el alcance del principio y la rigidez de sus consecuencias han sido continuamente objeto de minoración.

En su alcance actual, en un sistema jurídico como el español, 1) el principio de ignorancia no es aplicable a los supuestos de incumplimiento de normas con sanción meramente restitutiva pues, en tales casos, el Derecho se limita a requerir el cumplimiento de la norma desde que el agente es requerido conforme a la ley para hacerlo y, al ser requerido, la norma se hace para él conocida y la ignorancia deja de existir; 2) el principio no es aplicable a los supuestos de normas con sanción represiva sobre acciones «*mala in* se», pues se trata de acciones cuyo reproche social es generalmente admitido y notorio, y cuando el agente puede demostrar una ignorancia o error invencible, entonces queda excusado; 3) el principio solo es parcialmente aplicable a los supuestos de normas con sanción represiva sobre acciones «*mala prohibita*», pues cuando el agente puede demostrar una ignorancia o error invencible queda excusado, y cuando puede demostrar una ignorancia o error vencible la pena queda atenuada.

¿Cuál es, entonces, el alcance actual del principio? El principio solo alcanza a soportar el efecto de ciertas redistribuciones del daño asociadas a la responsabilidad contractual o extracontractual como son la compensación del lucro cesante o del daño emergente, o eventualmente las costas judiciales, y a soportar una sanción atenuada en uno o dos grados en el caso de normas represivas y de ignorancia o error vencible.

---

7 Ha de recordarse que el principio «*ignorantia legis neminem excusat*» es también una regla todavía vigente en el Common Law y, al decir de Hart, seguida tan «*severamente*» que podría ser cuestionada (Hart, 1992, pp. 181 y 263, nota 181). También en el mundo anglosajón la regla había sido caricaturizada en forma que recuerda a Joaquín Costa: «*Everybody is presumed to know the law except His Majesty's judges, who have a Court of Appeal set over them to put them right*». Son palabras del juez Maule (tomadas de un libro de Glanville Williams) con las que encabeza su estudio David Felip i Saborit (2000, p. 21)

Lo único que hay que justificar, en consecuencia, es por qué —en el primer supuesto— es justo cargar los daños sobre el incumplidor-ignorante y no sobre el cumplidor (conocedor o, quizá también, ignorante) y por qué es justo castigar atenuadamente —en el segundo supuesto— al infractor ignorante.

El problema de atribuir el coste del daño causado al incumplidor-ignorante o a la víctima de su incumplimiento (sea conocedora o ignorante de la ley) puede resolverse razonablemente sin necesidad de recurrir a ninguna presunción de conocimiento ni a ninguna obligación (infringida) de conocer las leyes. Tampoco es deseable recurrir a un análisis económico para atribuir el daño a quien con menos coste hubiera podido evitarlo en el caso concreto. La seguridad que un ordenamiento jurídico eficaz ofrece a sus destinatarios —y que es el primer instrumento de la posibilidad de actuar libremente— justifica suficientemente que aquél cuyo comportamiento, por ignorancia, no se ajusta a la norma jurídica asuma los riesgos derivados de él, tanto si la víctima también actuaba con ignorancia como, con mayor motivo, si esta actuaba con conocimiento. De otro modo, no solo los ignorantes sino tampoco los conocedores podrían apoyar la previsión de las consecuencias de sus decisiones en la existencia de normas jurídicas, y las normas jurídicas serían inútiles.

En el segundo aspecto la única justificación posible para castigar, aunque se atenuadamente, al infractor-ignorante es que su ignorancia era vencible y ello solo tiene sentido si se admite una obligación implícita de conocer las leyes. Se trata, sin embargo, de una obligación atenuada y esgrimida preventivamente, de forma que el agente aprenda que la sociedad le requiere una cierta diligencia para conocer las leyes que pueden afectarle. No parece, desde luego, que se trate de una farsa, un absurdo, un escarnio ni una tiranía. Parece, más bien, un modesto precio a pagar si merece la pena vivir bajo el imperio de las leyes.

BIBLIOGRAFÍA

Aarnio, Aulis y otros (eds.) (1993): *Rechstnorm and Rechtswirklichkeit. Festschrift für Werner Krawietz zum 60. Geburtstag,* Duncker & Humblot, Berlín.

AA.VV (1962): *Nueva Enciclopedia Jurídica,* tomo XI, F. Seix ed., Barcelona, 1962.

— (1970): *Enciclopedia del Diritto,* Giuffrè, Varese.

— (1991): *Comentario del Código Civil, I,* Ministerio de Justicia, Madrid. Adelson, Joseph y Beall, Lynnette (1972): *Adolescent Perspectives on Lawand Government,* en Krislov, Samuel y otros (eds.) 1972, pp. 151-160.

Adelson, Joseph; Green, Bernard y O'Neil, Robert (1979): *El desarrollo de la idea de ley en la adolescencia,* en Delval, Juan 1979, pp. 315-324.

Alchourron, Carlos y Bulygin, Eugenio (1991): *Análisis lógico y Derecho,* Centro de Estudios Constitucionales, Madrid.

Alex, Robert (1993): *Teoría de los derechos fundamentales,* Centro de Estudios Constitucionales, Madrid (orig.: *Theorie der Grundrechte,* Suhrkamp, 1986).

Allen, Carleton Kemp [1927] (1969): *Las fuentes del derecho inglés,* Instituto de Estudios Políticos, Madrid (orig.: *Law in the Making,* The Clarendon Press, Oxford, 7.a edición, 1963; original de 1927).

Althusius, Johannes [1649] (1967): *Dicaelogica Libri Tres,* Scientia Verlag Aalen, Darmstadt.

Álvarez, Ursicino (1954): *El negocio jurídico en Derecho Romano,* Edit. Revista de Derecho Privado, Madrid.

— (1973): *Instituciones de Derecho Romano,* I, UNED, Madrid.

Andenaes, Johannes (1974): *Punishment and Deterrence,* The University of Michigan Press, Ann Arbor (Mi).

Aristóteles (1989): *Ética a Nicómaco,* edición de M. Araujo y J. Marías, Centro de Estudios Constitucionales, Madrid.

Arnaud, André-Jean y otros (eds.) (1988): *Dictionnaire enciclopédique de Théorie et de Sociologie du Droit, L.G.D.J.,* París.

Arnold, Thurman (1935): *The Symbols of Government,* Yale University Press, New Haven.

Asís, Rafael de (1994): *Imparcialidad, igualdad y obediencia en la actividad judicial,* Doxa. Cuadernos de Filosofia del Derecho, n. 15-16, II, pp. 913-928.

Atienza, Manuel y Ruiz Manero, Juan (1996): *Las piezas del Derecho. Teoría de los enunciados jurídicos,* Ariel, Barcelona.

— (1997): *Contribución a una teoría de la legislación,* Civitas, Madrid.

Aubert, Vilhelm (1966): «Some Social Functions of Legislation», *Acta Sociologica, n.º* 10, pp. 98-120.

Austin, John [1832] (1971): *The Province of Jurisprudence Determined,* Weidenfeld and Nicolson, Londres.

— [1861] (1970): *Lectures on Jurisprudence,* tres volúmenes, Burt Franklin, Nueva York.

Ayer, Alfred J. (1971): *Lenguaje, verdad y lógica,* Martínez Roca, Barcelona (orig.: *Language, Truth and Logic,* Gollancz, Londres, 2.a edición revisada, 1946; original de 1936).

Bar-Gill, Oren y Harel, Alon (2001): «Crime Rates and Expected Sanctions: The Economics of Deterrence Revisited», *The Journal of Legal Studies,* n.º XXX, 2, pp. 485-501.

Bayón, Juan Carlos (1988): *Sanction,* en Arnaud, André-Jean y otros (eds.) 1988, pp. 359-363.

— (1991): *La normatividad del Derecho: deber jurídico y razones para la acción,* Centro de Estudios Constitucionales, Madrid.

— (2002): *Justicia y eficiencia,* en Díaz, Elías y Colomer, José L. (eds.), 2002, pp. 243-277.

Bentham, Jeremy [1789] (1970): *An Introduction to the Principles of Morals and Legislation,* ed. de J. H. Burns y H. L. A. Hart, Methuen, Londres.

— [1821] (1981): *Tratados de Legislación civil y penal,* ed. de Ramón Salas, Editora Nacional, Madrid.

— [1864] (1987): *The Theory of Legislation,* ed. de C. K. Ogden, Fred B. Rothman & Co, Littleton (Co.).

Betegón, Jerónimo y Páramo, Juan R. de (eds.) (1990): *Derecho y Moral. Ensayos analíticos,* Ariel, Barcelona.

Bettini, Romano (1984): «Effettività ed efficacia del Diritto nella prospettiva della legitimazione», *Sociologia del Diritto,* 1984, 1, pp. 211-227.

Bobbio, Norberto (1977): *Dalla struttura alia funzione. Nuovi studi di teoria del diritto,* Edizioni di Comunità, Milán.

— (1980): *Contribución a la teoría del Derecho* (edición de A. Ruiz Miguel), Fernando Torres, Valencia.

— (1991): *Teoría General del Derecho,* Debate, Madrid.

Bobbio, Norberto y Matteucci, Nicola (1983): *Diccionario de Política, II,* Siglo XXI, Madrid (orig.: *Dizionario di Politica,* Unione Tipografico-Editrice Torinese, Turín, 1976).

Bodino, Jean [1576] (1973): *Los seis libros de la República,* ed. de Pedro Bravo, Aguilar, Madrid.

Bonifaz, Leticia (1993): *El problema de la eficacia en el Derecho,* Porrúa, México.

Borja, Jordi; Castells, Manuel; Dorado, Roberto y Quintana, Ignacio (1990): *Las grandes ciudades en la década de los noventa,* Sistema, Madrid.

Bowers, William J. y Salem, Richard G. (1972): «Severity of Formal Sanctions as a Repressive Response to Deviant Behavior», *Law and Society Review,* n.º 6, 3, pp. 427-441.

— (*vid.* también *infra,* Salem y Bowers 1972).

Búlgaro [h. 1130] 1969: *De iuris et facti ignorantia. Bulgarinus,* en Kantorowicz, Hermann y Buckland, William W., 1969, pp. 244-246.

Burlamaqui, Jean Jacques [1754] (1820): *Elementos de Derecho Natural,* Imprenta de la Minerva Española, Madrid.

Calsamiglia, Albert (1977): *Kelsen y la crisis de la ciencia jurídica,* Ariel, Barcelona.

Capella, Juan R. (1968): *El Derecho como lenguaje,* Ariel, Barcelona.

Caracciolo, Ricardo (1996): *Esistenza di norme e di sistemi normativi,* en Comanducci, Paolo y Guastini, Riccardo 1996, pp. 223-242.

Casanovas, Pompeu y Moreso, José J. (eds.) (1994): *El ámbito de lo jurídico. Lecturas de pensamiento jurídico contemporáneo,* Crítica, Barcelona.

Castán, José (1962): *Derecho Civil Español, Común y Foral, IV,* Reus, Madrid.

— (1982): *Derecho Civil Español, Común y Foral, I-I,* Reus, Madrid.

Castro, Alfonso de [1550] (1961): *De Potestate Legis Poenalis Libri Duo,* edición del Patronato del IV centenario de la muerte de A. de C. (facsimilar de la edición príncipe de Andrés de Portonaris, Salamanca, 1550), Artes Gráficas Clavileño, Madrid.

Castro, Federico de (1949): *Derecho civil de España, I,* Instituto de Estudios Políticos, Madrid.

Chambliss, William J. (1969): *Types of Deviance and the Effectiveness of Legal Sanctions,* en Friedman, Lawrence M. y Macaulay, Stewart, 1969, pp. 277-292.

Comanducci, Paolo y Guastini, Riccardo (1996): *Struttura e dinamica dei sistemi guiridici,* Giappichelli, Turín.

Conte, Amedeo G. (1989): *Filosofia del linguaggio normativo I. Studi 19651981,* Giappcihelli, Turín.

Corpus Iuris Civilis Iustinianei (1965): Otto Zeller, Osnabrück (edición facsimilar de la edición Lugduni, preparada por loannis Fehi, 1627).

Correas, Oscar (1994): *Introducción a la sociología jurídica,* Coyoacán, México.

Cortese, Ennio (1970): *Ignoranza. Diritto intermedio,* en AA.VV., 1970, tomo XX, pp. 8-13.

Costa, Joaquín (1901): *El problema de la ignorancia del Derecho y sus relaciones con el estatus individual, el referéndum y la costumbre,* Sucesores de Manuel Soler, Barcelona

— (2000): *El problema de la ignorancia del Derecho,* Civitas, Madrid.

Cotterrell, Roger (1991): *Introducción a la Sociología del Derecho,* Ariel, Barcelona (orig.: *Sociology of Law. An Introduction,* Butterworth, Londres, 1984).

Davidson, Donald (1976): *Acciones, razones y causas,* en White, Alan R. (ed.) 1976, pp. 116-138.

Delval, Juan (ed.) (1979): *Lecturas de psicología del niño, 2. El desarrollo cognitivo y afectivo del niño y del adolescente,* Alianza, Madrid.

Díaz, Elías (1973): *La filosofía social del krausismo español,* Cuadernos para el Diálogo, Madrid.

— (1980): *Sociología y Filosofía del Derecho,* Taurus, Madrid.

— (1984): *De la maldad estatal y la soberanía popular,* Debate, Madrid.

— (1998): *Curso de Filosofía del Derecho,* Marcial Pons, Madrid.

Díaz, Elías y Colomer, José L. (eds.) (2002): *Estado, justicia, derechos,* Alianza, Madrid.

Díez Picazo, Luis (1973): *Experiencias jurídicas y teoría del Derecho,* Ariel, Barcelona.

— (2000): *Nota introductoria,* en Costa, Joaquín, 2000.

Díez Picazo, Luis y Gullón, Antonio (1993): *Sistema de Derecho Civil,* I, Tecnos, Madrid.

Diderot, Denis [c. 1774] (1989): *Escritos políticos,* ed. de Antonio Hermosa, Centro de Estudios Constitucionales, Madrid.

Durkheim, Émile (1966): *Lecciones de Sociología. Física de las costumbres y el Derecho,* Schapire, Buenos Aires.

— [1893] (1967): *De la Division du Travail Social,* Presses Universitaires de France,

París.

Dworkin, Ronald (1994): *Hart's Posthumous Reply. Reply to Hart Draft,* inédito, septiembre, 22, 1994.

Echave, Delia T.; Urquijo, María E. y Guibourg, Ricardo (1980): *Lógica, proposición y norma,* Astrea, Buenos Aires.

Ehrlich, Isaac (1975): «The Deterrent Effect of Capital Punishment: A Question of Life and Death», *American Economic Review,* n.° 65, pp. 397-417.

Ennecerus, Ludwig (1934): *Derecho Civil (Parte General),* I, edición de Pérez González, Luis y Alguer, José sobre la 13. a edición alemana de Nipperdey, Hans C., Bosch, Barcelona.

Falzea, Angelo (1999): *Ricerche di teoria generale del diritto e di dogmatica giuridica, I. Teoria generale del diritto,* Giuffrè, Milán.

Fariñas, María José (1991): *El problema de la validez jurídica,* Civitas, Madrid.

Feely, Malcolm (1972): *Coercion and Compliance,* en Krislov, Samuel y otros (eds.) 1972, pp. 51-65.

Felip i Saborit, David (2000): *Error Iuris. El conocimiento de la antijuricidad y el art. 14 del Código Penal,* Atelier, Barcelona.

Fernández Dols, José M. (1992): «Procesos escabrosos en Psicología Social: el concepto de norma perversa», *Aprendizaje,* n.° 7, pp. 243-256.

— (1993): «Norma perversa: hipótesis teóricas», *Psicothema,* 5, pp. 91-101.

Fernández Dols, José M. y Oceja, Luis V (1994): «Efectos cotidianos de las normas perversas en la tolerancia a la corrupción», *Aprendizaje,* n.° 9, pp. 3-12 (vid. también infra, Oceja y Fernández Dols, 1992).

Fernández Dols, José M.; Amate, Mar; Caballero, Amparo; Ruiz-Belda, María A.; Sell, Lucía y Oceja, Luis (1994): «Efectos culturales de las normas perversas», *Aprendizaje,* n.° 9, pp. 205-211.

Fernández García, Eusebio (1987): *La obediencia al Derecho,* Civitas, Madrid.

Ferrari, Vincenzo (1989): *Funciones del Derecho,* Debate, Madrid (orig.: *Funzioni del Diritto,* Laterza, Roma, 1987).

— (2000): *Acción jurídica y sistema normativo. Introducción a la Sociología del Derecho,* Dyckinson, Madrid (orig.: *Lineamenti di sociologia del Diritto, I,* Laterza, Roma, 1997).

Field, Stewart y Thomas, Philip A. (1994): *Justice and Efficiency? The Royal Commission on Criminal Justice,* Journal of Law and Society, n.° 21, pp. 1-19.

Fisher, William W. III; Horwitz, Morton J. y Reed, Thomas, A. (1993): *American Legal Realism,* Oxford University Press, Nueva York.

Friedman, Lawrence M. (1987): *The Legal System. A Social Science Perspective,* Russell Sage, Nueva York.

Friedman, Lawrence M. y Macaulay, Stewart (1969): *Law and the Behavioral Sciences,* The Bobs Merrill Co., Nueva York.

García Gallo, Alfonso (1959): *Manual de Historia del Derecho español, tomo I: El origen y la evolución del Derecho; tomo II: Antología de Fuentes del antiguo Derecho,* ed. del autor, Madrid.

Garde, Juan A. (ed.) (2000): *Informe 2000. Políticas sociales y Estado de bienestar en España,* Fundación Hogar del Empleado, Madrid.

Garzón Valdés, Ernesto (ed.) (1985): *Derecho y filosofía,* Alfa, Barcelona.

— (1987): *El concepto de estabilidad de los sistemas políticos,* Centro de Estudios Constitucionales, Madrid.

Geiger, Theodor (1982): *Moral y Derecho. Polémica con Uppsala,* Alfa, Barcelona (orig.: *Debat med Uppsala om moral og ret,* Copenhague, 1946).

— (1983): *Estudios de Sociología del Derecho,* Fondo de Cultura Económica, México (orig.: *Vorstudien zu einer Soziologie des Rechts, H.* Luchterhand, Neuwied am Rhein, 1964).

Gerstein, Robert S. (1972): *The Practice of Fidelity to Law,* en Krislov, Samuel y otros (eds.) 1972, pp. 35-49.

González Vicén, Felipe (1979): *Estudios de Filosofía del Derecho,* Universidad de La Laguna, La Laguna (Tenerife).

Grice, G. R. (1978): *Motive and Reason,* en Raz, Joseph (ed.) 1978, pp. 168-177.

Griñán, José A. (2000): *El empleo: viejos problemas, nuevos retos,* en Garde, Juan A. (ed.) 2000, pp. 279-300.

Grocio, Hugo [1625] (1925): *Del Derecho de la guerra y de la paz,* Reus, Madrid.

— [1644] (1977): *The Jurisprudence of Holland,* ed. de Robert Warden Lee, Scientia Verlag Aalen, Darmstadt.

Gullón, Antonio (1991): *Comentario al Artículo 6,* en AA.VV. 1991, pp. 3337.

Guriévich, Arón (1990): *Las categorías de la cultura medieval,* Taurus, Madrid, (Orig.: КАТЕГОРИИ СРЕДНЕВЕКОВОИ КУЛБТУРЫ, Iskusstuvo, Moscú, (1, 1984).

Gusfield, Joseph R. (1969): *Moral Passage: The Symbolic Process in Public Designations of Deviance,* en Friedman, Lawrence M. y Macaulay, Stewart, *1969, pp. 308-321.*

Hart, Herbert L. A. *(1977): El concepto de Derecho,* Abeledo-Perrot, Buenos Aires (orig.: *The Concept of Law,* Oxford University Press, Oxford, *1961)*

—(1992): *Punishment and Responsability. Essays in the Philosophy of Law,* Clarendon Press, Oxford.

Haskins, Charles H. *[1927] (1972): La rinascita del XII secolo, Il* Mulino, (orig.: *The Renaissance of the 12th Century,* The World Publishing Co., Nueva York, 1958).

Hegel, Georg Wilhelm. F. *[1820] (1968): Filosofía del Derecho,* Claridad, Buenos Aires.

Heinecio, Johann Gottlieb *(1789): Elementa Iuris Civilis secundum Ordinem Institutionum,* Typographia Balleoniana, Venecia.

Hernández Marín, Rafael *(1984): El derecho como dogma,* Tecnos, Madrid.

— (1989): *Teoría general del Derecho y de la Ciencia jurídica,* Promociones y Publicaciones Universitarias, Barcelona.

Hersh, Richard H.; Reimer, Joseph y Paolitto, Diana P. *(1988): El crecimiento moral. De Piaget a Kohlberg,* Narcea, Madrid (orig.: *Promoting Moral Growth from Piaget to Kohlberg,* Longman, Nueva York, *1979).* Hierro, Liborio L. *(1981): El realismo jurídico escandinavo,* Fernando Torres, Valencia.

— (1991): «Funciones del Tribunal de Defensa de la Competencia y principios reguladores del procedimiento», *Civitas. Revista española de Derecho Administrativo,* n.° 71, julio-septiembre *1991, pp. 333-344.*

— (1991*b*): «Una introducción a la Ley *16/1989* de Defensa de la competencia: la tradición norteamericana y el contexto comunitario», *Ekonomiaz,* n.° 21, pp. 1431.

— (2000): «Conceptos jurídicos fundamentales. (I) De las modalidades deónticas a los conceptos de derecho y deber», *Revista Jurídica de Estudiantes, Universidad Autónoma de Madrid,* n.° 3, pp. 139-173.

— (2002): *Justicia, igualdad y eficiencia,* Centro de Estudios Políticos y Constitucionales, Madrid.

Hobbes, Thomas *[1649] (1979/1): Elementos de Derecho Natural y Político,* ed. De Dalmacio Negro Pavón, Centro de Estudios Constitucionales, Madrid.

— [1651] (1979/2): *Leviatán,* ed. de C. Moya y A. Escohotado, Editora Nacional, Madrid.

Hoerster, Norbert *(1992): En defensa del positivismo jurídico,* Gedisa, Barcelona. Hyde, Dominic *(2002): Sorites Paradox,* Stanford Encyclopedia of Philosophy, disponible *enhttp://plato.stanford.edu/entries/sortes-paradox/.*

Ingram, Peter *(1983): Effectiveness,* Archiv für Rechtsund Sozialphilosophie, LXIX, 4, pp. 484-503.

Jones, Harry W. *(1969): The Efficacy of Law,* Northwestern University Press, Evanston (Illin.).

Jórs, Paul y Kunkel, Wolfgang *(1965): Derecho Privado Romano,* Labor, Barcelona (orig.: *Rómisches Privatrecht,* Springer, Berlín).

Kantorowicz, Hermann y Buckland, William W. (1969): *Studies in the Glossators of the Roman Law. Newly Discovered Writings of the Twelfth Century,* Scientia Verlag Aalen, Darmstadt.

Kelsen, Hans [1923] (1987): *Problemas capitales de la teoría jurídica del Estado,* Port-da, México (orig.: *Hauptprobleme der Staatsrechtslehre entwickelt aus der Lehre von Rechtssatze,* J.C.B. Mohr, Tubinga, 1923).

— [1945] (1979): *Teoría General del Derecho y del Estado,* Universidad Nacional Autónoma de México, México (orig.: *General Theory of Law and State,* Harvard University Press, Harvard (Mass.), 1945).

—[1953] (1970): *Teoría Pura del Derecho,* Eudeba, Buenos Aires (orig.: *Théorie pure du Droit. Introduction a la science du Droit,* Ed. De la Baconnière, Neuchâtel, 1953).

— [1960] (1981): *Teoría pura del Derecho,* Universidad Nacional Autónoma de México, México (orig.: *Reine Rechtslehre,* 2.a ed., F. Deuticke, Viena, 1960).

— (1969): *Contribuciones a la Teoría Pura del Derecho,* Centro Editor de América Latina, Buenos Aires.

Kern, Fritz [1914] (1955): *Derechos del rey y derechos del pueblo,* Rialp, Madrid.

Koeppen, Sheilah R. (1972): *Children and Compliance. A Comparative Analysis of Socialization Studies,* en Krislov, Samuel y otros (eds.) 1972, pp. 161-180.

Kohlberg, Lawrence (1979): *El niño como filósofo moral,* en Delval, Juan (ed.) 1979, pp. 303-314.

Kornhauser, Lewis A. (2000): «Three Roles for a Theory of Behavior in a Theory of Law», *Rechtstheorie,* n.° 31, pp. 197-252.

Krislov, Samuel; Boyum, Keith O.; Clark, Jerry N.; Shaefer, Roger C. y White, Susan O. (1972): *Compliance and the Law. A Multi Disciplinary Approach,* Sage, Beverly Hills (Calif.).

Kuhlen, Lothar (1985): *Violaciones de normas en el Derecho y en la Moral,* en Ernesto Garzón Valdés (ed.), 1985, pp. 175-210.

Leibniz, Gottfried Wilhelm [1678] (1984): *Escritos de filosofía jurídica y política,* ed. de Jaime de Salas, Editora Nacional, Madrid.

Locke, John [1663] (1997): *Essays on the Law of Nature,* ed. de M. Goldie, Cambridge University Press, Cambridge (hay edición española: *Lecciones sobre la Ley Natural,* ed. de Manuel Salguero, Comares, Granada, 1998).

— [1690] (1969): *Ensayo sobre el gobierno civil,* Aguilar, Madrid.

Lumia, Giuseppe (1978): *Principios de Teoría e Ideología del Derecho,* Debate, Madrid (orig.: *Lineamenti di teoria e ideologia del Diritto,* Giuffrè, Milán, 1973).

MacCormick, Neil y Weinberger, Otta (1986): *An Institutional Theory of Law,* D. Reidel, Dordrecht.

MacLeod, Alistair M. (1998): «Efficiency and Justice», *Archiv für Rechtsund Sozial-Philosophie,* n.° 68, pp. 111-119.

Manresa, José María (1914): *Comentarios al Código Civil español,* tomo I, Hijos de Reus, Madrid.

— (1918): *Comentarios al Código Civil español,* tomo III, Hijos de Reus, Madrid.

Manso, Teresa *(1999): Desconocimiento de la norma y responsabilidad penal,* Dykinson, Madrid.

Marradi, Alberto *(1983): Sistema judicial,* en Bobbio, Norberto y Matteucci, Nicola, *1983, pp. 1514-1522.*

Martínez Zato, Juan J. *(1977): Memorias de un fiscal en Guinea Ecuatorial,* I-VII, diario *Ya,* 9, 11, 12, 13, 14, 15 y 18 octubre 1977.

Meier, Robert F. y Johnson, Weldon T. *(1977): Deterrence as Social Control: The Legal and Extralegal Production of Conformity,* American Sociological Review, n.° 42, abril 1977, pp. 292-304.

Milgram, Stanley *(1963):* «Behavioral Study of Obedience», *The Journal of Abnormal and Social Psychology,* n.° 67, 4, *pp. 371-378.*

— (1974): *Obedience to Authority: An Experimental View,* Harper & Row, Nueva York.

Mill, John Stuart *[1859] (1972): On Liberty,* en *Utilitarianism, On Liberty and Considerations on Representative Government,* ed. de H. B. Acton, J. M. Deut & Sons, Londres.

Molina, Fernando *(2001): Presupuestos de la responsabilidad jurídica (análisis de la relación entre libertad y responsabilidad),* en Pantaleón, Fernando (ed.), *2001, pp. 57-137.*

Montoro, María Jesús *(1989): Adecuación al ordenamiento y factibilidad: presupuestos de calidad de las normas,* Centro de Estudios Constitucionales, Madrid.

Moore, George E. *(1936): Is Existence a Predicate?,* Supplementary Proceedings of the Aristotelian Society (hay version española incluida en *Defensa del sentido común y otros ensayos,* Taurus, Madrid, *1972).*

Moreso, José J. *(2001): Conflictos entre principios constitucionales,* consultado en la página web de José Juan Moreso.

Moreso, José J. y Navarro, Pablo E. *(1996): Applicabilità ed efficacia delle norme giuridiche,* en Comanducci, Paolo y Guastini, Riccardo, *1996, pp. 15-35.*

Morris, Norval *(1974): Prólogo* a Andenaes, Johannes, *1974.*

Mujal y de Gibert, Joan Antoni *[1774] (1998):* «Desengaño al público con pura y sólida doctrina. Tratado de la observancia y obediencia que se debe a las Leyes, Pragmáticas Sanciones y Reales Decretos...», ed. de Marta Bueno y Teresa Ramos en INITIUM, *Revista Catalana d'História del Dret,* n.° 3, *1998, pp. 685-761.*

Muñoz Conde, Francisco *(1989): El error en Derecho Penal,* Tirant lo Blanch, Valencia.

Navarro, Pablo E. *(1990): La eficacia del Derecho,* Centro de Estudios Constitucionales, Madrid.

Needle, Justin *(2002): Vagueness Bibliography,* en http://homepage.ntlworld.com/falakros/vague/articles.htm.

Nieto, Adán *(1999): El conocimiento del Derecho. Un estudio sobre la vencibilidad del error de prohibición,* Atelier, Barcelona.

Nino, Carlos S. (1983): *Introducción al análisis del Derecho,* Ariel, Barcelona.

— (1985): *La validez del Derecho,* Astrea, Buenos Aires.

— (1989): *El constructivismo ético,* Centro de Estudios Constitucionales, Madrid.

— (1994): *Derecho, Moral y Política. Una revisión de la teoría general del Derecho,*

Ariel, Barcelona.

Oceja, Luis V. y Fernández Dols, José M. (1992): «El reconocimiento de la norma perversa y sus consecuencias en los juicios de las personas», *Aprendizaje,* n.º 7, pp. 227-240.

Oldendorp, Johann [1559] (1966): *Opera,* Scientia Verlag Aalen, Darmstadt.

Olivecrona, Karl (1980): *El Derecho como hecho. La estructura del ordenamiento jurídico,* Labor, Barcelona (orig.: *Law as Fact,* Stevens & Sons, Londres, 1971).

Pantaleón, Fernando (ed.) (2001): «La responsabilidad en el Derecho», *Anuario de la Facultad de Derecho de la Universidad Autónoma de Madrid,* n.º 4.

Pastor, Santos (1989): *Sistema jurídico y Economía. Una introducción al análisis económico del Derecho,* Tecnos, Madrid.

Pattaro, Enrico (1991): *Elementos para una teoría del Derecho,* Debate, Madrid (orig.: *Lineamenti per una teoria del Diritto,* Cooperativa Libraria Universitaria, Bolonia, 1985).

Pérez Lledó, Juan A. (2000): «Sobre la función promocional del Derecho: un análisis conceptual», *Doxa. Cuadernos de Filosofía del Derecho,* n.º 23, pp. 665-687.

Petit, Carlos (1982): «Derecho Común y Derecho Castellano. Notas de literatura jurídica para su estudio (siglos XV XVII)», en *The Legal History Review,* volumen L, n.º 2, 1982, pp. 157-195.

— (1984): «Consuetudo y Mos en la Lex Visigothorum», en *Anuario de Historia del Derecho Español,* tomo LIV, 1984, pp. 209-252.

Petit, Carlos y Vallejo, Jesús (1999): *La categoria giuridica nella cultura europea del Medioevo,* en G. Ortalli (ed.), *Storia d Europa III. Il Medioevo,* (dirigido por Perry Anderson, Maurice Aymard, Paul Bairoch, Walter Berberis y Carlo Ginzburg), G. Einaudi, Turín, pp. 721-760. (Se cita por el texto en castellano, inédito).

Piaget, Jean (1987): *El criterio moral en el niño,* Martínez Roca, Barcelona, (orig.: *Le jugement moral chez l'enfant,* Presses Universitaires de France, París, 1932).

Podgórecki, Adam (1974): *Law and Society,* Routledge & Kegan Paul, Londres.

— (1991): *A Sociological Theory of Law,* Giuffrè, Milán.

Podgórecki, Adam; Vinke, P.; Van Houtte, J.; Kaupen, W. y Kutschinsky, B. (1973): *Knowledge and Opinion about Law,* M. Robertson, Londres. Polinsky, A. Mitchell y Shavell, Steven (1979): «The Optimal Tradeoff bet ween the Probability and Magnitude of Fines», *American Economic Review,* n.º 69, pp. 880-891.

— (1998): «Punitive Damages: An Economic Analysis», *Harvard Law Review*, n.° 111, pp. 869-962.

— (2000): «The Economic Theory of Public Enforcement of Law», *Journal of Economic Literature*, n.° 38, pp. 45-76.

Portalis, Jean Etienne [1802] (1959): *Discurso preliminar sobre el proyecto de Código Civil presentado el primero de pluvioso del año IX por la Comisión designada por el Gobierno Consular*, Abeledo-Perrot, Buenos Aires. Pound, Roscoe [1910] (1993): *Law in Books and Law in Action*, en Fisher,

William, W.; Horwitz, Morton J. y Reed, Thomas A. 1993, pp. 39-44 (fragmento).

Pufendorf, Samuel von [1682] (1980): *De la obligación del hombre y del ciudadano según la ley natural en dos libros*, Universidad Nacional de Córdoba, Córdoba (Argentina).

Quintano, Antonio (1962): *Ignorancia*, en AA.VV., 1962, pp. 289-293.

Raz, Joseph (1970): *The Concept of a Legal System. An Introduction to the Theory of Legal System*, Clarendon Press, Oxford

— (ed.) (1978): *Practical Reasoning*, Oxford University Press, Oxford.

— (1982): *La autoridad del Derecho. Ensayos sobre Derecho y Moral*, UNAM, México (orig.: *The Authority of Law. Essays on Law and Morality*, Clarendon Press, Oxford, 1979).

— (1991): *Razón práctica y normas*, Centro de Estudios Constitucionales, Madrid (orig.: *Practical Reason and Norms*, Hutchinson, Londres, 1975).

Redondo, M. a Cristina (1999): «La justificación de las decisiones judiciales», *Isegoría*, n.° 21, pp. 149-163.

Redondo, M.a Cristina y Navarro, Pablo E. (1991): «Aceptación y funcionamiento del Derecho», *Doxa. Cuadernos de Filosofía del Derecho*, n.° 9, pp. 225-233.

Robles, Gregorio (1984): *Las reglas del Derecho y las reglas de los juegos*, Facultad de Derecho de Palma de Mallorca, Mallorca.

Ródenas, Ángeles (1998): «Entre la transparencia y la opacidad. Análisis del papel de las reglas en el razonamiento judicial», *Doxa. Cuadernos de Filosofía del Derecho*, n.° 21, I, pp. 99-121.

Rodríguez, Julio (1990): *La política de vivienda en España: una aproximación a los principales instrumentos*, en Borja, Jordi y otros (eds.), 1990, pp. 241-272.

Rodríguez Paniagua, José M. (1974): *Historia del pensamiento jurídico, vol.* III, Universidad Complutense, Facultad de Derecho, Madrid.

Ross, Alf (1961): *Hacia una ciencia realista del Derecho,* Abeledo-Perrot, Buenos Aires (orig.: *Towards a Realistic Jurisprudence,* Munksgaard, Copenhague, 1946).

— (1963): *Sobre el Derecho y la Justicia,* Eudeba, Buenos Aires (orig.: *On Law and Justice,* Stevens & Sons, Londres, 1958).

— (1969): *El concepto de validez y otros ensayos,* Centro Editor de América Latina, Buenos Aires.

— (1971): *Lógica de las normas,* Tecnos, Madrid (orig.: *Directives and Norms,* Routledge & Kegan Paul, Londres, 1968).

Ruiz Manero, Juan (1990): *Jurisdicción y normas. Dos estudios sobre función jurisdiccional y teoría del Derecho,* Centro de Estudios Constitucionales, Madrid.

Salem, Richard G. y Bowers, William J. (1972): *Severity of Formal Sanction as a Deterrent to Deviant Behavior,* en Krislov, Samuel y otros (eds.), 1972, pp. 313-332.

Savigny, Friedrich Carl von [1840] (1878): *Sistema de Derecho Romano actual,* tomo I, E Góngora y Cía. editores, Madrid.

— [1840] (1879): *Sistema de Derecho Romano actual,* tomo II, E Góngora y Cía. editores, Madrid.

Schauer, Frederick (1992): *Playing by the Rules. A Philosophical Examination of Rule-Based Decision-Making in Law and in Life,* Clarendon Press, Oxford.

Schwartz, Richard D. y Orleans, Sonya (1969): *On Legal Sanctions,* en Friedman, Lawrence M. y Macaulay, Stewart, 1969, pp. 249-262.

Searle, John R. (1977): *¿Qué es un acto de habla?* Cuadernos Teorema, Valencia (orig.: *What is a Speech Act?,* incluido en *Philosophy in America,* Allen & Unwin, Londres, 1965, pp. 221-239).

Smith, M. B. E. (1990): *¿Hay una obligación* prima facie *de obedecer el Derecho?,* en Betegón, Jerónimo y Páramo, Juan R. de (eds.) 1990, pp. 183-203 (orig.: «Is there a Prima Facie Obligation to Obey the Law»?, *Yale Law Journal,* n.º 82, abril 1973, pp. 950-976).

Sohm, Rodolfo [1883] (1936): *Instituciones de Derecho Privado Romano. Historia y Sistema,* Edit. Revista de Derecho Privado, Madrid.

Soriano, Ramón (1997): *Sociología del Derecho,* Ariel, Barcelona.

Soto, Domingo de [1556] (1967): *De Iustitia et Lure (De la Justicia y del Derecho),* volumen I, Instituto de Estudios Políticos, Madrid.

Suárez, Francisco [1612] (1968): *De Legibus ac Deo Legislatore in Decem Libros Distributus,* volumen IV, Instituto de Estudios Políticos, Madrid.

Summers, Robert S. (1993): *Law's Limited Efficacy. A Possible Body of Knowledge?,* en Aarnio, Aulis y otros (eds.), 1993, pp. 417-425.

Sumner, L. W. (1990): *The Moral Foundations of Rights,* Clarendon Press, Oxford.

Sunstein, Cass R.; Schkade, David y Kahneman, Daniel (2000): «Do People Want Optimal Deterrence»?, *The Journal of Legal Studies, XXIX, 1,* pp. 237-253.

Tapp, June L. y Levine, Felice J. (1972): *Persuasion to Virtue. A Preliminary Statement,* en Krislov, Samuel y otros (eds.), 1972, pp. 181-198.

Tezanos, José F. (1976): «Los límites de la obediencia. Consideraciones sobre el experimento de Stanley Milgram», *Sistema,* n.º 12, pp. 99-114.

Thomasius, Christian [1705] (1994): *Fundamentos de Derecho natural y de gentes,* Tecnos, Madrid.

Tittle, C. R. (1969): «Crime Rates and Legal Sanctions», *Social Problems,* n.º 16, pp. 409-422.

Toharia, José J. (1987): *¡Pleitos tengas!... Introducción a la cultura legal española,* Siglo XXI, Madrid.

Tomás de Aquino (1997): *Suma de Teología, I-II,* Biblioteca de Autores Cristianos, Madrid.

Tomás y Valiente, Francisco (1979): *Manual de Historia del Derecho español,* Tecnos, Madrid.

Tribunal Supremo (Secretaría Técnica de la Presidencia) (sin fecha): *Informe sociológico y jurídico sobre la aplicación de la Ley del divorcio,* dos volúmenes, Madrid.

Truyol y Serra, Antonio (1975): *Historia de la Filosofía del Derecho y del Estado,* volumen II, Revista de Occidente, Madrid.

Tyler, Tom R. (1990): *Why People Obey the Law,* Yale University Press, New Haven.

Ullmann, Walter (1971): *Principios de gobierno y política en la Edad Media,* Revista de Occidente, Madrid (orig.: *Principles of Government and Politics in the Middle Ages,* Methuen, Londres, 1961).

Urmson, J. O. (1976): *Motivos y causas,* en White, Alan R. (ed.), 1976, pp. 219-235.

Vázquez de Menchaca, Fernando [1564] (1932): *Controversiarum Illustrium Aliarumque Usu Frequentium Libri Tres,* ed. de Fidel Rodríguez Alcalde, Talleres Tipográficos Cuesta, Valladolid.

Vitoria, Francisco de [1534] (1952): *Comentarios a la Secunda Secundae de Santo Tomás,* ed. de Vicente Beltrán de Heredia, Biblioteca de Teólogos Españoles, Salamanca.

Waldron, Jeremy (1994): «Why Law-Efficacy, Freedom or Fidelity?», *Lawand Philosophy,* n.º 13, pp. 259-284.

Wasserstrom, Richard (1963): «The Obligation to Obey the Law», *UCLA Law Review*, n.° 10, pp. 781-807.

Weber, Max [1922] (1984): *Economía y Sociedad*, Fondo de Cultura Económica, México.

White, Alan R. (1976): *La filosofía de la acción*, Fondo de Cultura Económica, México (orig.: *The Philosophy of Action*, Oxford University Press, Oxford, 1968).

Winter, Soren C. y May, Peter J. (2001): «Motivation for Compliance with Environmental Regulations», *Journal of Policy Analysis and Management*, n.° 20, pp. 675-698.

Wright, Georg H. von [1963] (1979): *Norma y acción. Una investigación lógica*, Tecnos, Madrid (orig.: *Norm and Action. A Logical Enquiry*, Routledge & Kegan Paul, Londres, 1963).

ÍNDICE DE NOMBRES

La eficacia de las normas jurídicas
de Liborio Hierro
se imprimió en la República Argentina en mayo de 2023.

www.ingramcontent.com/pod-product-compliance
Lightning Source LLC
LaVergne TN
LVHW082237051026
849532LV00012B/4019
9789564073705